宪政论丛

行政行为可诉性研究

——理论重构与制度重构的对接

Suability of Administrative Actions: Joining Theoretical and Institutional Reconstructions

本书是一部系统研究行政行为可诉性的理论专著，系作者主持完成的国家社会科学基金项目（项目批准号：10BFX032）、中国行为法学会部级法学研究课题（（2010）学研04号）和上海市教育委员会科研创新重点项目（项目编号：11ZS63）的最终研究成果。可诉性是行政行为的法治属性。导致行政行为不可诉的因素除行政诉讼制度和行政诉讼司法环境等因素外，更有行政行为理论因素。然而，后者却一直不被重视。本专著系统研究了影响我国行政行为可诉性无法充分实现的行政行为本身的理论问题，在此基础上对我国行政行为理论进行了目的性重构。同时，创新性地通过行政诉讼制度重构与理论重构的对接，提出了实现我国行政行为可诉性的系统性方案。

茅铭晨 著

国家社会科学基金项目资助
上海市教育委员会科研创新重点项目资助
中国行为法学会部级法学研究课题资助

北京大学出版社

图书在版编目(CIP)数据

行政行为可诉性研究:理论重构与制度重构的对接/茅铭晨著.—北京:北京大学出版社,2014.9
(宪政论丛)
ISBN 978-7-301-24568-2

Ⅰ.①行… Ⅱ.①茅… Ⅲ.①行政诉讼—法律行为—研究—中国 Ⅳ.①D925.304

中国版本图书馆 CIP 数据核字(2014)第 170787 号

书　　名:行政行为可诉性研究——理论重构与制度重构的对接
著作责任者:茅铭晨　著
策 划 编 辑:周　菲
责 任 编 辑:李　昭
标 准 书 号:ISBN 978-7-301-24568-2/D·3638
出 版 发 行:北京大学出版社
地　　址:北京市海淀区成府路 205 号　100871
网　　址:http://www.pup.cn
新 浪 微 博:@北京大学出版社　@北大出版社法律图书
电 子 信 箱:law@pup.pku.edu.cn
电　　话:邮购部 62752015　发行部 62750672　编辑部 62752027
出版部 62754962
印　刷　者:三河市北燕印装有限公司
经　销　者:新华书店
965 毫米×1300 毫米　16 开本　17.25 印张　265 千字
2014 年 9 月第 1 版　2014 年 9 月第 1 次印刷
定　　价:39.00 元

前　言

行政行为可诉性，也被称为行政行为“可审查性”(reviewability)[①]，是指行政主体作出的行政行为可以被诉诸法院进行行政诉讼或司法审查的属性。对行政相对人而言，行政行为可诉性即行政相对人对行政行为提起行政诉讼或请求司法审查在法律上的可能性[②]；对法院而言，行政行为可诉性即法院对行政行为进行审查的权限的合法性；对行政机关而言，行政行为可诉性即行政机关对法院就其作出的行政行为进行审查、作出裁判的服从性[③]；对行政诉讼制度而言，行政行为可诉性则反映了制度设计者对行政行为接受法院审查必要性的考量。

根据我国《行政诉讼法》关于行政诉讼受案范围的概括式规定，行政行为是可诉的。在域外，无论是大陆法系国家还是英美法系国家，除法律特别规定的极个别情

① See Ernest Gellhorn and Ronald M. Levin, *Administrative Law and Process*, 4th edition, West Academic Publishing, 1997, pp. 342—346.

② 当然，行政相对方对行政行为提起行政诉讼或请求司法审查仍需符合一定条件。例如，我国《行政诉讼法》规定，提起行政诉讼应当符合下列条件：(1) 原告是认为具体行政行为侵犯其合法权益的公民、法人或者其他组织；(2) 有明确的被告；(3) 有具体的诉讼请求和事实根据；(4) 属于人民法院受案范围和受诉人民法院管辖。

③ 行政机关对法院就其作出的行政行为进行审查、作出裁判，只能接受和遵守，不可拒绝和对抗。

形外,行政行为也是可诉的。[①] 从法治国家的要求讲,行政行为也应当被纳入司法审查的范围。这是因为:第一,在法治国家,行政权是国家宪法、法律赋予行政机关执行法律、实施行政管理活动的权力。作为执行法律、实施行政管理活动的行政行为,自然应当受到法律监督,且除了行政机关自我纠正外,唯有通过法律监督,才能裁断是非,纠正、制止和追究违法的行政行为。第二,行政权来源于公民权利,并被要求以维护、发展公民权利为己任。因而,当公民权利受到行政行为侵害时,公民自然应当拥有排除侵害、维护自身权益的请求权。第三,现代行政权存在于民主和法治的环境之中,受到行政诉讼或司法审查制度的约束。民主和法治赋予公民对行政行为有通过行政诉讼或司法审查进行监督的权利。如果公民面临能够对其法律上的权利义务产生影响的行政行为却没有救济的司法途径,或者法院面临一个违法的行政行为却没有司法监督的权力,这样的国家就谈不上是一个法治国家。因此,在法治的视角下,可诉性应当是行政行为的法治属性。这本来是一个不需要讨论的问题。但在《行政诉讼法》及其司法解释最高人民法院《关于执行〈中华人民共和国行政诉讼法〉若干问题的解释》(以下简称《若干问题的解释》)关于行政诉讼受案范围的具体条款中,许多行政行为却被排除出了行政诉讼受案范围。[②] 实践中,更有大量行政行为被法院以不属于行政诉讼受案范围为由不予受理。理论界甚至常常把行政行为划分为"可诉行政行为"与"不可诉行政行为"这一对"基本范畴"。[③]

行政行为可诉应然性与实然性的分离,导致大量行政行为游离于司法审查之外,对行政法治原则构成了现实威胁,成为中国建设社会主义法治国家进程中亟待破解的一个理论问题和亟待解决的一个实际问题。2009 年

---

① 在法国,行政行为作为行政诉讼的"通道",属于行政诉讼受案范围。在德国和其他一些大陆法系国家和地区,可诉行为除了行政处分外,还包括除法律特别规定外的一切非宪法性公法争议。英美法系国家虽然没有像大陆法系国家行政法学中那样严格的行政行为概念,但原则上,行政机关的行为也是可诉的。

② 这固然有当时我国行政诉讼制度刚刚起步、条件尚不够成熟的原因,但随着法治的发展,拓展行政诉讼受案范围、实现行政行为可诉性,已经成为时代对行政诉讼制度发展的要求。

③ 参见胡建淼主编:《行政行为基本范畴研究》,浙江大学出版社 2005 年版,第 253—267 页。

12月，全国哲学社会科学规划办公室将“行政行为可诉性研究”列于2010年度国家社科基金项目指南条目中，向全国发出课题申报通知。这说明，“行政行为可诉性”在我国不仅不是“一个不是问题的问题”，而且还是一个从国家层面急需研究解决的重大问题。

绝非偶然，在全国哲学社会科学规划办公室2009年12月发出《关于做好2010年度国家社会科学基金项目申报工作的通知》（社科规划办通字[2009]29号）前夕，最高人民法院先后发出了《关于当前形势下做好行政审判工作的若干意见》和《关于依法保护行政诉讼当事人诉权的意见》。这两个《意见》的核心内容是：要“畅通行政案件受理渠道”，“切实解决行政诉讼有案不收、有诉不理的问题”。这再次说明，我国《行政诉讼法》概括式规定可诉的行政行为，在司法实践中其实未必都实现了可诉；行政行为可诉性问题，不仅是一个亟需解决的理论问题，而且也是一个迫切需要解决的司法实践问题。

出于对“行政行为可诉性”研究价值的深度理解，也鉴于笔者在这个领域的研究基础和对这个领域的研究兴趣，笔者以“行政行为可诉性研究——理论重构与制度重构的对接”为题申报了这个课题，并有幸被全国哲学社会科学规划办公室批准立项。作为研究的起点，我想在《前言》中就我对本课题的基本理解和基本研究思路，作一些必要的说明性交代。

与民事案件、刑事案件统归人民法院管辖不同[①]，由于我国行政诉讼实行人民法院特定主管原则，即人民法院只主管法律规定的那一部分行政案件，因而，对行政诉讼而言，人民法院主管行政案件的范围，即“受案范围”，是一个特别突出和重要的问题。因为，它涉及一项行政争议能否诉诸法院寻求解决，涉及司法权与行政权的关系，涉及行政诉讼制度与其他监督行政制度的关系，涉及司法对公民、法人和其他组织权利救济的广度。

至今形成的有关行政诉讼受案范围概念的通说，即行政诉讼受案范围

① 平等主体的公民、法人和其他组织之间发生合同纠纷和其他财产权益纠纷，可以申请仲裁。但这些案件本身是属于人民法院管辖的，只是当事人合意选择仲裁，才导致由仲裁机构管辖。

“是指哪些具体行政行为应当接受人民法院的司法审查,也就是说,人民法院对哪些行政案件拥有审判权”①,与我国《行政诉讼法》第二章“受案范围”表述的内涵一致。但是,笔者近来在对行政行为可诉性问题的研究中发现,有必要将行政诉讼受案范围概念分为狭义和广义两种。因为,我国《行政诉讼法》在第九章“侵权赔偿责任”中明确规定,“公民、法人或者其他组织的合法权益受到行政机关或者行政机关工作人员作出的具体行政行为侵犯造成损害的,有权请求赔偿。……可以向人民法院提起诉讼”,虽然此类诉讼被学界称为“行政赔偿诉讼”,但其毕竟是由《行政诉讼法》规定的。因而,广义地讲,行政赔偿诉讼也属于行政诉讼,行政赔偿范围也属于行政诉讼受案范围。于是,笔者以为,就目前而言,行政诉讼和行政诉讼受案范围,均存在广义和狭义两个概念:狭义的行政诉讼不包括行政赔偿诉讼,广义的行政诉讼包括行政赔偿诉讼;狭义的行政诉讼受案范围不包括行政赔偿范围,广义的行政诉讼受案范围包括行政赔偿范围。从既有教科书和学术论著来看,过去我们讲行政行为可诉性,一般都是针对狭义行政诉讼而言的。通说认为,我国《行政诉讼法》和《若干问题的解释》是以行政行为(实际上是以具体行政行为)作为这两部法律文本“受案范围”通道的,即从狭义的行政诉讼受案范围讲,人民法院只主管因行政行为(实际上只限于具体行政行为)引起争议的案件。因而,作为与狭义的行政诉讼受案范围相关的行政行为可诉性研究,其“可诉性”之“诉”迄今都是指狭义的行政诉讼。但笔者认为,对行政行为可诉性的认识应当从狭义走向广义。因为任何属于广义的行政诉讼也都是法院对行政的监督制度,都是行政法的救济制度,都由行政诉讼法加以规定。例如,根据我国《行政诉讼法》并结合《国家赔偿法》关于赔偿范围的规定,行政事实行为具有行政赔偿诉讼意义上的可诉性,因而,广义地讲,行政事实行为也是可诉的。本书在后面的研究中还将提出,为充分实现行政行为的可诉性,我国应当构建行政诉讼类型,以便将某些特殊行政行为纳入与其相适应的行政诉讼类型。例如,行政合同、行政法规和行政

① 罗豪才主编:《行政法学》,北京大学出版社 2001 年版,第 286 页。

规章之外的行政规范性文件(行政规定)都可以被纳入到一定的诉讼类别中来。总之,本书将从实现"除法律明确排除的外,行政行为均具有可诉性"的目标出发,超越过去局限于狭义行政行为可诉性的羁绊,从广义行政行为可诉性的视角展开研究。也就是说,本书对迄今为止行政行为可诉性问题的阐释,针对的是"通说"所指的行政诉讼,即狭义的行政诉讼;而展望将来行政诉讼制度的发展前景、对行政诉讼制度未来发展的研究则着眼于广义的行政诉讼。笔者以为,这是本书研究行政行为可诉性需要预先交代清楚的一个问题,提请读者注意。

导致行政行为不可诉的因素相当复杂,包括行政行为理论因素、行政诉讼制度因素和行政诉讼司法环境因素等。行政行为理论直接影响行政行为的可诉性质,但行政行为可诉性的实现又与行政诉讼制度和行政诉讼司法环境密切相关。因此,在我国这样一个行政行为可诉性实现程度不高的国家,要充分实现行政行为可诉性,需要既从理论层面、又从制度层面和司法环境层面展开研究,探寻解决路径,通过行政行为理论重构、行政诉讼制度重构、行政诉讼司法环境的改善以及这几个方面的相互对接、相互协调和相互支持才能解决。这是本书解决行政行为可诉性的基本思路。由于本课题的研究主题是通过行政行为理论重构和行政诉讼制度重构的对接解决行政行为的可诉性问题,因此,本书在篇幅上将较多着眼于理论重构和行政诉讼制度重构及两者的对接研究。

在大陆法系代表性国家,德国学者创造了狭义而精细的"行政行为"(Verwaltungsakt,又译为"行政处分")概念;同时,为适应宽泛的行政诉讼受案范围,联邦德国《行政法院法》又以"一切非宪法性质的公法上争议"来表述因行政行为和行政机关的其他非宪法性质的公法行为引起的争议。而法国学者则以"行政行为"(Acte Administratif)指称行政机关进行活动的法律手段;同时,该术语又担负行政诉讼"通道"的功能,其外延随行政诉讼受案范围的不断拓展被拓至甚大。

我国行政法的理论架构和制度框架,主要受大陆法系的影响。由于在汲取域外学说时未足够重视各国"行政行为"的差异,致使将接近于德国行政行为学理概念的“具体行政行为”去担负类似于法国行政诉讼“通道”的制度功能，导致行政诉讼“通道”狭窄及行政行为内涵、外延、可诉性混乱。

为界清和拓展行政诉讼受案范围，多年来，我国行政法学界对行政行为及其可诉性开展了一些研究，取得了一定学术成果。这些成果主要见诸于：胡建淼：《行政诉讼法学》，高等教育出版社 2003 年版；陈咏梅、孙丽峰：《试论抽象行政行为的可诉性》，载《人大研究》2005 年第 10 期；江必新：《是恢复，不是扩大——谈〈若干解释〉对行政诉讼受案范围的规定》，载《法律适用》2000 年第 7 期；章志远：《行政行为概念之科学界定》，载《浙江社会科学》2003 年第 1 期；叶必丰：《行政行为的分类：概念重构抑或正本清源》，载《政法论坛》2005 年第 5 期；张娟：《窘境与化解：行政行为概念之重构》，载《安徽农业大学学报（社会科学版）》2007 第 1 期；朱新力、高春燕：《行政行为的重新定位》，载《浙江大学学报（社会科学版）》2003 年第 6 期；郝明金：《行政行为的可诉性研究》，中国人民公安大学出版社 2005 年版等。但现有研究存在以下不足：

其一，绝大多数研究者仅就某一类行政行为的可诉性展开研究，系统性研究较少。例如，有的分别研究了行政机关对公务员作出的人事管理决定、抽象行政行为或准行政行为的可诉性，有的则在同一篇论文中同时表达了作者对准行政法律行为、行政事实行为、抽象行政行为、双方行政行为、行政不作为可诉性的见解。这些研究尚未从整体上重视我国当下行政行为理论的缺陷，也未能从重构行政行为体系的角度打开解决问题的思路。

其二，虽有研究者注意到现行行政行为概念因在理论及实践上存在诸多误区，对其进行反思与重构已经极为迫切，但多年的反思似乎只热衷于套用“法国模式”或“德国模式”对我国行政行为概念进行抛弃式重构。“法国说”主张，应当摒弃行政行为的法律效果要素，将其定位为所有行政权作用下的行为。这不仅使行政行为概念过于宽泛，而且超越我国行政诉讼制度的现状和在可预见的将来的可能的发展。“德国说”主张，对行政行为概念，应当秉承严格主义的立场，坚持外部法律效果要素，缩减其外延与内涵，将法规命令、行政合同、内部行为、行政指导、行政计划、事实行为作为与其同一位阶的概念,一道列入行政诉讼之中。这一主张虽然维护了行政行为理论的精细性,但却丧失了行政行为概念的理论涵盖性和制度功能。还有学者试图兼采法国行政行为概念的制度功能和德国式精细的行政行为理论,主张在将行政行为作为一个包容性很强的、担负诉讼“通道”功能的概念的基础上,另创与德国“行政处分”相当的“行政处理”概念来概括具有法律行为特征的具体行政活动。然而,这一“兼收并蓄”的主张并未就如何重构行政行为理论作具体的、系统的阐释,也未充分注意行政行为理论重构与行政诉讼制度重构的对接问题。

其三,另有为数不多的研究者试图对行政行为的可诉性问题作系统性研究,但基本上只是对现有理论和制度进行教科书式的介绍和解释。

其四,目前理论界的相关研究,主要侧重于行政诉讼制度重构和行政诉讼司法环境的改善,较少从行政行为理论重构的角度展开研究,更缺乏从这几个方面的相互对接、相互协调和相互支持的角度展开系统性研究。

由于研究方法存在缺陷,所以现有研究提出的对策建议难以成为解决行政行为可诉性的妥善方案。

现有研究的不足和缺陷,令本书的研究有了填补和拓展的空间。

本书研究的主要内容包括:

(1) 中国大陆外“行政行为”概念考。这部分内容将分别考察法国、德国、日本、中国台湾地区、英国和美国的行政行为概念,分析、比较各国或地区行政行为概念的共同点和差异,研究各国或地区行政行为概念的相互影响或承接关系,以便为重构中国大陆行政行为体系寻求域外理论借鉴。

(2) 中国大陆外可诉“行政”行为的制度设计。这部分内容将分别考察法国、德国、日本、中国台湾地区、英国和美国可诉“行政”行为的制度设计,以便为重构中国大陆行政诉讼制度、并将其与重构的行政行为理论对接吸收域外经验。

(3) “行政行为”在中国大陆。这部分内容将分别考察中国大陆行政行为的法律概念和学理概念、中国大陆可诉行政行为的制度设计、行政行为的制度功能,并与其他国家或地区进行比较,目的是分析现今中国大陆行政行为概念以及涉及行政行为可诉性的制度设计存在的缺陷。

(4) 中国大陆行政行为及其可诉性研究综述。这部分的研究将主要涉及:中国大陆关于行政行为理论在行政法学体系和行政法制度中的地位的研究;关于中国大陆行政行为概念与大陆法系国家或地区行政行为概念的比较研究;关于中国大陆具体行政行为概念与德国行政处分概念的比较研究;关于行政法律行为与行政事实行为、准行政法律行为及其可诉性的研究;关于具体行政行为与抽象行政行为及其可诉性的研究;关于外部行政行为与内部行政行为及其可诉性的研究;关于单方行政行为与双方行政行为(行政合同)及其可诉性的研究。这部分研究的目的是挖掘迄今为止中国大陆行政行为及其可诉性研究的成果,分析研究存在的缺陷,探寻突破现有研究局限性之路。

(5) 中国大陆行政行为打开的诉讼通道不畅之因。这部分内容将分别从理论缺陷、制度缺陷和司法环境缺陷三个方面,分析造成中国大陆行政行为打开的诉讼通道模糊而狭窄的原因,为下面研究中国大陆实现行政行为可诉性的路径做好铺垫。

(6) 中国大陆实现行政行为可诉性的路径。这部分内容是全书的重点和集中反映作者思想的部分,字数篇幅超过全书的五分之二。由于内容比较庞大,故将其分为两章,分别从理论重构、制度重构两方面展开研究,通过理论重构与制度重构的对接提出中国大陆实现行政行为可诉性的路径。

(7) 结语。本部分内容将对本书的研究方法、研究逻辑、研究进路、主要观点和思想进行概要梳理和总结,以使读者在读完全书后能够对本书的研究脉络、框架和主要观点、思想有一个更加清晰的了解。

笔者将借助于文本分析、规范分析、实证分析和比较分析等方法,通过以上环环相扣、层层递进的七个部分,展开理论研究和制度分析。其中,前四部分内容主要是为后面的研究作国内、国际以及理论、制度的参照和背景;第五部分内容主要是为后面的研究揭示问题背后的理论、制度和司法环境原因;第六部分内容是本书研究的落脚点,主要是提出中国大陆实现行政行为可诉性的路径和方案;第七部分内容主要是对本书的研究结论进行总结。

本书的核心思想是,重构概念更加宽泛、边界更加清晰的行政行为体系和受案范围更加宽泛、明确的行政诉讼制度,并实现两者的对接。这是界清和拓展我国可诉行政行为边界、充分实现行政行为可诉性的治本之举。具体来说,由于现今我国概念狭窄的"具体行政行为"担负着行政诉讼"通道"的制度功能,因而要界清和拓展行政诉讼受案范围,就需要对我国业已形成的行政行为体系进行改良式而非抛弃式的理论重构,界清和拓展行政行为的概念和范畴,并以概念更加宽泛、边界更加清晰的"行政行为"取代制定法中的"具体行政行为";同时,也要改革行政诉讼受案范围的立法方式,修改涉及行政诉讼受案范围的相关法律规定,构建行政诉讼类型,拓展对滥用自由裁量权的审查,扩张可诉权利,建构受案范围更加宽泛、明确的行政诉讼制度,从而通过行政行为理论重构、行政诉讼制度重构以及两者的对接,解决行政行为可诉性问题。关于解决行政诉讼司法环境问题,本书主要将从行政诉讼制度的执行和行政诉讼司法资源两个方面进行研究,并概括性地提出解决方案。

目录

绪　论

行政行为这个概念，在行政法这个部门法中具有特别重要的意义。虽然各国行政法的制度存在差异，但一般来说，无论是大陆法系国家，还是英美法系国家，“某种行为是不是行政行为，往往构成司法审查的先决条件，因为只有行政行为才能成为司法审查的对象。不是行政行为就不能予以审查，从而也就谈不到撤销。”[①]在大陆法系国家，行政行为（行政处分）是行政法学理论的一个基本范畴，是行政法学研究的核心问题。虽然，英美法系国家并未形成如同大陆法系国家那样的行政行为概念，但其对行政的司法审查也无法回避对行政行为的考量。

我国行政法制度和行政法学理论带有比较明显的大陆法系色彩，因而，行政行为也是我国行政法学理论的一个基本范畴和行政法学研究的核心问题。与此同时，行政行为在我国还是一个行政法的法律概念，承担着行政诉讼“通道”的制度功能。但一方面，我国现今概念上的“行政行为”，仅仅是行政诉讼的“必要”条件，而非行政诉讼的“充分”条件，即唯有行政行为才属于我国行政诉讼的受案范围，但并非举凡行政行为均属于我国行政诉讼的受案范围。在我国，可诉的行政行为并不包括所谓的抽象行政行为、内部行政行为、终局性行政行为、驳回

① 龚祥瑞：《比较宪法与行政法》，法律出版社2003年版，第433页。

当事人对行政行为提起申诉的重复处理行为。[①] 另外，仅涉及合理性而不涉及合法性的行政自由裁量行为，原则上也不属于人民法院行政诉讼受案范围。不仅如此，在司法实践中，即使一般情况下属于可诉的行政行为，如果遇到涉及公共利益，涉及人身权、财产权之外的权利等情况，也难以被纳入司法救济的范围，甚至被解释成不具有可诉性。涉及民事法律关系的行政纠纷则往往在民事案件立案和行政案件立案之间相互推诿，即可诉的行政行为还与行政行为涉及的权利性质有关。此外，行政合同等行为的可诉性问题在我国也是有待明确的"疑难问题"[②]。另一方面，在我国，关于行政行为的概念及边界，各种观点自圆其说，自成体系，迄今并无统一的学理认识。行政行为仅仅是我国行政诉讼受案范围的必要条件，而非充分条件，甚至还是一个可以被人任意拿捏的"面团"，于是就产生了所谓可诉行政行为与不可诉行政行为的区分、行政行为和非行政行为的鉴别问题。由于立法不够周延、学理认识存在差异，与法治相对比较健全的国家和地区相比，我国可诉行政行为的范围不仅狭小，而且界限不清，造成了我国司法对受公权力行为侵害的权利救济范围不仅狭窄、而且救济范围混乱不清的现状，既限制了公民权利的法律救济，也影响了国家法治的统一和司法的严肃性。与此同时，由于准行政法律行为、行政事实行为被通说排除在行政行为概念之外，大量行政主体作出的能够对公民、法人和其他组织的合法权益产生实际影响的行为因不属于"行政行为"（故笔者只能暂且将上述行为称为"'行政'行为"，或"行政之行为"），导致司法的行政监督和权利救济功能明显不足。因此，研究行政行为及其可诉性问题，是我国法治建设对行政法学研究提出的一项迫切任务。

"行政行为"概念，源自域外。因此，研究中国行政行为可诉性问题，需要进行比较法研究。

---

① 参见我国《行政诉讼法》第 2、5、11、12 条，最高人民法院《关于执行〈中华人民共和国行政诉讼法〉若干问题的解释》第 1 条。该法律和司法解释还规定，国家行为，公安、国家安全等机关依照刑事诉讼法的明确授权实施的行为，不具有强制力的行政指导行为，调解行为以及法律规定的仲裁行为，对公民、法人或者其他组织权利义务不产生实际影响的行为，不属于人民法院行政诉讼受案范围。由于这些行为在我国现今并不属于行政行为范畴，因此，笔者不在此处正文中列举这些行为。

② 参见胡建淼主编：《行政诉讼法学》，高等教育出版社 2003 年版，第 44—46 页。

第一章　中国大陆外"行政行为"概念考

本章主要考察法国、德国、日本、中国台湾地区、英国和美国的"行政行为"概念。

一、法国

法国被誉为"行政法母国"，有成熟的行政行为理论，并与行政诉讼制度相衔接。因而，比较研究得从法国开始。

现代行政法作为一个部门法的产生，离不开民主和法治基础。1789 年，法国爆发了著名的法国大革命。这场大革命是资产阶级民主和法治思想的产物，同时也进一步推动了资产阶级民主和法治思想的发展及相关制度的建立。

1799 年底，法国建立了国家参事院（最高行政法院）。由于行政法院制度是一项全新的制度，需要一段发展和完善时期，因而直到 1889 年最高行政法院在卡多案件的判决中正式否定部长法官制，才正式形成既独立于实际的行政、又独立于普通法院的现代意义上的行政法院体制。

行政行为的概念渊源于法语"Acte Administratif"。这一概念因行政诉讼制度的需要而衍生。自 1810 年起，"Acte Administratif"一词即普遍为法国学者所接受，以指行政机关在法律之下，与司法并行，类似于法院判决，为处理具体事件作出的行为。[①] 但是,行政行为概念从衍生到逐渐成熟、定型,还需要行政诉讼实践的不断锤炼。

在行政法制度运行的实践基础上,19 世纪 70 年代前后,法国出现了最初的行政法学著作,包括奥科(Aucoc)的《行政法讲义》(1869—1876 年)、E. 拉弗里耶尔(Laferiére)的《行政审判论》(2 版,1888 年和 1896 年)、迪克罗克(Ducroq)的《行政法论》(1897—1905 年)。为什么法国系统的行政法学体系直到 19 世纪 70 年代才产生?王名扬教授认为,行政法学的产生需要具备以下条件:第一个条件是依法行政即法治国。法治国思想是法国大革命的产物。但是,从资产阶级提出法治国思想,到把这种思想变成一种制度,需要经历一个曲折的过程。在这个过程中,法国资产阶级最初注意的是宪政问题。直到 19 世纪 70 年代以后,资产阶级政权已经巩固,行政权力日益扩张,法国资产阶级才注意到行政法问题,即对行政权予以法律规范的现实需要问题。第二个条件是行政法院的作用。法国最初的经典行政法理论都是在 19 世纪末和 20 世纪初根据最高行政法院的判决提出的。法国行政法学者提出行政行为这一概念,主要是用于说明行政机关进行活动的法律手段。这种手段与行政诉讼管辖的范围密切相关,并且必须符合一定的法律制度,否则,可能不被行政法院受理,或不能被法院宣告无效或撤销。所以,行政行为概念的形成,在相当程度上需要建立在对行政法院司法实践的考察基础之上。

在法国行政法学理论中,行政行为理论占据很重要的位置。法国人对行政行为概念的理解有以下三种:

(1) 形式意义的行政行为(或机关意义的行政行为)。这一理解着眼于行政行为的主体,认为行政行为是行政机关采取的全部行为。这一理解虽然将行政行为与立法机关采取的立法行为、司法机关采取的司法行为区别了开来,亦能够说明行政行为、立法行为、司法行为适用的是不同的法律制度,但概念过于宽泛,未能区别行政机关作出的多种不同性质的行为(例如,公法行为和私法行为),因而不能说明行政机关所作的性质不同的行为适用不同的法律制度。同时,这一理解也不能包容某些虽非行政机关、但受法律

① 参见翁岳生:《行政法与现代法治国家》,台湾祥新印刷公司 1979 年版,第 3 页。

或行政机关授权执行公务的其他团体和私人作出的行政行为。

（2）实质意义的行政行为。这一理解着眼于行政行为的性质和内容，认为行政行为是行政机关适用普遍性规则于具体事件的行为。这一理解虽然将行政行为与适用法律解决争端的司法行为区别了开来，而且也试图将行政行为与制定普遍性规则的立法行为区别开来，但由于行政机关在行政管理中既采取具体行政处理[①]，又制定普遍性条例，而后者在实质上属于制定普遍性规则的行为，因而实际上并不能将行政行为与制定普遍性规则的立法行为严格区别开来，也不能包括行政机关的全部公权力行为。不难看出，这一认识在将行政诉讼受案范围限于行政机关的具体行政处理的制度下是有意义的，但却不适用于将一切行政行为（包括具体的行政处理和普遍性的行政条例）都作为行政法院受案范围的法国。因而，在法国，实质意义的行政行为观，在行政诉讼中的作用不大。

（3）功能意义的行政行为。功能意义的行政行为观是基于行政法院判例得出的认识。这一理解着眼于行政行为的作用，认为行政行为是行政机关用以（“用以”一词，意在表达行政行为包含有行政机关的“意思”）产生行政法上效果的法律行为，以及私人由于法律或行政机关授权执行公务所采取的某些行为。即认为行政行为是行政机关行政活动的法律手段，以达到一定的行政法上的效果。功能意义的行政行为观准确而全面地把握了现代法国行政法院在行政审判中对行政行为应当具备的“行政机关（也可包括受法律或行政机关授权执行公务的其他团体和私人）”“行政机关的意思”“公务”“公共权力”“法律关系的性质和法律规则的性质”“产生行政法上的效果”等要素，因而是法国人一般理解的行政行为的概念。由于功能意义的行政行为与法国行政诉讼制度相对接，因而承担着行政诉讼受案范围“通道”的制度功能。[②]

法国行政行为的概念包括行政机关制定的普遍性规则（即类似于中国大陆的抽象行政行为）和行政合同（双方行政行为）。行政法院对行政机关

---

① 法国行政法学将行政机关对具体事件所作的决定（通过这种行为，行政机关单方面决定当事人的法律地位，规定当事人的权利义务），称为行政处理。参见王名扬：《法国行政法》，中国政法大学出版社 1988 年版，第 152 页。

② 参见同上书，第 31—32、134—137、577—579、595—596 页。

的全部行政活动(包括行政机关具体的行政处理、普遍性的行政条例和行政合同等)原则上均有权进行审查。由于在后面的有关章节中将具体介绍法国行政机关制定普遍性规则的行为,因而,下面仅介绍法国的行政合同概念及相关制度。

在法国,行政合同(Contrat Administratif)的概念曾经遭受严厉的否定。因为很多人认为,契约自由在实行依法行政的行政领域是不可能存在的。著名法国公法学人狄骥(L. Duguit)在《宪法论文集》第二版第三卷中尖锐地提醒道,区分民事与行政合同是荒唐的和危险的。[①] 随着现代行政的发展,行政合同概念才逐渐被行政法学界广为接受。在法国,行政机关签订的有不同于一般民事合同的特殊条款的合同属于行政合同,并被视为与单方行政行为相对的一种双方行政行为,由其产生的诉讼属于行政审判范围,由行政法院管辖;而行政机关签订的无不同于一般民事合同的特殊条款的合同则被视为民事合同,由其产生的纠纷不属于行政审判范围,而由普通法院管辖。行政机关缔结的典型的私法合同如:购买办公用品合同、租赁办公用房合同、出卖私法上的产品合同、保险行政财产合同等。行政机关缔结的典型的行政合同如:公共工程承包合同、公共工程捐助合同、公务特许合同、独占使用公共财产合同、出卖国有不动产合同、政府公债认购合同、职业军人招募聘用合同等。这些行政合同是法律明确规定的行政合同。法律主要采取以下两种不同的方式来预先明确规定合同性质为行政合同:一是将某合同直接定性为行政合同;二是规定某种合同所引起的争议由行政法院管辖。法律明确规定的行政合同不存在识别问题。但其余大多数行政机关缔结的合同,例如行政机关签订的供应合同、运输合同、雇佣合同等,究竟属于私法上的合同或民事合同,还是属于行政法上的合同或行政合同,则存在识别问题。识别的标准由行政法院判例提出,除合同的当事人一方必须是行政主体这个形式标准外,还有两个主要的实质标准:一是视其是否直接执行公务(然而不能认为一切和执行公务有关的合同都是行政合同,只有直接执行公务的合同才是行政合同。直接执行公务的合同发生在以下两种情况下:授

① 参见于安:《行政合同法初论》,载《清华法律评论》1998 年第 1 卷。

权合同当事人直接参加公务的执行[①],或者合同本身构成执行公务的一种方式),二是视其是否超越私法规则(包括以下两者或两者之一:① 合同条款中是否规定私法以外的规则。例如合同是否给予行政机关某些特权。一旦合同存在这种不同于一般民事合同的特殊条款,不论是否与公务的执行有关,都视为行政合同。但工商业公务机关和使用者之间签订的合同,即使包括私法以外的条款,仍然是私法上的合同,因为在法国,工商业公务机关和使用者的关系完全属于私法范畴。② 合同缔结的制度是否超越一般私法范围。例如合同是否属于强迫缔结的合同。国有化的法国电力公司与非国有化的电力生产企业签订的合同即属此列)。这三个标准可以被概括为主体标准、目的标准和规则标准。关于行政合同的诉讼与关于行政主体损害赔偿的诉讼,关于行政性选举的诉讼,关于直接税的诉讼,关于拆除或修理有倒塌危险的建筑物的命令的诉讼,关于对不讲卫生、产生公害的工商企业的监督的诉讼等,一起适用保护受害人权利的“主观诉讼”——完全管辖之诉。而由行政机关单方面的决定引起的纠纷适用认定行政行为是否违法的“客观诉讼”——越权之诉。[②]

二、德国

在德国,“行政行为”被认为是一个“‘阿基米德支点’般的核心概念”[③],

① 例如,1956 年4 月20 日法国最高行政法院 EPOUX BERTIN 判例(D. 1956. 433)。贝尔丹夫妇曾经与法国政府退伍军人部下属的一个中心的主任达成一个口头合同,承诺向该中心 1944 年收容的一些在法国的苏联公民提供食宿,费用由退伍军人部承担。后来,贝尔丹夫妇应中心主任的要求为他们增加了食物,但退伍军人部部长拒绝支付增加的部分。于是贝尔丹夫妇诉至最高行政法院。最高行政法院认为自己对该案有管辖权,因为该“合同旨在授予当事人履行公共服务的义务……”即最高行政法院认为该合同符合行政合同的特征。参见〔法〕古斯塔夫 · 佩泽尔:《法国行政法》,廖坤明、周洁译,国家行政学院出版社 2002 年版,第 83—84 页。

② 参见王名扬:《法国行政法》,中国政法大学出版社 1988 年版,第 185—190、668—671 页;〔法〕古斯塔夫 · 佩泽尔:《法国行政法》,廖坤明、周洁译,国家行政学院出版社 2002 年版,第 82—86 页。

③ 〔德〕弗里德赫尔穆 · 胡芬:《行政诉讼法》,莫光华译,法律出版社 2003 年版,第 13 页。

并且是一个为法治国的建构而“目的性创设”(Zweckschoepfung)的概念。①

1826年,随着法国法律制度的传播,法国行政行为的概念传入德国。但这个概念在德国长期含混不清,纷争不断。不同时期,行政行为的含义不同;即使在同一时期,不同的学者对行政行为的概念也有不同的理解。直到1976年联邦德国《行政程序法》的出台,行政行为在德国才有一个统一的法律界定。

1895年,德国行政法学鼻祖奥托·迈耶(Otto Mayer)在其名著《德国行政法》一书中,创建了行政处分的概念(Verfügung oder Verwaltungsverfüngung),并将其定义为:“行政机关对相对人在具体事件中作出的决定其权利的优越性的宣示。”②这一界定,将行政处分限定为行政机关对具体事件的公法行为,核心是把行政行为看做是行政机关的意志的宣告(A declaration of the will of the administrative organ)③,但具体的内涵和外延并不明确,因此后来的学者对行政处分概念的认识多有争执。1910年,柯俄曼(Kormann)所著《国家法律行为之制度》一书出版。在书中,他借鉴民事法律行为中的法效意思表示,将行政处分界定为国家机关、公共团体所为具有法效意思的行为。这一界定不仅包括行政机关的公法行为,而且包括行政机关的私法行为。柯俄曼认为,国家机关的行为属私法上的法律行为或公法上的法律行为原则上并无差异,仅视其是以私法上的权利主体或以公法上的权力主体而作意思表示为区分。后来,受民法理论的影响,柯俄曼将私法行为、事实行为以及公证、通知等准法律行为排除在行政处分之外,行政处分概念逐渐地被缩小为行政机关公法上的法律行为,或具有法律行为性质的国家行为。柯俄曼将具有法效意思作为行政处分的特质的“法效意思表示说”一度被学界广为接受,成为德国传统行政处分理论的主流观点。后来,鉴于行政法律关系的产生大多基于行政机关的单方面决定,德国行政法学理论基于“法效

---

① Guenter Puettner, Allgemeines Verwaltungsrecht, Ein Studienbuch, 6, Aufl., Duesseldorf, 1983, S. 78.

② 转引自〔德〕哈特穆特·毛雷尔(Hartmut Maurer):《德国行政法总论》,高家伟译,法律出版社2000年版,第181页。

③ 中国台湾地区学者翁岳生认为,这一定义将行政处分视作行政机关处理具体事件的类似于法院判决地位的行为。参见翁岳生:《行政法与现代法治国家》,台湾祥新印刷公司1979年版,第3页。

意思表示说”,模仿单方民事法律行为之定义,将行政处分界定为:依行政机关单方之意思表示[①]而发生法律效果的行为,[②]使行政处分成为与民法上的民事法律行为相对应的行政法学理上的法律行为概念。

我国台湾学者认为,行政事实行为的概念起源于德国魏玛共和国时期(1919—1934 年)著名行政法学家耶律·纳克(W. Jellinek)提出“单纯高权行政”一词。事实上,据笔者考证,早在这之前,奥托·迈耶在他细致地构建行政处分理论体系时已曾涉及行政事实行为,柯俄曼在界定行政处分概念时也曾涉及行政事实行为。耶律·纳克首先将行政分为公行政和国库行政,其中公行政又分为官方高权行政和单纯高权行政。而所谓“单纯高权行政”,系指行政机关与市政有关的房屋、街道、公园、水库等建筑技术方面的行为以及行政机关用文字发行的劝导,如警察为避免车祸所发行宣导交通安全之指针、提供民众调解及法律咨询等有助于社会和谐的行为。[③] 简言之,单纯高权行政就是行政机关诸如建设街道、铺设绿地、交通事故的排除等不像行政处分那样会产生法律效果的一类行为。耶律·纳克认为,事实行为如有不合法,只会产生公务员侵权之国家赔偿以及刑事制裁之问题,无法诉请行政法院之救济,因此行政法无拘束事实行为的余地,事实行为乃“法外之行为”[④]。但是,随着国家职能扩张,消极行政被积极行政所取代,行政事实行为表现出越来越多的形式(例如,执行性行为,实力性行为,咨询、通告、记载、建设、维持等服务性行为等),“单纯高权行政”已经不能涵盖所有的行政事实行为。因此,“行政事实行为”渐成大陆法系国家行政行

---

① 行政法学发展至今,学界已看到行政机关虽未作意思表示、但法律规定可推定为某种意思表示的“推定的意思表示”或“拟制的意思表示”的存在。这种认识起源于第二次世界大战以后德国行政法学界对传统理论的批判,至今已为大陆法系及受大陆法系影响的欧陆国家、日本、中国大陆及其台湾地区的行政法学所接受。例如,我国台湾学者翁岳生所言,“法律行为之行政行为,并非完全依表意人之意思为凭,而常须受表示于外部之客观形态或法令支配。”(翁岳生:《行政法与现代法治国家》,台湾台大法学丛书 1988 年版,第 14 页。)笔者以为,翁氏之“外部之客观形态”系指行政机关之不作为状态,而其“法令支配”系指法律对行政机关之不作为状态所作的意思推定。例如,我国《集会游行法》第 9 条规定:“主管机关接到集会、游行、示威申请书后,应当在申请举行日期的二日前,将许可或者不许可的决定书面通知其负责人。不许可的,应当说明理由。逾期不通知的,视为许可。”即法律将主管机关“逾期不通知”这种不作为状态,拟制为意思表示的存在,推定为许可。

② 见林纪东:《行政法》,台湾三民书局 1988 年版,第 301 页。

③ 参见陈新民:《行政法学总论》,台湾三民书局 1997 年版,第 307 页注①。

④ 同上书,第 311 页。

为理论中的一种法学术语，专指行政法律行为、准行政法律行为之外的一类行政公务行为，且人们逐渐认识到事实行为不应再归于“法外之行为”。德国学界认为，虽然行政事实行为并非依意思表示产生法律效果的行为，但却不能否认其法律意义及违法侵权问题，因而，对行政事实行为的合法性问题应予关注，并研究提出了行政事实行为的若干合法要件。同时认为，行政事实行为的违法后果，虽然不能像法律行为那样会引起无效、可撤销的问题，但如果行政事实行为违法侵害了公民的合法权益，受害人享有后果清除请求权和损害赔偿请求权，可以向行政法院提起一般的给付之诉、确认之诉，或者通过国家赔偿的程序获得救济。[①] 也就是说，在德国，行政法院受理的案件不限于行政行为引起的纠纷，而且也包括行政事实行为引起的纠纷，相对方权利保护的范围较大。

不过，在德国，关于行政事实行为的概念至今尚未达成共识。当代德国行政法学主流教科书认为：行政事实行为是指发生某种事实结果而不是法律后果的所有行政措施。[②] 也有教科书认为：“行政事实行为是指只直接产生事实效果，在一定条件下，也产生法效果的行为。”[③]也就是说，行政事实行为是不具有行政机关的法效意思、不产生行政法上的效果的行为，或虽发生法律效果、但与行政机关的意思无关、而直接依据法律的规定或外界因素产生法律效果的行为。如行政机关的工作人员在执行公务过程中殴打行政相对人的行为、行政执行行为等。

第二次世界大战以后，行政行为概念开始在德国被作为法律术语公开使用，德国各种法规多以“行政行为”(Verwaltungsakt)取代“行政处分”。1976年，联邦德国《行政程序法》第35条将“行政行为”界定为：“行政机关为规范公法领域的个别情况采取的具有直接对外效力的处分、决定或其他官方措施。”[④]该法将行政行为覆盖处分、决定或其他官方措施，使行政行为概念比行政处分概念进一步拓展。这一界定阐明了德国法律认为行政行为必须具备以下要素：第一是主体要素，明确行政行为的主体是行政机关；第

---

① 参见〔德〕哈特穆特·毛雷尔：《德国行政法总论》，高家伟译，法律出版社2000年版，第391页以下。

② 同上书，第391页。

③ 转引自翁岳生：《行政法》，台湾翰卢图书出版有限公司2000年版，第763页。

④ 应松年主编：《外国行政程序法汇编》，中国法制出版社2004年版，第95页。

二是公法要素，明确行政行为产生于公法领域，行政机关在私法领域作出的行为不是行政行为；第三是“具体性”要素，明确行政行为是规范个别情况的行为，规范普遍情况的行政法规（规章）被排除在行政行为之外；第四是外部效力要素，明确行政行为是具有直接对外效力的行为，行政机关针对内部事务所采取的措施不是行政行为。这就严格限定了行政行为的范畴。不过，该条在作出这一对“行政行为”的界定之后，紧接着提出了“一般处分”的概念，并将“一般处分”界定为“是一类行政行为，它针对依一般特征确定或可确定范围的人，或涉及物的公法性质或公众对该物的使用”。[①] 在笔者看来，尽管“针对依一般特征确定或可确定范围的人”仍没有跳出行政处分针对“特定对象”的特征，但“涉及物的公法性质或公众对该物的使用”却已然涉及不特定的对象，因此，“一般处分”已经在一定程度上动摇了行政处分针对特定对象的传统。

自德国法以行政行为取代行政处分之后，在法律上仍在使用行政处分概念的，仅有瑞士、日本和我国台湾地区等少数国家和地区。

与法国一样，作为公法与私法严格区分的国家，现今德国也广泛采用行政合同（公法合同）用于国家行政事务或公共事务，并且因行政合同引起的争议也由行政法院管辖。所不同的是，法国将行政合同作为与单方行政行为相对的一种（双方）行政行为，而德国将行政合同作为行政机关行政行为（行政处分）以外的、与行政行为（行政处分）并列的一种公务行为或管理手段。这自然与德国传统上将行政行为（行政处分）视为行政机关的单方行为、不承认存在双方行政行为密切相关。不过，在“高权行政”时期，德国并不接受行政合同概念。因为在“高权行政”管理模式中，行政法律关系是命令与服从的关系，行政机关无须相对人的同意即可单方面运用其行政权力实现行政目标。例如，奥托·迈耶在其 1888 年撰写的《公法契约的学说》一文中，仅承认存在“顺从之行政处分”，反对公法领域采用合同的说法。随着给付行政、服务行政、公共行政的兴起，“高权行政”管理模式受到了极大挑战和动摇，很多行政领域需要采取体现现代民主思想的协商方式，行政合同的概念和制度遂逐渐深入德国行政法的理论和制度。1976 年联邦德国《行

---

① 应松年主编：《外国行政程序法汇编》，中国法制出版社 2004 年版，第 95 页。

政程序法》在第三章“行政行为”之后，在第四章“公法合同”中专章对行政合同作了规定。该法第 54 条规定：“公法范畴的法律关系可以通过合同设立、变更或撤销，但以法规无相反规定为限。行政机关尤其可以与拟作出行政行为的相对人，以签订公法合同代替行政行为的作出。”[①]德国学界也普遍认为，行政合同是以行政法律关系为客体，设立、变更或者消灭行政法权利义务的合同。[②]

德国行政合同分为平等关系合同（或水平合同）（koordinationsrechtlicher oder horizontaler Vertrag）和隶（从）属关系合同（或垂直合同）（subordinationsrechtlicher oder vertikaler Vertrag）。前者是指地位或等级对等或相近的行政主体之间为履行公务而签订的合同，由于其存在于行政机关内部，因而用中国大陆行政法学的语言可以被理解为内部行政合同；后者是指行政主体与行政相对人之间为设定公法范畴的法律关系而签订的合同，可以被理解为外部行政合同，它是行政法学研究的重点。

从德国行政合同的法律定义和学理定义看，德国识别行政合同的主要标准是“合同标的”，即视合同所涉是否属于公法范畴的法律关系而定，或者说视合同所涉权利义务所依据的法律规范是否是公法而定。联邦德国《行政程序法》第 60 条规定：“确定合同内容所依据的关系，如在合同成立后作出显著变更，以至遵守原合同对当事人一方不合理的，该当事人可要求将合同内容作出符合变更关系的调整，或不能调整或对合同当事人一方不合理的，作出解除合同的通知。为避免或消除公共福利遭受严重不利，行政机关也可作出解约通知。”该条在赋予行政机关在法定条件下单方解除合同的特权、以体现行政合同的特点的同时，也规定了任何一方、包括行政机关的合同相对方，有变更、解除行政合同的权利。第 62 条规定，只要第四章“公法合同”未另有规定的，即“适用本法其余的规定。另补充适用民法典的有关规定”。[③] 从这两条看，相对于法国，德国在肯定行政合同在总体上属于“行政”的合同外，也赋予行政合同以一定的民事色彩，以合同而不是以行政为

① 应松年主编：《外国行政程序法汇编》，中国法制出版社 2004 年版，第 103 页。

② 参见〔德〕哈特穆特·毛雷尔：《行政法学总论》，高家伟译，法律出版社 2000 年版，第 349 页。

③ 参见应松年主编：《外国行政程序法汇编》，中国法制出版社 2004 年版，第 104—105 页。

本位,对公共利益和个人利益实行相对平等的法律保护,既体现行政合同的本质,也体现合同双方的平等性和现代契约行政的民主精神。

三、日本

日本于明治维新时期继受了欧洲大陆法系国家行政行为概念。但日本仅将行政行为作为在行政法学中使用的概念,而在法律中则使用行政处分概念。在日本行政法著作中,对相当于法律概念的行政处分统称行政行为。但作为学术概念的行政行为与作为法律概念的行政处分,涵义基本上是相互对应的。[①] 学界对行政行为的代表性界定是:"行政厅为了调整具体事实,作为公权力的行使,而对外部采取的产生直接的法的效果(形成国民的权利义务,或者确定其范围)的行为"。日本最高法院的判例也持基本与此相同的见解。而"在法令上,根据不同情况,通常使用'许可''禁止''命令'等表示具体措施的用语。即使作为这些行为的总称,也不称其为'行政行为',而使用'行政厅的处分'或者'行政处分'等用语。"[②]日本 1993 年公布的《行政程序法》第 2 条第 2 款第 2 项规定:行政处分"谓行政机关之处分及其他相当于行使公权力之行为。"[③]从当下日本学者对行政行为的界定看,日本学界对行政行为的概念,已经抛弃了广义说和狭义说,而采最狭义说,即认为行政行为是行政机关就具体事项所为的公法上的单方行为,不包括行政立法行为[④]、行政契约、行政机关的内部行为和事实行为。[⑤] 因而,日本行政行为概念包含的要件有:公权力性、外部性、单方面性、具体性、处分性和法律效果性。

---

① 参见〔日〕盐野宏:《行政法》,杨建顺译,法律出版社 1999 年版,第 80 页。

② 参见〔日〕南博方:《行政法》,杨建顺译,中国人民大学出版社 2009 年版,第 36—37、34—35 页。

③ 应松年主编:《外国行政程序法汇编》,中国法制出版社 2004 年版,第 536 页。

④ 并非所有具有法律效果的对外行为都具有处分性。具有处分性的行政行为产生的法律效果必须是具体的,而非抽象的、一般的。行政机关制定的政令、府令、省令、外局的规则等具有抽象的、一般的法律效果,但由于并不具体直接地变动国民的权利义务,因此不具有处分性。参见江利红:《日本行政法学基础理论》,知识产权出版社 2008 年版,第 387 页。

⑤ 〔日〕南博方:《行政法》,杨建顺译,中国人民大学出版社 2009 年版,第 37—39 页。

日本学者将“行政活动”或“行政上的行为”分为行政行为和其他的行政活动。前者服从特殊规范调整,属于“法律的执行”,可以单方面地具体体现法令内容,具有区别于其他行政活动的特征,包括但不限于:第一,适用《行政程序法》[①];第二,具有可诉性:只有对行政行为,才能提起行政不服申诉(包括异议申诉、审查请求等)或者抗告诉讼(包括处分撤销诉讼、裁决撤销诉讼、无效等确认诉讼,不作为违法确认诉讼,义务赋科诉讼及中止诉讼等);第三,具有公定力:行政行为即使违法,在被法院或行政厅等有权机关予以撤销之前仍是有效的;第四,实行执行不停止原则:即使提起争讼,原则上行政行为的执行不受到妨碍;第五,具有不可争力:一旦超出不服申诉期间或者起诉期间,便不能就其效力进行争讼;第六,具有不可变更力(确定力):不能任意凭职权撤销或变更;第七,具有自行执行力:当由行政行为所规定的义务得不到履行时,行政厅可以根据法律,以其自身力量自行执行行为的内容。也就是说,在行政上的行为中,只有那些具有公定力、确定力、执行力等特有效力的适法行为,才被称为行政行为。日本学者认为,在行政活动中,将行政行为与其他行为相区别,并确立“行政行为”这一概念,是具有理论意义和实践价值的。虽然,随着现代国家行政主体的多元化及行政领域的扩大,行政活动形式也必然趋于多样化和复杂化,以前的行政行为概念无法包容的行为形式增加了,但在这多种多样的行为形式中,行政行为依然是行政的典型性的活动方式。关于行政行为的一般理论,在行政法学中至今仍然居于中心地位。[②]

由于日本学界认为行政行为是行政机关就具体事项所为的公法上的单方行为,其具有公权力性、外部性、单方面性、具体性、处分性和法律效果性,因而,在日本,与德国一样,行政契约(行政合同)不属于行政行为(行政处分)的范畴。关于行政契约的容许性,虽然日本也曾发生过争论,但现今行政法学界代表性的观点是:行政法领域是存在行政法律关系主体之间合意的基础和空间的;认为公法关系即支配关系、公法行为即权力性行为的见

---

① 根据日本《行政程序法》,除行政行为(法令中的行政处分)外,行政指导及申报亦适用该法。因而,这一特征并非行政行为专有。

② 参见〔日〕南博方:《行政法》,杨建顺译,中国人民大学出版社 2009 年版,第 34—36、194 页。

解，是不能赞成的；公法关系中也存在非权力服从的支配关系，故公法行为中也存在非权力性行为的行为。[①] 针对某些人认为行政契约的结果将导致行政权的廉价出卖或者会导致行政主体拿公秩良序的准则进行讨价还价的批评，日本有学者认为，这些弊端行政行为同样也可能产生，况且通过契约的合理解释和诉讼监督可以避免，相反，行政契约具有行政行为所没有的诸多优点。“在现代的给付国家里，国民已经不是行政的客体（被统治者），而是行政的共同形成者，因此，公权性行为的行使应当予以节制，只将其作为最终的手段，而尽量以契约或行政指导等手段来实现行政目的。”[②]在日本，广义的行政契约是指由行政机关所缔结的契约，其以缔约主体为标准，包括行政机关所缔结的私法契约和公法契约；狭义的行政契约仅指以公法关系的设定、变更或者废止为目的的公法契约。不过，许多行政机关缔结的契约都具有公私混合的性质。识别契约性质的标准是：只有具备行政权能的行政主体才能够实现的契约条款才是公法性质的，而私人也能实现的契约条款则属于私法性质（即使根据法令等被附加了公法上的限制）。随着第二次世界大战以后现代国家任务和职能的转变，日本公法性质的契约已从萌发于19世纪90年代的带有特许性质的报偿契约，发展到给付行政、环境行政、空间整序等广泛的行政领域，具体包括补助金交付契约、公害防止协定、环境保全协定、公害调停协定、行政委托契约等。与此同时，政府缔结的物品交纳契约、土木工程承包契约、国有土地租赁或拍卖契约、政府筹措（采购）契约等私人也能够缔结的私法性质的契约也广泛存在。公法性质的行政契约，也从过去的需要法律明确授权始得签订，发展到了只要没有法律的排除即可签订。公法性质的行政契约的争讼，适用《行政案件诉讼法》第4条[③]，通过作为行政诉讼的当事人诉讼解决。[④]

---

① 参见余凌云：《行政契约论》，中国人民大学出版社2000年版，第11页。

② 〔日〕南博方：《行政法》，杨建顺译，中国人民大学出版社2009年版，第80页。

③ 日本《行政案件诉讼法》第4条规定：“本法所称的‘当事人诉讼’，是指关于形成或确认当事人之间法律关系的处分或裁决的诉讼，是根据法令的规定以法律关系的一方当事人为被告的以及关于公法上的法律关系的确认之诉等有关其他公法上法律关系的诉讼。”

④ 参见〔日〕南博方：《行政法》，杨建顺译，中国人民大学出版社2009年版，第79—82页。

四、中国台湾地区

我国台湾地区是目前仍在继续使用德国传统行政处分概念的少数几个国家和地区之一,并长期以来由行政处分承担行政诉讼“通道”的功能。[①]

自国民党统治的旧中国及至新中国成立后我国台湾地区,其整体“法制”直接或间接受德国法影响。我国台湾地区使用“行政处分”一词,直接是受日本影响,而日本之前于明治维新时期继受了欧洲大陆法系国家行政行为和行政处分概念。据台湾行政法学者翁岳生考证,在旧中国,1916年的司法解释就已使用行政处分概念,1930年行政处分这个词已见诸于“诉愿法”和“行政诉讼法”。翁氏认为,行政处分系“国家针对个案对人民所作成的行政决定”,如果没有这种行为类型,国家政务根本就无法推动。在这个概念出现之前,事实上“行政处分早就以许可、核准、裁决、决定、撤销或处罚等各种不同面貌在各个行政法规和行政领域出现了。而行政处分概念的提出,只是意欲在欧陆法制影响下,对此类行政行为有意识地加以‘综合化’,或者说‘类型化’罢了”。行政处分正是这样一些“无数具共同特征,并适用共同规则之行政行为的统称”。现今,行政处分一词,分别出现在台湾“行政程序法”“诉愿法”“行政诉讼法”“公务员保障法”与“行政执行法”等不同“法律”中。可见,它既是实体法的概念,同时也是程序法、执行法和救济法上的概念。当然,这并不是说,各该不同的行政法领域各自有独立、不同的行政处分概念。而是说,各不同法领域体现着行政处分概念的不同功能。如,在救济法上,行政处分发挥的是“提请救济的前提要件的功能”。[②]可见,行政处分概念在台湾发挥着重要的制度功能,尤其是在过去长期以来在行政诉讼中发挥着诉讼“通道”的功能。

---

① 因以“行政处分”为行政诉讼“通道”,其行政诉讼受案范围比较狭小。随着对权利救济范围要求的扩大,2007年7月4日我国台湾地区修正的“行政诉讼法”第2条规定:“公法上之争议,除法律别有规定外,得依本法提起行政诉讼”,即行政诉讼受案范围已从行政处分扩大到了包括行政处分在内的除法律另有规定外的一切公法上之争议。

② 参见翁岳生编:《行政法》(上册),中国法制出版社2009年版,第598—599页。

2000 年 6 月 14 日修正公布的中国台湾地区“诉愿法”第 3 条规定:“本法所称行政处分,系指中央或地方机关就公法上具体事件所为之决定或其他公权力措施而对外直接发生法律效果之单方行政行为。前项决定或措施之相对人虽非特定,而依一般性特征可得确定其范围者,亦为行政处分。有关公物之设定、变更、废止或一般使用者,亦同。”[①]从此“法”对行政处分所下的定义看,我国台湾地区行政处分概念显然受德国行政处分概念的影响,分为“属人性的一般处分”(adressatenbezogene Allgemeinverfügung)和“属物性的一般处分”(sachbezogene Allgemeinverfügung),其特征包括:第一,行政性:行政处分系行政机关作出的行为[②];第二,公法性:行政处分系行政机关就公法上具体事件所为之决定或其他公权力措施;第三,外部性:行政处分系行政机关对外作出的行为;第四,直接法效性:行政处分系行政机关作出的直接发生法律效果的行为;第五,单方性:行政处分系行政机关作出的单方行政行为;第六,具体性和特定性:行政处分是针对特定相对人和具体事件所为的行为。所谓“具体”,是指所涉及的事项具体。所谓“特定”,是指相对方特定。与过去的“法律”对行政处分的概念相比,该部修正公布的我国台湾地区“诉愿法”在“特定”之外补充规定了“相对人虽非特定,而依一般性特征可得确定其范围者,亦为行政处分”,看似对行政处分的定义突破了对相对方“特定”的限制。然在笔者看来,这一补充规定实质上并未改变台湾法对行政处分针对特定相对方的传统认识。因为,“依一般性特征可得确定其范围者”,实际上已经对相对方的范围予以框定,范围已经具有封闭性,从而不再具有“不特定”的性质。倒是视“有关公物之设定、变更、废止或一般使用者”亦为行政处分的规定,即“属物性的一般处分”,似有突破相对方“特定”这一台湾法固有模式的效果。诚如台湾学者翁岳生所分析:“‘属物性的一般处分’的引进,更进一步地泯灭了行政处分与法规命令的界限。”就“有关公物之设定、变更、废止”的规定而言,如公告某座桥梁或某路段开放通车,供公众使用,或公告某桥梁、路段停止公众使用,或

---

① 参见深和律师网:台湾“诉愿法”,载 http://www.ylnjz.cn/C96/d/1313.html,2012 年 1 月 23 日访问。

② 台湾“法律”中,“中央或地方机关”之实际意义应解为“国家”行政机关或地方自治团体(各种次级统治团体)之行政机关。参见吴庚:《行政法之理论与实用》(增订八版),中国人民大学出版社 2005 年版,第 201 页。

规定某地区为水源保护区等,这种规定其实都是具有一般、抽象特征的规定,对象都是不特定的一般人[①];就"有关公物之一般使用"的规定而言,虽然其所指不够明确,但有代表性的观点认为,这种规定是有关公物的使用规则的规定,以明确公物使用者的权利义务。如此看来,这种规定与法规命令就一般、抽象之实质特征而言,已几乎没有什么两样,唯一不同的是,法规命令需遵守一定的格式与程序,并刊登于"政府公报"或新闻纸,而公物的使用规则只需公告于公物所处场所即可。"属物性的一般处分"在传统学理上很难被接受为属于行政处分,现今我国台湾地区"法律"以明文规定的形式将其纳入行政处分的范畴,难以从学理上得到解释,或许只能从行政处分本身的目的性,或类似于日本"处分性的扩大论",以及"法律"为加强对权利的救济得到解释了。[②] 笔者以为,"属物性的一般处分"的规定,从一个侧面动摇了我国台湾地区抽象行政行为不可诉的传统根基。

我国台湾地区"行政程序法"系规范行政机关作成行政行为时应遵循"正当程序"(due process)的法。[③] 根据该"法"第 2 条之规定,行政行为系"行政机关作成行政处分、缔结行政契约、订定法规命令与行政规划、确定行政计划、实施行政指导及处理陈情等"之行为。可见,这里的行政行为概念是一个远远超越行政处分概念的上位概念,它是一个几乎涵盖所有行政机关之行为的一个非常宽泛的概念,但这个概念并不承担行政诉讼"通道"的功能。

在我国台湾地区,一般将中国大陆概念的行政合同称为行政契约,而不称为公法契约。因为公法契约被认为包括了宪法性质的公法契约。而行政契约则被定义为"两个以上当事人就公法上权利义务设定、变更或废止所订立之契约"[④]。我国台湾地区"行政程序法"(1999 年)第 135 条规定:"公法

---

① 当然,"有关公物之设定、变更、废止"的规定并非都是具有一般、抽象特征的规定,对象也不都是不特定的一般人。例如,指定某民宅为古迹,因指定时民宅已有确定的所有人,因而该指定是具体的规定,对象是特定的。

② 参见翁岳生编:《行政法》(上册),中国法制出版社 2009 年版,第 629—631 页。

③ 参见翁岳生编:《行政法》(下册),中国法制出版社 2009 年版,第 915 页。

④ 吴庚:《行政法之理论与实用》(增订八版),中国人民大学出版社 2005 年版,第 263—264 页。其中,当事人中必有一方是行政机关。

上法律关系得以契约设定、变更或消灭之。但依其性质或法规规定不得缔约者，不在此限。”据此，在台湾，只要依契约性质或法规规定不得缔约的，行政机关即可以通过行政契约设定、变更或消灭公法上的法律关系。与德国和日本不同，我国台湾地区行政行为概念和行政处分概念的区别很大。根据我国台湾地区 2000 年 6 月 14 日修正公布的“诉愿法”第 3 条，行政处分概念是一个精致而狭隘的概念，其具有行政性、公法性、外部性、直接法效性、单方性、具体性和特定性等特征；而根据我国台湾地区“行政程序法”(1999 年)第 2 条，行政行为是一个几乎涵盖所有行政机关之行为的一个非常宽泛的概念，包括“行政机关作成行政处分、缔结行政契约、订定法规命令与行政规划、确定行政计划、实施行政指导及处理陈情等”行为。因而，行政契约与行政处分是并列的、从属于行政行为的概念。受德国法影响，我国台湾地区“行政程序法”(1999 年)将行政契约分为和解契约[①](第 136 条)和双务契约(第 137 条)。前者是指对于行政处分所依据的事实或法律关系，行政机关经依职权调查仍不能确定时，为有效达成行政目的，并解决争执，与人民和解缔结的行政契约，以代替行政处分。后者是指行政机关在与人民互负给付义务的情况下，为保障双方履行义务而缔结的行政契约。实践中，我国台湾地区常见的行政契约有：税法上的行政契约、委托行使公权力的协议、行政机关间有关营造物或公物的协议、诉讼法上的保证协议、损失补偿或损害赔偿协议、公法上的抵消协议、社会保险关系协议等。[②] 根据我国台湾地区“行政程序法”(1999 年)等，行政契约变更、终止的情形有：出现民法上终止契约的事由时，可类推适用；为避免公共利益遭受重大危害，作为契约一方的行政机关有权变更或终止契约(但应当给予相对方补偿，否则不得为之)；行政契约缔结后，因有情事重大变更，非当时所得预料，而依原约定显失公平的，当事人之一有权请求他方适当调整契约内容，如不能调整，得终止契约；法律的变更直接影响契约的履行时。由此可见，我国台湾地区的行政契约除保留行政机关的某些特权外，也较能体现契约平等的精神。契约缔结后，除法律有明文规定或缔结签约时有约定的外，行政机关不

---

① 事实上，与中国大陆不同，台湾地区行政争讼早就承认和解制度，用以终结程序。参见吴庚：《行政法之理论与实用》(增订八版)，中国人民大学出版社 2005 年版，第 272 页。

② 参见同上书，第 281—283 页。

得再以单方性的行政处分达成履行的目的。若发生争议,应通过“行政法院”提起行政诉讼解决。

五、英国和美国

英美法系国家由于不存在独立的行政法律制度,也没有系统的行政行为理论,因而,严格来讲,其并未形成像德国法那样的行政行为概念。但基于存在行政机关的行为这一客观现象,它们也建立起了与不同的行政机关的行为相对应的法律术语体系和相应的概念体系。英国和美国同属英美法系,两国行政法理论和制度颇有相似之处。例如,行政活动在英国大致被分为两类:一类是决定或命令(administrative decision or order),一类是行为(act)。前者是指法律行为,即以正式文书形式作出的意思表示行为,一般情况下是指我们所说的具体行政行为,但正像中国大陆行政法或行政法学中的“决定”“命令”不仅可用于具体行政行为、而且也可用于抽象行政行为一样,Order 等名称有时也可以用于相当于中国大陆的抽象行政行为。不过,相当于中国大陆的抽象行政行为一般用 Rule,包括立法性规则(legislative rule)和非立法性规则(non-legislative rule)。而包括我们所说的抽象行为和具体行为在内的所有行政行为的概念则用后者,其主要是从事实层面指向行政活动。因而,我国学者通常将中国式的“行政行为”译为 administrative act,纯属字面翻译。Act 的词义是表达以动作或举动为形式的行为,即从事实层面表达行为,并不强调行为的意思表示,故与中国强调意思表示的行政“决定”这样一种行政行为概念迥然不同。类似地,administrative behavior 一词也多用于行政学,借以表达行政机关的某种举动,尽管该词有时也在行政法学上出现,但其所指仍侧重于非法律意义或弱法律意义的行政活动。不过,英美学者混用 act、decision、order 等的情况也时有所见。[①] 在美国,行政行为用 agency action(常常译为“机关行为”)表

---

① See Sir William Wade and Christopher Forsyth, *Administrative Law*, 8th edition, Oxford University Press (New York), 2000, p. 36. 相对于大陆法系国家的学者,普通法系国家的学者对于法律术语的使用要随意许多。

述。美国《联邦行政程序法》(*Federal Administrative Procedure Act*)规定:“‘机关行为’包括机关的规章制定、裁决、许可、制裁、救济及其他相似行为,或者上述形式的否定行为和不作为的全部或一部。”[①]该项内容囊括了美国行政行为的全部内容。

---

① 美国《联邦行政程序法》第五编第551条第13项。原文是:“‘agency action’ includes the whole or a part of an agency rule, order, license, sanction, relief, or the equivalent or denial thereof, or failure to act.” 参见应松年主编:《外国行政程序法汇编》,中国法制出版社2004年版,第3页。

第二章　中国大陆外可诉"行政"行为的制度设计

通过对行政法治较为发达的国家和地区、尤其是主要大陆法系国家和地区"行政行为"概念的考察，笔者认为，行政行为（行政处分）并不是一个一成不变的概念，也不是一个"放之四海而皆准"的概念。各国行政行为（行政处分）概念都与其司法对行政的监督制度密切关联，因而会因各国司法对行政的监督制度的不同而有差异，也会随一国司法对行政的监督制度的发展而发展。共同且不变的是，行政行为（行政处分）一直是一个与司法对行政的监督所对应的功能性概念。大陆法系国家或地区在构建行政处分或行政行为概念时均结合行政诉讼制度予以考量，赋予行政行为或行政处分以可诉性。除法律特别排除的个别情形外，行政行为（行政处分）都是可诉的。在大陆法系的法治发达国家和地区，虽然各国（地区）行政法学理论和行政法制度存在差异，但一方面，一般来说，"某种行为是不是行政行为，往往构成司法审查的先决条件"①；另一方面，行政诉讼受案范围原则上包括一切行政处分或行政行为。例如，法国从行政行为的制度功能出发，"将行政法院与普通法院之间的权能分配这个一般性问题用于行为这一特殊领域"，"将

① 龚祥瑞：《比较宪法与行政法》，法律出版社 2003 年版，第 433 页。

行政法调整的行为理解为行政行为”。[①] 因此，“可诉性”是经学理与行政诉讼制度的沟通，而赋予行政行为（行政处分）的一个法治属性。这是从学理的角度对行政行为可诉性法治属性的认识。从学理角度和法治角度而言，行政行为具有可诉性，是一个应然的、无须讨论、不容争辩的问题。当然，在个别情形下，法律可能对某行政行为从行政诉讼或司法审查的范围中予以特别排除，但这只是个别的、事实上的除外。而且，随着民主与法治的发展，仍可以经学理与制度的沟通，通过对行政行为（行政处分）内涵和外延的调整、尤其是扩大，与司法对行政的监督制度的发展相对接，进一步实现行政行为（行政处分）的这一法治属性，强化行政行为（行政处分）概念的功能性。行政行为（行政处分）概念内涵和外延的大小既反映了公民权利救济范围的大小及法院与行政机关的关系，也反映了一个国家或地区公民权利保护制度的发达程度。

对于行政机关可诉行为的制度设计因国情的不同而不同。这不仅反映在行政行为（行政处分）概念内涵和外延的不同上，也反映在对行政行为（行政处分）之外的其他行政机关的有关行为是否可诉的制度安排上（例如，德国法规定，除属于宪法性质的公法争议及被联邦法律划归为属于其他法院管辖的争议外的一切公法行为引起的争议，均属于行政诉讼受案范围。故其可诉行为不限于行政行为。比如，德国将行政合同作为行政机关行政行为以外的、与行政行为并列的一种公务行为或管理手段，但因行政合同引起的争议也由行政法院管辖），还反映在法律对个别情形下的行政行为是否特别排除在行政诉讼或司法审查范围之外的制度安排上。因而，事实上，行政机关的“可诉‘行政’行为”，并不等于“可诉行政行为”。鉴于此，也鉴于对可诉性是行政行为（行政处分）的一个法治属性的认识，为准确表达起见，笔者在本章题目上对“行政”二字加上了引号，用“‘行政’行为”表达与“行政行为”并不等同的“行政之行为”（即行政机关之行为），以准确表达笔者在本章并不是考察“中国大陆外可诉‘行政行为’的制度设计”，而是考察“中国大陆外可诉‘行政之行为’的制度设计”这样一个范围更为宽泛、表达也更为准确的问题。同时，为简明起见，除特别需要以“行政处分”来表达的

---

① 〔法〕古斯塔夫 · 佩泽尔：《法国行政法》，廖坤明、周洁译，国家行政学院出版社 2002 年版，第 25—26 页。

外，本书以下将“行政行为”和“行政处分”统一表达为“行政行为”。

一、法国

现代行政诉讼制度起源于法国。早在1799年，法国就成立了国家参事院（最高行政法院前身），但直到1872年确立行政审判以法国人民的名义作出的制度，取代过去行政审判以国家元首的名义作出的制度，从而使行政审判正式取得独立地位，现代行政诉讼制度才正式在法国确立。

法国的行政法院系统分成三级：最高行政法院、上诉行政法院和地方行政法院。除此之外，还有一些专门行政法院，例如审计法院、财政和预算纪律法院、补助金和津贴法院、战争损害赔偿法院等。地方行政法院是行政诉讼的一般权限法院，一切行政诉讼案件法律没有规定由其他法院受理时，都由地方行政法院管辖。

在法国，行政诉讼受案范围实际上是一个划分行政法院与普通法院之间管辖权限的问题。但是，一般而言，法国法律并没有规定什么事项属于行政法院的管辖范围，什么事项属于普通法院的管辖范围。行政法院的管辖范围与普通法院的管辖范围之界限，一般是由行政法院和权限争议法庭通过判例解决的。学界则根据判例来展开讨论，形成对“可诉行为”标准的学理认识。

在法国，并非行政机关的一切行为都受行政法院审判管辖。判断一个案件是否应由行政法院管辖，首先是从形式上看，即只有行政机关的行为才属于行政法院的审判权限，这被称为机关标准。但是，机关标准仅仅是一个初步标准。这是因为，第一，并非行政机关的一切行为都属于行政法院的审判权限，只有行政机关的公法行为才适用行政法，由行政法院审判管辖；而行政机关的私法行为则适用私法规则，由普通法院审判管辖。第二，非行政机关的一些组织作出的行为，也可能属于行政法院的审判权限，例如，受法律或行政机关授权执行公务的其他团体和私人的行为。因此，区分行政机关的公法行为和行政机关的私法行为、团体及私人的公法行为和私法行为，就成了划分行政法院与普通法院管辖权的关键。这涉及所谓的实质标准问题。随着行政法院和权限争议法庭在判例中采取的实质标准的演变，学界先后形成有“公共权力说”“公务说”“公共利益说”“新公共权力说”等标准。所谓“公共权力说”，就是认为行政机关采取的命令和禁止方式的行为属于行政法院审判管辖。由于“公共权力说”没有摆脱机关标准，也不能说明行政活动逐渐向服务行政扩张的新趋势，因而后来形成了“公务说”。“公务说”认为，行政机关（或受法律或行政机关授权执行公务的其他团体和私人）直接以满足公共利益为目的的活动是公务活动，属于行政法院审判管辖。但是，自20世纪上半叶开始，随着政府大量从事经济公务或工商业公务①、社会公务②、职业公务③等不同于传统公务的、（在法国）受私法调整和普通法院管辖的公务活动的大量出现，“公务说”也无法准确确定行政法院的管辖范围。因此，学界逐渐认识到：在确定行政法院管辖范围的时候，不能采取一个标准，而应采取多元标准；“公共权力标准”和“公务标准”能够说明相当部分行政法院的管辖范围，但不能说明全部，在“公共权力标准”和“公务标准”之外，还应当采取几个新的标准，与旧的标准一起，构成多元标准体系，由行政法院在实践中根据案件情况综合采纳。这几个新的标准包括“公共利益标准”（公共利益包括的范围比公务广，可以扩大行政法院的管辖范围。但其含义不明，范围过大，容易把行政机关虽以公共利益为指导、但受私法支配的活动也纳入进来，导致法律适用和管辖权的混乱）和“新公共权力标准”（该说是对传统的“公共权力说”的改良，其将对传统的行使公共权力的认识，从限于行使命令的行为拓展为不受私法支配的一切行为，从而拓展了行政法院的管辖范围。但其不能像传统的“公共权力说”和“公务说”那样能够说明为什么行政法不适用私法）等。20世纪中叶开始，最高行政法院在决定管辖权的时候，就不是采取一个标准，而是采取几个标准。这说明，自此“多元标准说”在法国确立了正式地位。

不管法国确定行政法院管辖的标准如何变化，其核心乃在于如何识别行政行为。在法国，原则上，作为行政法的一般原则，所有的行政行为都应

---

① 政府从事经济活动或者把私人企业国有化。

② 政府推行社会保障制度。

③ 政府审查同业公会的开业资格及维持职业的道德纪律。

受到司法审查。[①] 因而，在法国，行政行为承担着行政诉讼“通道”的功能。而判断一个行为究竟是否是行政行为，需要综合机关标准和实质标准。

下列事项不属于行政机关的行为，即不符合机关标准，因而不是行政行为，不属于行政法院审判管辖，而由普通法院或宪法委员会审判管辖：

（1）私人行为。私人之间的诉讼受普通法院管辖，不在行政审判范围之内。

但依法律的规定和行政法院的判例，下列发生在私人之间的诉讼仍受行政法院管辖：法兰西银行（私法人）和职工之间的诉讼；矿业受特许人和矿藏发现者之间因报酬问题的诉讼；公共工程承包人因施工对私人造成损害而发生的赔偿诉讼；公务受特许人以及公务受委托的私人团体行使法律所给予的公共特权时的诉讼；私人作为公法人的代理人和其他私人所签订的合同。可见，法国行政法院管辖的范围是宽泛的。

（2）立法机关的行为。立法机关即议会的行为，原则上只受宪法委员会审查，不受其他法院管辖。[②] 包括：立法行为本身；议会议员的选举；全民投票；议会中的行政管理行为。

（3）司法机关的审判活动。在法国，所谓司法机关的活动，其实包括两大类。第一类是司法机关的组织活动，包括法院的设立、合并、停止、废除，法官的任命、晋升、纪律处分等。这类活动由作为政府行政部门的司法部执行，和一般的行政活动完全相同，因而受行政法院管辖。另一类是司法机关的审判活动，包括司法机关审判活动本身，以及司法判决的执行[③]、司法警察的活动[④]等。司法机关的审判活动，均不受行政法院管辖。

（4）外国国家行政机关的行为。外国国家行为不受法国主权的支配。法国行政法院无权审查外国行政机关的行为是否合法和外国的国家责任。

---

① See L. Neville Brown and John S. Bell, with assistance of Jean-Michel Galabert, *French Administrative Law*, 5th edition, Oxford University Press, 1998, p. 172.

② 国会的豁免权在1958年以后，已经受到一定限制，在有些情况下行政法院有管辖权。参见王名扬：《法国行政法》，中国政法大学出版社1988年版，第568—569页。

③ 行政机关拒不履行帮助司法执行的义务，属于行政审判范围。

④ 在法国，司法警察权力和行政警察权力往往由同一机关行使，有时很难区别。从理论上说，司法警察的任务是发现犯罪，搜集犯罪证据，捕拿犯人；行政警察的任务是保护公共安全、公共安宁和公共卫生。行政法院对于行政警察的诉讼有管辖权。

（5）政府行为。在法国，曾经先后出现过以“政治动机”和“统治行为”作为判断政府行为的标准，但因“政治动机”标准失之过宽，不利于法院对行政机关的监督，而“统治行为”标准无法确定统治行为与行政行为的分界线，因此先后被抛弃。因而，政府行为的概念没有一个理论标准，由行政法院采取经验主义的态度，通过行政法院的判例确定。但政府行为大体也有一个框架范围。当代法国政府行为限于以下三个方面：政府和议会关系中的行为，包括召集和解散议会以及提出法律案和公布法律的各种行为；政府在国际关系中所采取的行为；总统认为出现紧急情况，作出实施《宪法》第16条①的决定，以及总统根据《宪法》第11条②的规定，作出将法律草案提交公民复决的决定。

政府行为不符合机关标准。这是因为其或者是行政机关和议会双方面的行为，或者是法国政府与外国政府双方面的行为，或者是需要提交公民复决的行为，不完全属于行政机关的行为。行政审判的范围仅限于行政机关的行为，因而行政法院不能审判政府行为。

另外，根据实质标准，并非行政机关的一切活动都属于行政行为。在行政机关的活动中，行政机关的有些活动不属于行政行为，因而应属司法审判而非行政审判的范围。③ 按照法国法律规定和行政法院判例，下列行政机关活动的事项属于普通法院司法审判管辖：

（1）私产管理行为。这里的私产是指行政机关通过财政收入取得的属

---

① 该条内容如下：

“当共和国体制、民族独立、领土完整或国际义务的执行受到严重和直接威胁，并当宪法所规定的国家权力的正常行使受到阻碍时，共和国总统在同总理、议会两院议长和宪法委员会主席正式磋商后，应根据形势采取必要的措施。

总统以文告把所采取的措施通告全国。

这些措施的目的应该是为了在最短时间内保证宪法规定的权力机关拥有完成它们任务的手段，在这问题上，应咨询宪法委员会的意见。

议会自行举行会议。

国民议会在行使特别权力期间不得被总统解散。”

② 该条内容如下：

“共和国总统根据政府公报所刊载的、由政府在议会开会期间所提出的或由议会两院联合提出的建议，得将关于授权核准共同体协定或授权批准虽然不违反宪法、但影响政府机构职权行使的条约的一切涉及公共权力组织法律草案，提交公民复决。倘公民复决结果通过了该项法律草案，共和国总统应在第10条第1款规定的期限内予以公布。”

③ 在法国，普通法院的审判被称为司法审判，行政法院的审判被称为行政审判。

于行政机关自身的财产。这种私产存在的目的是满足行政活动的需要，不能说和公共利益无关。但是，行政机关对这种财产的管理活动与公共利益并无直接关系，而和私人对其财产的管理活动类同。因此，法国法律认为行政机关对其私产的管理活动不是公务活动，不在行政审判范围内。

对行政机关私产管理活动的诉讼由普通法院管辖，这是原则。但下列情况例外，由行政法院管辖：行政机关制定私产管理的法规和规章的行为；私产上面所进行的公共工程和建造的公共建筑物所产生的损害（公共工程诉讼）；私产管理所缔结的合同①；国有不动私产的出卖②。

（2）公务活动的私管理方式。包括：第一，公务实施中的私管理行为。公务整体上受行政法支配和行政法院管辖，但公务实施中的私管理行为（例如在公务实施中签订私法上的合同）由于采取私法上的手段，因而属于普通法院管辖。第二，私管理的公务。这主要是指第二次世界大战之后兴起的工商业公务、社会公务等不同于传统公务的公务。这些公务与传统的行政公务不同，原则上受私法支配和普通法院管辖，仅在少数情况下受行政法支配和行政法院管辖。

（3）法律规定的司法审判保留事项。根据法国司法机关是自由和权利的保护者这一宪法确定的原则，法律把关于公民身份、个人自由和私有财产等事项，作为专属于司法审判权限的事项，由普通法院管辖，不由设在行政系统中的行政法院管辖，而不论其发生在私人之间，还是发生在行政机关和私人之间。这相当于由普通法院专属管辖。属于法律规定的司法审判保留事项，不再适用有关划分行政审判和司法审判权限的标准。即使在行政审判中遇到此类事项，也必须作为审判前提问题，由普通法院裁决。王名扬教授评述道：这种规定，反映了传统上对行政法院的不信任。现今，行政法院经过一系列演变之后，对于公民权利的保护并不亚于普通法院，而且大胆果断作出普通法院不敢作出的判决。然而，这个历史遗迹迄今仍然保留。目前的发展趋势是逐渐限制司法保留事项的适用范围。关于公民身份事项，

---

① 这类合同原则上被假定为属于一般的民事合同。但法律不禁止行政机关在私产管理中签订行政合同。如果合同中包含有不同于一般民事合同的特殊条款，可以认为是行政合同。由行政合同而产生的诉讼属于行政审判范围。

② 大革命时期曾由行政法院管辖，现今已不复实行。

其范围很广，包括家庭地位、能力、住所、国籍、姓名各个方面，也包括身份登记和身份证书的制作在内。但行政法院对于外国法人的国籍的诉讼可以管辖。关于归化的行政决定、允许变更姓名的行政决定的诉讼管辖权属于行政法院。但普通法院对公民自由的保护，受到两个重大限制：一是这种保护只在平常时期实行，一旦出现社会动乱，一部分涉及公民自由的案件可能不由普通法院管辖；二是普通法院的管辖权限于行政主体侵害个人自由而产生的赔偿责任。行政机关的行为是否违法，这个问题，除暴力情况外，普通法院不能判断，必须作为审判前提问题，由行政法院裁决。关于私有财产权，法律在规定行政机关在一定条件下可以强迫公民转让财产所有权和使用权时，同时规定，由普通法院裁决补偿金额和所有权的转移。

（4）判例规则确定的司法审判保留事项。除了法律规定以外，根据司法机关是自由和权利的保护者这一宪法原则，法院的判例又创造了下面两种由普通法院管辖的司法审判保留事项：第一，行政机关没有合法根据，或者违反合法程序而侵占私人不动产的行为。但是，行政机关合法占有不动产的补偿诉讼，原则上由行政法院管辖；行政机关的行为是否违法，由行政法院裁决；普通法院无权命令行政机关停止非法侵占行为，也不能判决拆除违法设立的公共建筑物。第二，行政机关严重地、明显地违反法律、损害公民的财产权利和基本自由的物质的执行行为（被称为暴力行为）。所谓严重地、明显地违反法律，一是被执行的决定本身违法，或没有任何法律根据，或行使根本不属于行政机关的权力；二是采取强制执行的程序和条件违法，例如，没有法律明文规定，或者法律规定有其他执行方法。这两种情况的实质是行政机关并没有相应的权力，行政机关的执行行为本质上并不具备行政行为的性质，因而，不由行政法院管辖而由普通法院管辖。

（5）法律特别规定属于普通法院管辖的事项。这是指，按照划分行政审判和司法审判权限的标准，一些行政机关的活动本来属于行政法院管辖，但由于历史原因或出于实际方便，法律特别规定由普通法院管辖。这些事项数量很多，没有一个共同的指导原则，例如：间接税以及视为间接税的征收，邮政运输，社会保障①，行政机关运输工具的事故责任，发明专利证是否有效②，市镇由于社会骚乱而产生的赔偿责任，军队驻扎、宿营、演习、射击而产生的赔偿责任，国家代替公立学校教员负担由于学生造成损害的赔偿责任，原子能造成损害的赔偿责任等。

如前所述，在法国，行政行为承担着行政诉讼“通道”的功能，而法国一般理解的行政行为的概念，是功能意义的行政行为。即认为行政行为是行政活动的法律手段，将行政行为限定为产生行政法上效果的法律行为。功能意义的行政行为与法国行政诉讼制度相对接，承担着行政诉讼受案范围“通道”的制度功能。因而，判断行政机关的一个行为是否是行政行为，应当综合“行政机关”（也可包括受法律或行政机关授权执行公务的其他团体和私人）“行政机关的意思”“公共权力”“公务”“公共利益”“法律关系的性质和法律规则的性质”“产生行政法上的效果”等要素。换言之，不是行政机关的行为（除受法律或行政机关授权执行公务的其他团体和私人按照授权作出的行为外）、不具有“行政机关的意思”的行为、非行使“公共权力”的行为、不属于“公务”的行为、不涉及“公共利益”的行为、不受行政法调整的行为、不“产生行政法上的效果”的行为或虽发生法律效果但与行政机关的意思无关而完全由于法律的规定或由于外界的自然结果所产生的行为，一般来讲就不是行政行为，不受行政法院管辖。而通过综合考量，行政机关的行为若符合上述要素，就被认为属于行政行为。一切行政行为（包括具体的行政处理和普遍性的行政条例）都属于行政法院管辖的范围。事实行为是不具有行政机关的意思、完全不发生法律效果或虽发生法律效果但与行政机关的意思无关而完全由于法律的规定或由于外界的自然结果所产生的行为，例如，作出决定前的材料准备行为、作出决定后的实际执行行为、气象局的天气预报、海军兵舰撞沉商船、讲卫生运动中捕杀狂犬（发生所有权消灭）、暴力行为等。由于事实行为是不具有行政机关的意思的行为，所以不能作为行政活动的法律手段，不是行政行为。但事实行为对法律行为的产生过程和实施过程具有重要关系，所以在法国也受行政法

① 社会保障的组织和监督，由行政法院审判管辖。

② 不服行政机关拒绝专利申请的决定和拒绝延长专利的申请的决定，由行政法院管辖。

规范，可以适用一定类型的行政诉讼，例如“完全管辖权之诉”和“处罚之诉”。因此，法国行政法学在行政程序、行政诉讼、行政责任、公务员责任和行政赔偿等方面也研究事实行为。但是，行政法学研究法律行为（行政行为）与研究事实行为的角度不同：研究法律行为主要是研究它的效力问题，研究事实行为主要是研究它的责任问题。因此，事实行为虽也受行政法规范，但不存在通过行政法院通过撤销之诉解除其效力的问题，不过，行政法院可以通过完全管辖之诉认定其违法、判决实施该行政事实行为的主体负赔偿责任，或通过“处罚之诉”对破坏不动产公产保管规则的行政事实行为认定其违法，并直接对实施该行政事实行为的主体作出处罚。[①]

法国行政法领域有如下现状：第一，以概念宽泛的行政行为作为行政诉讼的主要“通道”；第二，从行政行为中细分出具体的行政处理和普遍性的行政条例、单方面行为和双方面行为；第三，将事实行为也纳入一定类型的行政审判范围；第四，构建了多元的、精细的行政诉讼类型，就不同类型的行政机关的行为及情形对应不同的判决，以满足行政法院对不同行政行为和行政机关的其他职务行为（如事实行为）审查、处理的需要。鉴于此，在法国，行政法院原则上对行政机关全部行政活动均有权进行审查，包括行政机关具体的行政处理、普遍性的行政条例、行政合同、公务员对于薪俸和法定津贴金额的争议（内部行政行为）[②]和事实行为[③]等，只不过分别通过“完全管辖权之诉”“撤销之诉”（主要是“越权之诉”）“解释及审查行政决定的意义和合法性之诉”“处罚之诉”等不同类型的行政诉讼进行。[④]

---

① 参见王名扬：《法国行政法》，中国政法大学出版社 1988 年版，第 24—31、134—137、568—590、671—708 页。

② 同上书，第 670 页。

③ 同上书，第 706 页。

④ 同上书，第 665—666 页。

二、德国

在德国,作为一个为法治国的建构而“目的性创设”(Zweckschoepfung)的概念[1],行政行为理论和行政诉讼制度从来就确保其具有可诉的法治属性。

德国的行政法院系统分成三级:联邦行政法院、高等行政法院和初等行政法院。初等行政法院行使一般行政案件的管辖权,有权审理一切未被联邦法律划归为其他法院管辖的非宪法性质的公法争议案件。

第二次世界大战前,德国以列举的方式规定行政诉讼受案范围。战后,在“司法国”理论的推动下,终形成“完全审查”制度,一切行政权行使的活动均被纳入司法审查之下,即使是行政机关制定的法规、规章以及属于传统“特别权力关系理论”之下的行政行为也不例外。[2] 在德国,行政机关制定法规、规章必须有法律的委任,这是由其立法体制实行以议会为中心的一元立法体制所决定的。同时,行政机关制定法规、规章应接受司法机关的审查。当事人若认为行政机关的法规、规章违宪,可直接诉至宪法法院,由宪法法院对其是否违宪进行审查;当事人若在具体的行政纠纷中认为行政机关的法规、规章越权,则可向行政法院附带提出审查请求,由行政法院对其是否越权进行审查。由于前种情形下当事人可以直接要求宪法法院进行审查、后种情形下当事人只能在具体的行政纠纷中附带要求行政法院进行审查,所以,前者被称为直接审查,后者被称为间接审查。[3]

德国行政诉讼范围的确定,既着眼于分清行政法院与普通法院的管辖权限,也着眼于分清行政法院与宪法法院的管辖权限。德意志联邦共和国《基本法》第 19 条第 4 款规定:“任何人之权利受官署侵害时,得提起诉讼。

---

① Guenter Puettner, Allgemeines Verwaltungsrecht, Ein Studienbuch, 6, Aufl., Duesseldorf, 1983, S. 78.

② 江必新主编:《中国行政诉讼制度的完善》,法律出版社 2005 年版,第 18—19 页;陈新民:《中国行政法学原理》,中国政法大学出版社 2002 年版,第 65 页。

③ 参见程宗璋:《创新我国对抽象行政行为的司法审查制度》,载《北京行政学院学报》2003 年第 2 期。

如别无其他管辖机关时，得向普通法院起诉，……”[①]可见，在德国，权利受官署侵害时，原则上可以通过行政法院救济，即使别无其他管辖机关，也可向普通法院起诉，不会出现“起诉无门”的情况。根据《基本法》第19条和法治国原则，德国《行政法院法》第40条第1款规定：“一切未被联邦法律划归为属其他法院管辖的非宪法性质的公法上争议，对之均可提起行政诉讼。”[②]这不仅划清了行政法院与普通法院的管辖权限，也划清了行政法院与宪法法院的管辖权限。[③] 即宪法争议由宪法法院管辖，私法争议由普通法院管辖，除此以外的一切公法争议（包括因行政合同引起的争议）均属行政法院管辖。这一规定，意味着不仅行政行为，而且除属于宪法性质的公法争议及被联邦法律划归为属于其他法院管辖的争议外的一切公法行为引起的争议，均属于行政诉讼受案范围。

根据德国《基本法》《行政法院法》和其他法律的规定，行政法院不受理公民控告国家行政机关违反宪法的案件，以及公民与国家行政机关之间财产纠纷的案件。控告国家行政机关的行政行为违反宪法的诉讼（例如控告行政机关的行政法规、规章违宪的诉讼），由宪法法院受理；政府方面为了公共福利而引起的财产请求，以及违反合法义务而产生的赔偿请求，概由普通法院受理；涉及财产的没收或折旧的请求，也可以诉诸普通法院。除此之外，控告行政机关违法，或向其主张权利的，均属行政诉讼的范围。[④] 另外，根据德国《基本法》第14条第3款第4项，行政征收的补偿数额由普通法院管辖。德国法律排除行政法院管辖的行为还有：国家行为，即与国家整体利益和国家目的有关的法律行为；属于政治性的法律行为；恩惠行为，如刑事豁免、授予勋章的行为；等等。

---

① 参见东方法眼：《德意志联邦共和国基本法》，载 http://www.dffy.com/sifashijian/ziliao/200904/20090404181051-2.htm，2011年1月12日访问。

② 转引自：〔德〕平特纳：《德国普通行政法》，朱林译，中国政法大学出版社1999年版，第267—268页。

③ 宪法法院主要为国家机关之间发生的法律纠纷提供法律保护，而不是为公民提供针对国家的法律保护。

④ 参见胡建淼：《比较行政法——20国行政法评述》，法律出版社1998年版，第303—304页。

三、日本

日本审理行政案件的体制和范围是明治维新之后确立的。但日本明治维新之后，并没有很快设立特别的行政裁判机构，直至1889年的《明治宪法》才有了这方面的原则规定，其第61条规定："因行政官厅之违法处分而使其权利受到伤害之诉讼，当属于另依法律规定之行政法院审理，不在司法法院受理范围之内"。[①] 次年，即1890年，日本根据《宪法》颁布了《行政裁判法》，始正式确立了近代日本行政诉讼制度。该法共47条，分为四章。第1章为"行政裁判所组织"，第2章为"行政裁判所权限"，第3章为"行政诉讼手续"，第4章为"附则"。其第15条规定："行政裁判所，审判依法律敕令所许可出诉于行政裁判所之事件"。[②] 同年颁布的《行政厅违法处分之行政裁判事件》则明确列举了这些事件，即"海关税以外关于租税及手续赋课之事件；关于租税滞纳处分事件；关于营业兑许之拒否或取消事件；关于水利及土木事件；关于土地官有民有区分之查定事件。"[③]可见，当时，日本根据《明治宪法》，排斥普通法院审理行政案件，由设在行政机关内部的专门的行政裁判所（行政法院）负责裁判（审判）行政案件，法律对行政法院管辖的范围采取列举主义，严格限制能够提起行政诉讼的事项，行政法院仅审理法律有明文规定的行政案件，范围非常有限。

第二次世界大战后，日本受美国影响，取消了行政法院建制，参照美国的做法，行政案件由司法法院审理。1946年日本《宪法》第76条第1、2款规定："一切司法权属于最高法院及由法律规定设置的下级法院。不得设置特别法院。行政机关不得施行作为终审的判决。"[④]随着行政案件由司法法

① 参见百度文库：《明治宪法》，载 http://wenku.baidu.com/view/df11b4cdda38376baf1fae76.html，2011年2月14日访问。

② 日本1890年的《行政裁判法》的全文，参见《东方杂志》1907年第3期，第136—142页；1916年日本修改了《行政裁判法》，修改后重新颁布的《行政裁判法》的全文，参见〔日〕美浓部达吉：《行政裁判法》，邓定人译，商务印书馆1933年版，第269—276页。

③ 关于该法全文，参见同上书，第276—277页。

④ 参见百度百科：《日本国宪法》全文，载 http://baike.baidu.com/view/1249567.htm#4，2011年2月14日访问。

院审理的制度的确立，法律对司法法院审理行政案件的范围，改而采取概括主义，因而大大拓宽了司法法院审理行政案件的范围。根据1962年《行政案件诉讼法》的规定，国民对于行政主体行使公权力的行为（包括公法性质的行政契约）不服，都可提起抗告诉讼，无须法律列举。甚至在审判具体案件时可附带审查相关法律、法规等是否合宪的问题。不仅如此，“与直接请求有关的诉讼”这一民众诉讼的种类，包括了条例的修改、废止这一直接请求诉讼。因而，抽象行政行为的直接可诉性从维护公益的角度得到了法律的保障。因此，在日本，只要是行政争议构成法律上的争讼，都属于法院受理行政案件的范围。当然，日本司法法院审理行政案件的范围也不是无所不包的，其不能直接审查法令，不能介入统治行为①，不能干涉行政自由裁量行为②，也不能管辖行政指导行为③。

尽管，传统上，日本学理上的行政行为概念与法律上的行政处分概念是相对应的，但随着现代人权保障事业的发展，为了扩大行政诉讼对公民权利的救济，日本采纳了“处分性的扩大论”，逐渐将传统上不属于行政处分的行政机关的一些行为纳入行政处分范畴。例如，行政计划和行政指导都不属于学理上的行政行为，因而传统上行政计划和行政指导④均不属于构成抗告诉讼对象的行政处分。但是，后来最高法院在先后两个判决中，分别承认了根据《都市再开发法》制定的第二种市街地再开发事业计划的处分性和根据《医疗法》知事所进行的削减病床数的劝告适用“属于行政厅的处分及其他公权力的行使”的规定，使行政计划和行政指导成为抗告诉讼的对象。日本学者认为，最高法院对抗告诉讼对象的新认知表明，撤销诉讼的目的不在于对处分的公定力的排除，而在于对以行政的首次判断为媒介所产生的违法

---

① 在日本，关系到国家的存亡及国家统治之根本的、具有高度政治性的国家机关（国会、内阁等）的行为（如条约的缔结、国会的解散等），被称为统治行为。对于统治行为，法院的审查权被排除或者要进行自我抑制。参见〔日〕南博方：《行政法》，杨建顺译，中国人民大学出版社2009年版，第39页。

② 日本把行政主体根据是否合乎公益自行判断的事，叫“自由裁量行为”。法院虽然不能干涉行政自由裁量行为，但若行政主体超越裁量权和滥用裁量权，应作违法行为看待，属于行政诉讼范围。

③ 参见胡建淼：《比较行政法——20国行政法评述》，法律出版社1998年版，第364—365页。

④ 在日本，行政指导传统上被认为是在取得相对人“同意”或“自愿合作”的基础上实施的，不被认为是行政处分，属于不产生法的效果的事实行为。

状态的排除,因而,即使不存在法的效果(公定力),因行政厅的行为形成了违法状态,只要存在诉的利益,就可以提起撤销诉讼。① 换言之,作为法律概念的行政处分总是抗告诉讼的对象,但随着司法实践的推进,行政处分概念已经被大大拓展,由此导致法律上的行政处分概念与学理上的行政行为概念的对应性被改变,两者出现了差异性。——现今日本抗告诉讼的对象已经突破了学理上的行政行为的范畴,因而得到了显著拓展。

四、中国台湾地区

在中国台湾地区,可以提起行政诉讼的情形被称为"行政诉讼事件"。但"法律"对行政诉讼之可诉行为并不采取列举式规定,而是采取概括式规定。在台湾,行政处分仅仅是单方行政行为的下位概念。因而,尽管台湾对行政诉讼之可诉行为采取概括式规定的模式,但由于其以概念狭小的"行政处分"为行政诉讼"通道"(即"所有行政行为中,唯对行政处分不服,始得提请救济,对其他行政行为的救济请求则属不许,都将一律遭以不合法为由驳回"②),因而,长期以来,其行政诉讼受案范围仍比较狭小。不过,以"行政处分"为行政诉讼"通道"的制度,自经修正的"行政诉讼法"于 2000 年 7 月 1 日起施行,业已改变。自此,行政处分虽仍是行政诉讼的主要对象,但已非唯一对象,行政诉讼"通道"得以大为拓展。此种变革,可从 2007 年 7 月 4 日修正的"行政诉讼法"观之。该法第 2 条规定:"公法上之争议,除法律别有规定外,得依本法提起行政诉讼。"第 4、5、6、8 条是关于行政处分之撤销诉讼、确认诉讼及给付诉讼,而第 9、10 条已然包括公益③、选举罢免事件④争议之行政诉讼。不仅如此,举凡公法上之争议(包括行政契约),原则

① 参见〔日〕南博方:《行政法》,杨建顺译,中国人民大学出版社 2009 年版,第 37、77、86、194 页。

② 翁岳生编:《行政法》(上册),中国法制出版社 2009 年版,第 600 页。

③ 但"以法律有特别规定者为限"。

④ 但"除法律别有规定外"。

上均可提起行政诉讼("除法律别有规定外")。[①] 法律排除行政法院审理的公法事项主要有:(1)"宪法"争议案件;(2)选举罢免事件[②];(3)公务员惩戒事件[③];(4)违反"社会秩序维护法"的案件[④];(5)交通违规事件[⑤];(6)冤狱赔偿案件[⑥];(7)"国家"赔偿案件[⑦];(8)律师惩戒案件[⑧];(9)其他,如少年保护事件和少年福利事件,依"少年事件处理法"和"少年福利法"之规定,由"少年法院"处理,等。

有台湾学者评论道:台湾"行政诉讼法"第2条的规定,"系采'权利保护体系之概括主义',而非依存于诉讼、行政行为形式之概括主义","符合'完整、有效且及时之权利保护要求'"。[⑨]

在台湾地区,属于一种"抽象的法规范"的行政行为是行政命令。台湾"行政程序法"第四章正式将行政命令分为"法规命令"和"行政规则"两种。台湾"行政程序法"第150条第1款对法规命令的定义是:"本法所称法规命令,系指行政机关基于法律授权,对多数不特定人民就一般事项所作抽象之对外发生法律效果之规定。"第159条第1款对行政规则的定义是:"本法所称行政规则,系指上级机关对下级机关。或长官对属官,以其权限或职权为规范内部秩序及运作,所为非直接对外发生法规范效力之一般、抽象之规定。"[⑩]可

---

① 参见法律部落的blog:《台湾"行政诉讼法"》,载http://sebrina.fyfz.cn/art/449289.htm,2011年1月23日访问。

② 有关选举或罢免无效、当选无效、罢免案通过无效及罢免案否决无效的诉讼,属于"法律别有规定"的情形,由其他法院管辖。其他争议事项则由行政法院管辖。

③ 该类事件由"公务员惩戒委员会"处理。"公务员惩戒委员会"通常被简称为"公惩会",属台湾"司法院"下设的机关,与"最高法院""最高行政法院"同为台湾司法制度中的"终审法院",依台湾"宪法"第77条规定掌理台湾公务员之惩戒事宜,负责对违法失职的公务员的惩戒处分。凡遇公务员有违法失职情事,不论职等高低、政务官或事务官,统由"公惩会"依法审议。

④ 此类案件由台湾警察机关及地方法院或其分院、简易庭裁定。

⑤ 该事件由台湾各县市"交通裁决所"作出裁决,不服者由台湾地方法院或分院之交通法庭依法裁定。

⑥ 此类案件由台湾地方法院刑事庭裁定,不服的向司法院赔偿委员会声明不服。

⑦ 此类案件由台湾民事法院审理。

⑧ 此类案件由台湾律师惩戒委员会及律师惩戒复审委员会处理。律师惩戒委员会由高等法院院长指定法官三人、并由该院函请高等法院检察署指定检察官一人、台湾律师公会联合会推荐律师五人组成,委员长由委员互选产生。台湾律师惩戒复审委员会由"最高法院"院长指定法官四人、并由该院函请"最高法院"检察署指定检察官二人、台湾律师公会推荐律师五人、学者二人组成,委员长由委员互选产生。

⑨ 参见翁岳生编:《行政法》(下册),中国法制出版社2009年版,第1344页。

⑩ 应松年主编:《外国行政程序法汇编》,中国法制出版社2004年版,第819、821页。

见,在台湾地区,“行政命令是一种类似法律的一般性、抽象性规范,性质上为‘行政立法’”,包括“对外发生法律效果”的“法规命令”和“非直接对外(即直接对内)发生法规范效力”的“行政规则”。从定义看,“法规命令”相当于中国大陆的“行政立法”。但“行政规则”并非是与中国大陆“行政立法”之外的其他抽象行政行为(“行政规定”)相对应的概念,其差不多可以被理解为“内部抽象行政行为”。台湾地区之所以不存在与中国大陆“行政立法”之外的其他抽象行政行为(“行政规定”)相对应的概念,乃是由于:其一,在台湾地区,各级各类行政机关、甚至类似于行政机关地位的其他组织,基于法律授权或法定职权,均有订定行政命令的权限①,不像中国大陆有“具有行政立法权的机关”和只能制定其他抽象行政行为(“行政规定”)的“无行政立法权的机关”之分。其二,在台湾,并无美国式的立法性规则和非立法性规则之分。台湾地区“宪法”规定,凡涉及人民重要权利的,应由法律直接规定,而不能授权行政机关制定法规命令予以规定,行政机关的法规命令仅具有对法律作“补充规定”的作用,其内容“仅属于执行法律之细节、技术性次要事项”,仅“对人民产生不便或轻微影响”。② 因而若以中国大陆“行政立法”和“行政规定”的概念观之,“法规命令”可以穿行于“行政立法”和“行政规定”之间,故在台湾地区几无与中国大陆“行政立法”之外的其他抽象行政行为(“行政规定”)相对应的概念存在的空间。在台湾地区,“不论依旧‘诉愿法’与旧‘行政诉讼法’还是新‘诉愿法’与新‘行政诉讼法’的规定,人民均不得直接对行政命令提起诉愿或行政诉讼。”而审查“(行政)命令有无抵触‘宪法’,依‘司法院大法官审理案件法’第4条规定,由职司‘释宪’的大法官进行审查与解释”。但从台湾地区“宪法”规定看,“行政诉讼的审理为司法权的范围。对于法院可否审查行政命令并无直接规定。无论依旧‘行政诉讼法’还是新‘行政诉讼法’,行政法院对行政命令

---

① 在台湾地区,“实质上从事行政工作的‘中央’或地方机关都是行政机关,受委托行使公权力之个人或团体,于委托范围内,视为行政机关”。“详言之,‘行政院’及其所属机关,掌握实质人事行政的‘考试院’,固属行政机关,即使是‘立法院’‘司法院’或‘监察院’,甚至于受委托处理有关台湾地区与祖国大陆事务的海峡交流基金会,在其从事立法行政、司法行政、监察行政或受委托行政的范围内,亦为实质意义的行政机关。此等行政机关基于“法律”授权或法定职权,亦有订定行政命令的权限,例如‘法庭旁听规则’‘法庭录音办法’‘立法院探访规则’等均为适例。”参见翁岳生编:《行政法》(上册),中国法制出版社 2009 年版,第 487 页。

② 同上书,第 497 页。

的审查,并非直接进行,当事人必须俟该行政命令,具体地适用于行政处分或其他行政行为后,方得以该行政处分或其他行政行为为标的,提起行政诉讼,主张该行政处分或其他行政行为所依据的行政命令违法。以此方式,法院尚得以审查行政命令。简言之,台湾地区司法对于行政命令的审查必须附着于行政处分或其他行政行为之上。"①

五、英国

越权无效和自然公正,是英国行政法的两大著名原则。越权无效原则所指的"越权",是指行政机关超越议会通过法律授予其的行政权力。由于行政机关作出行政行为应当严格遵守议会制定的法律,所以,行政机关违反议会制定的法律就是超越了议会通过法律授予它的行政权力。因此,英国行政法上的越权,是指行政机关违反授权法的行为②,远比我国《行政诉讼法》规定的与主要证据不足、适用法律法规错误、违反法定程序、滥用职权等行政违法行为并列的"超越职权"之行政违法行为宽泛,几近等同于我国"行政违法"概念。同时,在英国,行政违法除了行政机关违反越权无效这样一个授权法原则的行为之外,还包括行政机关违反自然公正这样一个普通法原则③的行为。

人们常常以为,英国行政法上的司法救济就是司法审查。其实不然。在英国,司法救济主要是司法审查,但却不限于司法审查。所谓司法审查(judicial review),是指英国高等法院依当事人请求,对行政机关的行为的合法性进行审查。在司法审查之外,还有两种司法救济形式。一是普通诉讼救济:当事人认为行政机关的行为违法,向普通法院起诉,由法院通过阻止令(injunction)和确认判决(declatory judgment)实现对行政机关行为的监督。二是上诉救济:当事人不服行政机关的裁决,向法院(一般是高等法院)起诉。当然,相比而言,司法审查是英国行政法上的主要司法救济形式,因

---

① 翁岳生编:《行政法》(上册),中国法制出版社 2009 年版,第 485—486、488、576—577 页。

② 包括超越法律为其设定的管辖权范围、不履行法定义务、滥用职权等实体上的越权和违反成文法明文规定的程序规则。

③ 其包含两个要求:一是自己不能做自己案件的法官;二是在行使权力可能使别人受到不利影响时必须听取对方意见,每一个人都有为自己辩护和防卫的权利。

此,下文主要介绍司法审查。

英国是一个实行判例法的国家,且对行政案件适用普通法院的一般程序进行审查,因而,并无制定法规定哪些行政之行为属于司法审查的范围。就形式审查权限(即法院对案件的管辖权、审理权)而言,英国的司法救济是没有受案范围限制的:所有争议,只要具有司法性(justiciable,即争议具有宜由法院通过司法途径予以解决的属性。具备该属性的最基本前提是有明确的法律规则。这样,如果有违反规则的行为发生,那么由该行为引发的争议就具有司法性),属于法律之内的事,无论争议双方是谁,都可以诉诸法院。所以,英国并无司法救济受案范围的概念。所有公法领域的案件法院都是可以审查的,无论何人、何机构,只要行使制定法所授予的能够影响公民权利的权力,并且法律要求该权力按照自然公正的原则行使,那么,法院就对该权力的行使享有司法审查权。① 即使是英国法上的英王特权②,只要具有司法性,也是可以由法院审查的。尽管,英国人并没有就哪些英王特权具有司法性给出一个明确而概括的规定,但也给常见英王特权行为逐个贴上了是否具有司法性的标签。例如,部署军队、签订条约、解散议会、授予荣誉不具有司法性,而雇佣公务员具有司法性。

不过,这不等于说英国行政法学不存在对受案范围的讨论。相反,事实上,英国行政法学也讨论诸如对英王特权行为、行政自由裁量权、议会立法等的司法审查权问题。然而,英国行政法学对受案范围的讨论一般并非像我国行政法学那样讨论哪些行政争议案件可以成为法院的受案范围,而是讨论法院对哪些行政争议案件不具有实质审查权(即法院对案件作出实质性裁决的权力)。形式审查权系受理权,只要案件具有司法性,法院具有管辖权是无须讨论的。而实质审查权与胜诉权相关,涉及与立法权、英王特权的关系,因而需要对司法权的边界加以界定。例如,如上所述,即使是英国法上的英王特权,只要具有司法性,也是可以由法院审查的,法院有权对英王特权的存在及范围大小问题进行形式审查。但法院无权对英王特权行使

---

① See A. W. Bradley and K. D. Ewing, *Constitutional and Administrative Law*, 13th edition, Longman, 2003, p. 730.

② 包括以英王名义实施的行为和英国中央政府及其部门实施的行为。因为,英国中央政府及其部门名义上都是英王的,都以英王的名义行事。

的方式作出实质性裁决,因为法院并无规制英王特权行使方式的权力。① 也就是说,在英国,具有司法性的争议之当事人,"跨进法院大门"是不受限制的,问题仅仅是他(们)能不能得到法院的实质性裁决。换言之,即使法院对某案件不具有实质性审查权,也不妨碍法院将其纳入司法程序进行审查,也不限制当事人"跨进法院大门"。如果法院经审查最终认定自己没有实质审查权,则作出一个非实质性判决来宣告自己没有实质审查权。这样一个非实质性的判决并非全无意义,因为它通过判例明确了某一个案是否属于法院实质审查权的范围。

另外,英国法院对英王特权之外的行政权的监督是非常充分的,其没有所谓的具体行政行为与抽象行政行为的区分,所有由政府实施的行为是否可以由法院进行实质性审查,决定因素不在于其影响了一个人还是所有人,而在于其是否影响了司法救济请求人。②

在英国,国家行为不受法院管辖。同时,在下列七种情况下,法院也可以拒绝司法审查:

(1) 当事人的申请有不合理的迟延;

(2) 当事人本身有过失;

(3) 当事人知道公共机构作出决定时存在偏私情况而不提出异议,或当事人对自己的防卫权利受到妨碍而不提出异议;

(4) 具有军事性质的机构的内部纪律处分;

(5) 纯属团体内部的事务;

(6) 当事人另有其他救济手段时;

(7) 法院认为救济手段不能达到目的时。

除此之外,一些法律也有排除司法审查的具体条款(大致包括:"最后决定条款""最后证明条款或部长认为满意条款""如同本法的规定条款"③

---

① See A. W. Bradley and K. D. Ewing, *Constitutional and Administrative Law*, 13th edition, Longman, 2003, p. 256.

② 参见张越编著:《英国行政法》,中国政法大学出版社 2004 年版,第 701—730 页。

③ 在议会委任立法的授权中,有时规定行政机关根据授权法所制定的行政法规的效力"同本法中的规定一样"这样的条款,表示议会把它的最高立法权力委托于受委任立法的机关。法院不能对议会的法律实施审查,那当然也不能对与议会法律具有同等效力的行政法规实施审查。但法院认为,这种条款不能用来保护违反授权法的委任立法。对于委任立法,法院仍可审查它是否超越授权法范围,也可审查它是否遵守必要的程序规则。

“排除提审令条款”“排除任何司法审查条款”“法定的救济手段”“行政裁判所和调查法对于排除司法审查的限制条款”等）。

不过，英国法院忠于传统的法制观念，认为司法审查是防止行政机关专横、保障公民自由和权利的有效手段，因而不肯放弃法院的监督职责。为不与议会主权原则抵触，法院利用解释技巧，使排除司法审查的法律条款失去意义或减少意义，致使英国所有排除司法审查的法律条款都起不到完全的排除作用。在行政机关滥用权力、超越权力的情况下，法院对于排除司法审查具体条款规定的行为仍有权审查。[①]

英国没有单列行政审判机构，由普通法院承担对行政案件的管辖权，对行政行为进行司法审查。但并非所有普通法院对行政案件都有管辖权。根据普通法的传统和制定法的规定，只有上议院、上诉法院和高等法院的王座法院，才有权对行政行为进行司法审查，郡法院对行政案件没有管辖权。

六、美国

按《布莱克法律词典》的解释，美国的司法审查是指当事人请求有关法院对行政主体或下级法院对事实或法律适用的裁决是否正确进行审查的活动。[②] 学界也常常将美国的司法审查（judicial review）译成“司法复审”。可见，其一，美国对行政行为的审查由普通法院管辖；其二，美国的“司法审查”或“司法复审”不仅包括法院对行政行为的审查活动，而且包括对司法行为的审查活动。当然，本书的研究限于讨论美国司法审查中对行政行为的审查活动。

与英国一样，作为英美法系国家，美国也没有形成像大陆法系国家那样成熟、精深的行政行为理论。但美国对政府机关作出的所有行政行为实行可审查假定（presumption of reviewability）原则。依照该原则，法院对政府机关作出的所有行政行为都可以进行司法审查，除非法律对某些行政行为有

---

① 胡建淼：《比较行政法——20国行政法评述》，法律出版社1998年版，第100—102页。

② 参见同上书，第164页。

明确的排除①,即美国对行政的司法审查范围原则上可覆盖全部行政行为。宪法委员会认为,建立在法律基础原则上的防御权具有宪法上的价值。这个权利蕴含了法院挑战行政机关的可能性(CC decision No. 80—119 L of Dec. 2,1980)。结果,任何寻求使行政决定免于法院审查的法律都遭到了宪法委员会的否定。除非它能够通过资料证明自己具有另一种宪法价值。②美国司法审查的范围在美国《联邦行政程序法》中加以规定。该法在“司法审查”一章中规定:“因机关行为而使其法定权利受到侵害的人,或者受到有关法律规定范围之内的机关行为的不利影响或损害的人,均有权要求司法审查。”③而根据该法另一条文,机关“系指合众国政府各机关”,机关行为“包括机关的规章制定、裁决、许可、制裁、救济及其他相似行为,或者上述形式的否定行为和不作为的全部或一部”。④ 根据该法,“可审查的行为”包括“法律规定可以复审的机关行为和在法院中没有其他合适补救方法的最终机关行为”⑤以及“在对最终机关行为进行审查时,那些不应直接接受司法审查的预备性、程序性或中期性机关行为或裁定”,除非“(一)法律排除司法审查。(二)该机关行为属于法律赋予该机关的自由裁量权”⑥。可见,政府机关作出的所有行政行为原则上都是可司法审查的,无须法律明文规定。不可审查仅在法律明确排除的情况下才可以例外。然而,在近几十年的司法活动中,以上两项例外并未起到真正的排除作用。关于前者,国会有权在不违背宪法规定的范围内,以法律形式规定某些机关行为排除法院的

---

① 参见王名扬:《美国行政法》,中国法制出版社 2005 年版,第 599 页。

② See L. Neville Brown and John S. Bell, with assistance of Jean-Michel Galabert, *French Administrative Law*, 5th edition, Oxford University Press, 1998, p. 171.

③ 《美国法典》第五编第 702 条。参见应松年主编:《外国行政程序法汇编》,中国法制出版社 2004 年版,第 46 页。

④ 《美国法典》第五编第 551 条。参见同上书,第 1、3 页。

⑤ 这里的“最终机关行为”系指“在其他情况下属于最终性的机关行为”。《美国法典》第五编第 704 条。参见同上书,第 47 页。即此处的“最终”是指在行政程序中具有终局性,而非我国现今以行政机关的决定为最终决定、不能提起行政诉讼的“终局性行政行为”(即由行政机关而不是法院最终裁决的行政行为)。因而,在美国,这种最终机关行为并无排除司法审查的特权,只要在法院中没有其他合适的补救方法,就可以要求司法审查,即使是那些原本不应直接接受司法审查的预备性、程序性或中期性的机关行为或裁定。如是,只要有人提出司法审查要求,最终机关行为在行政程序上的终局,却意味着在司法程序上的开始。

⑥ 《美国法典》第五编第 701、704 条。参见应松年主编:《外国行政程序法汇编》,中国法制出版社 2004 年版,第 45、47 页。

司法审查，但是这种规定必须是明白的、确定的。法律明文排除司法审查的，按理不作司法审查，但法官有时（甚至常常）任意作相反的理解和解释。关于后者，其表面上是宣告行政机关的自由裁量行为不受司法审查，其缘由主要是为了维持司法权与行政权之间的平衡关系。但美国行政法学者和法官认为，美国《联邦行政程序法》的这个规定仅限于法律明确规定属于行政自由裁量权的范围，而不及于所有自由裁量领域。也就是说，并非意味着政府的自由裁量权可以滥用而不受司法控制。对滥用自由裁量权进行司法审查的依据是美国《联邦行政程序法》的另一条文："负责审查的法院"对于行政机关"滥用自由裁量权"的，应"判定机关的行为、决定和结论非法并予以撤销"。[①] 美国行政法学教授伯纳德·施瓦茨曾反问道："自由裁量权是行政权的核心。行政法如果不是控制自由裁量权的法，那它是什么呢？"[②]美国法官也认为，行政机关滥用自由裁量权的，法院理应干预。那么，怎样的情况属于自由裁量权的滥用呢？有六种情况被美国行政法确定为自由裁量权的滥用：不正当的目的；错误的或不相干的原因；错误的法律或事实根据；遗忘了其他有关事项；不作为或延迟；背离了既定的判例或习惯。[③] 因而，自由裁量权对司法审查的排除并不是绝对的，若出现滥用自由裁量权的情况，反倒成为法院司法审查的依据。可见，在美国，这些所谓不可审查的行为只是部分不可审查，而不是全部不可审查，主动权掌握在法院手里，——法院将审查哪些行为、放弃哪些行为，或者说某项行为是否具有可审查性，取决于法院自身理解与执行。法院有时放弃对某些行为的审查，主要是考虑到审查上有困难或审查的结果有害无益等因素，而不是由于这些行为不具有可审查的性质。美国法院对法律排除司法审查的规定予以限制性的解释，使其对司法审查的排除难以真正或全部发挥作用。

当然，在美国，也存在完全排除司法审查的不可审查的行为，包括：外交和国防行为；军队的内部管理[④]；总统任命高级助手和顾问；国家安全；

---

① 《美国法典》第五编第 706 条。参见应松年主编：《外国行政程序法汇编》，中国法制出版社 2004 年版，第 47—48 页。

② 〔美〕伯纳德·施瓦茨：《行政法》，徐炳译，群众出版社 1986 年版，第 566 页。

③ 胡建淼：《比较行政法——20 国行政法评述》，法律出版社 1998 年版，第 167—168 页。

④ 其理由是：其一，国家利益甚至国家安全较之军人个人利益更大；其二，法院不能命令和管理军队。

追诉职能[1]。

受英国法影响，与英国一样，美国行政审判也由普通法院审理。美国法院体系包括最高法院、上诉法院、地区法院和专门法院。专门法院包括联邦巡回区上诉法院、美国索赔法院、国际贸易法院和税务法院。

① 郝明金：《行政行为的可诉性研究》，中国人民公安大学出版社 2005 年版，第 195—196 页。

第三章 “行政行为”在中国大陆

在中国大陆，行政行为学理概念的提出至今才刚刚30年。1983年，王岷灿先生主编的新中国第一部行政法学教材《行政法概要》首先提出了“行政行为”一词，将行政行为定义为“国家行政机关实施行政管理活动的总称”，并指出行政行为“是国际公认的研究行政法学的专用词，实际上是行政管理活动的代称”①。据当时担任“行政行为”一章编写工作的王名扬教授回忆，当时编写这部统编教材时，因大家感到这一章比较重要，写起来也比较困难，起初没人接受这一章的编写。后来，终由在法国获行政法学博士学位、对大陆法系行政行为理论比较熟悉的王名扬承担这一章的撰写。王名扬接受了这一章的编写任务后，参考了法国行政法学的相关理论，完成了此章的写作。在该书中，王名扬教授借鉴法国行政法学的分类，在中国大陆首次将行政行为分为“抽象的行为和具体的行为”。应松年教授评述道：这本书最有价值的是王名扬教授撰写的“行政行为”一章，它对行政行为的定义和分类沿袭至今。这本书是中国大陆行政法学的奠基之作，它的编辑也组织、培育了一批行政法学者。②

不过，笔者以为，《行政法概要》提出的行政行为的定义和分类，并非简单地沿袭至今。虽然，该教材对中国大陆行政行为理论的发展起到了重要的奠基性作用，尤

---

① 参见王岷灿主编：《行政法概要》，法律出版社1983年版，第97—99页。

② 参见新浪博客：“第一部行政法学统编教材《行政法概要》”，载 http://blog.sina.com.cn/s/blog_4da3e8f801000anq.html，2011年1月29日访问。

其是其对行政行为的分类,至今仍对中国大陆行政行为的分类有重要影响,但随着法治和理论研究的发展,伴随着理论概念与法律概念的互动,中国大陆行政行为的定义和分类在热烈的争鸣中是有变化、有发展的。

一、中国大陆行政行为的法律概念

我国1989年4月4日通过、1990年10月1日起施行的《行政诉讼法》虽然使用了“行政行为”这个法律术语,但并未对行政行为作出一个法律定义。不过,我们可以通过该法第1条、第2条和第25条第4款等条款,间接得出该法对行政行为概念的基本框定。这些条款的内容分别是:

第1条:“为保证人民法院正确、及时审理行政案件,保护公民、法人和其他组织的合法权益,维护和监督行政机关依法行使行政职权,根据宪法制定本法。”

第2条:“公民、法人或者其他组织认为行政机关和行政机关工作人员的具体行政行为侵犯其合法权益,有权依照本法向人民法院提起诉讼。”

第25条第4款:“由法律、法规授权的组织所作的具体行政行为,该组织是被告,由行政机关委托的组织所作的具体行政行为,委托的行政机关是被告。”

抽取上述条款中“行政机关和行政机关工作人员”“法律、法规授权的组织”“行使行政职权”“公民、法人或者其他组织”“权益”等与行政行为概念相关的要素,可以看出,该法对行政行为概念的基本框定是:行政行为是行政机关和行政机关工作人员、法律法规授权的组织在行政管理活动中行使行政职权,作出的能够对公民、法人或者其他组织的权益产生影响的行为。

《行政诉讼法》共出现“行政行为”36处,每一处“行政行为”之前都有“具体”二字限定。该法虽未将“抽象行政行为”的学理概念直接变为法律概念,但从其第12条关于人民法院不受理公民、法人或者其他组织对“行政法规、规章或者行政机关制定、发布的具有普遍约束力的决定、命令”提起的诉讼的规定看,显然该法接受了将行政行为分为具体行政行为和抽象行政行为的学理分类。

1991年5月29日最高人民法院审判委员会第499次会议讨论通过的《关于贯彻执行〈中华人民共和国行政诉讼法〉若干问题的意见(试行)》[以下简称《若干问题的意见(试行)》]第1条对具体行政行为下了一个法律定义:"'具体行政行为'是指国家行政机关和行政机关工作人员、法律法规授权的组织、行政机关委托的组织或者个人在行政管理活动中行使行政职权,针对特定的公民、法人或者其他组织,就特定的具体事项,作出的有关该公民、法人或者其他组织权利义务的单方行为。"这一界定无疑受到德国、日本和我国台湾地区行政处分概念的影响。由于学理上以及《行政诉讼法》《若干问题的意见(试行)》均认为具体行政行为和抽象行政行为的总和构成行政行为,再对照中国大陆行政行为理论通说对行政行为分为外部行政行为和内部行政行为、单方行政行为和双方行政行为的分类,《若干问题的意见(试行)》对具体行政行为所下的这个定义,事实上也等于否认了学理上讨论的"内部行政行为"和"双方行政行为"可以成为"行政行为"概念的一部分,从而把学理上的内部行政行为和双方行政行为(行政合同)排除在具体行政行为之外。

1999年11月24日最高人民法院审判委员会第1088次会议通过的《若干问题的解释》废止了《若干问题的意见(试行)》,摒弃了《若干问题的意见(试行)》对具体行政行为所作的定义,但并未"破"后即"立"、对行政行为或具体行政行为作出定义。这一变化,除了将行政行为的主体更加准确地表述为"具有国家行政职权的机关和组织及其工作人员①",不再包括"行政机关委托的组织或者个人"这些不具有行政主体资格的主体之外,其他方面对行政行为概念演变的贡献,根据笔者下段文字的分析,仅仅是否定了具体行政行为是单方行为的认识,从而接受了行政机关和授权性组织在行政管理活动中行使行政职权作出的双方行为也可以成为行政行为的一个部分。

至此,中国大陆虽未在形式上形成统一的行政行为的法律概念,但根据《行政诉讼法》和《若干问题的解释》的相关条款,可以间接得出中国大陆行政行为的法律概念,即:行政行为是具有国家行政职权的机关和组织及其工作人员在行政管理活动中行使行政职权,作出的能够对公民、法人或者其他

① 严格讲,具有国家行政职权的机关和组织的工作人员并非是行政行为的主体,因而,对行政行为主体的这种表述并不严谨、准确。

组织的权益产生影响的行为。这一法律概念是从具有国家行政职权的机关和组织行使行政职权发生的外部关系入手界定的。其既包括针对特定的公民、法人或者其他组织,就特定的具体事项作出的有关该公民、法人或者其他组织权利义务的单方行为,也包括与特定的公民、法人或者其他组织,就特定的具体事项,通过协商,确定双方权利义务的双方行为;既包括上述相对方特定、事项特定的具体行政行为,也包括行政法规、规章或者行政机关制定、发布的具有普遍约束力的决定、命令这些抽象行政行为。但学理上的“内部行政行为”和“行政事实行为”不在其中。

二、中国大陆行政行为的学理概念

在学理层面,中国大陆行政行为理论在与行政诉讼制度相互影响、相互磨合和相互助推中演进。一般认为,关于行政行为的概念,学理上迄今形成了如下几种学说:

第一种观点是最广义说,其着眼于行为主体,认为行政行为是行政机关在行政管理中所做的一切行为,以区别于立法机关的立法行为和司法机关的司法行为。这一认识产生于我国行政法学初创时期。王名扬教授在王岷灿先生主编的新中国第一部行政法教材《行政法概要》中,将行政行为定义为:“国家行政机关实施行政管理活动的总称”,包括行政机关的法律行为与事实行为、抽象行为与具体行为、单方行为与多方行为。其中事实行为是指不直接产生法律效果的行为,法律行为是指直接产生法律效果的行为。[1] 作为在法国获行政法学博士学位的王名扬教授对行政行为的定义和分类提出如上见解,显然受法国十分宽泛的行政行为概念的影响。不过,这一定义与我国行政法制度初创时期行政诉讼受案范围不可能一下子很大、同时又要让行政行为承担作为行政诉讼受案范围“通道”的制度功能的要求不相适应。

1989 年 3 月 28 日,时任全国人大常委会副委员长、法制工作委员会主任的王汉斌在第七届全国人民代表大会第二次会议上所作的《关于〈中华人

---

① 王岷灿主编:《行政法概要》,法律出版社 1983 年版,第 97—124 页。

民共和国行政诉讼法(草案)〉的说明》中指出:“法院受理行政案件的范围,是行政诉讼法首先要解决的重要问题。对于这个问题,草案是根据以下原则规定的:第一,根据宪法和党的十三大的精神,从保障公民、法人和其他组织的合法权益出发,适当扩大人民法院现行受理行政案件的范围[①];第二,正确处理审判权和行政权的关系,人民法院对行政案件应当依法进行审理,但不要对行政机关在法律、法规规定范围内的行政行为进行干预,不要代替行政机关行使行政权力,以保障行政机关依法有效地进行行政管理;第三,考虑我国目前的实际情况,行政法还不完备,人民法院行政审判庭还不够健全,行政诉讼法规定“民可以告官”,有观念更新问题,有不习惯、不适应的问题,也有承受力的问题,因此对受案范围现在还不宜规定太宽,而应逐步扩大,以利于行政诉讼制度的推行。”[②]根据上述制定《行政诉讼法》的考虑,1989 年 4 月 4 日第七届全国人民代表大会第二次会议通过的《行政诉讼法》将“具体行政行为”作为中国大陆行政诉讼受案范围的通道,规定:“公民、法人或者其他组织认为行政机关和行政机关工作人员的具体行政行为侵犯其合法权益,有权依照本法向人民法院提起诉讼”。[③] 1991 年 5 月 29 日最高人民法院在《若干问题的意见(试行)》中,将“具体行政行为”定义为:“国家行政机关和行政机关工作人员、法律法规授权的组织、行政机关委托的组织或者个人在行政管理活动中行使行政职权,针对特定的公民、法人或者其他组织,就特定的具体事项,作出的有关该公民、法人或者其他组织权利义务的单方行为。”[④]它强调具体行政行为是直接产生法律效果的、单方法律行为。这就从行政行为的概念中排除了事实行为和双方行为。就

---

① 在我国《行政诉讼法》出台之前,中国没有系统的行政诉讼制度。但根据 1982 年《民事诉讼法(试行)》第 3 条第 2 款“法律规定由人民法院审理的行政案件,适用本法规定”的规定,公民、法人和其他组织对于单行法律规定可以向人民法院提起诉讼的行政决定,可以依照《民事诉讼法(试行)》,通过民事诉讼程序,向人民法院提起诉讼。其时,人民法院受理的行政案件严格受制于单行法律,即只有单行法律明确规定可以向人民法院提起诉讼的行政决定,才属于人民法院受理的行政案件范围,因而人民法院受理行政案件的范围非常狭窄。而《行政诉讼法》只是“适当扩大”了当时人民法院受理的行政案件的范围而已,因而决定了《行政诉讼法》规定的行政诉讼受案范围仍然有限。

② 参见法律图书馆网:《关于〈中华人民共和国行政诉讼法(草案)〉的说明》,载 http://www.lawbook.com.cn/fzdt/newshtml/20/20050722172925.htm,2011 年 1 月 29 日访问。

③ 我国《行政诉讼法》第 2 条。

④ 《若干问题的意见(试行)》第 1 条。

此,行政行为的最广义说失去了法律支持,因而逐渐淡出了主流地位。

不过,随着1999年11月24日最高人民法院审判委员会第1088次会议通过的《若干问题的解释》的公布施行,行政行为的最广义说又被部分学者和法官重拾而起。例如,黄学贤、陈仪认为:“从新司法解释第1条的规定可见,其对行政行为采取了广义的界定[①]。即所谓行政行为,简单地讲就是行政主体及其工作人员所实施的与其行使行政职权相关的行为。这种广义的定义除明显地表现在行政行为的主体上外,还表现在行政行为的内容上。行政行为内容的扩大最典型的表现就是,将行政法学界多年来的重要研究成果——行政事实行为涵盖进去了。……(因此)行政事实行为……当然属于行政诉讼受案范围。……事实行为按照原司法解释的规定是不属于行政诉讼的受案范围的,而按照《国家赔偿法》的规定又属于行政赔偿的范围。这种矛盾在一段时期内曾造成实务中的困难。……实际上,《国家赔偿法》颁布以后,就有学者认为,具体行政行为的含义已经突破了原司法解释的规定。只是学理的解释一时还无法克服法律之间的矛盾。而新司法解释的出台则使其与《行政诉讼法》《国家赔偿法》在相关问题上一致了。”[②]再如,江必新大法官认为:“《行政诉讼法》是无意排除事实行为的,《行政诉讼法》明确列举的可诉行为中本身就包括了事实行为。”[③]

笔者认为,从《行政诉讼法》和《若干问题的解释》推导出现今中国大陆行政行为的法律概念中包括行政事实行为,纯属这些学者和法官个人对这两部法律文件的学术演绎。当下中国的“行政诉讼”一般被认为是不包括行政赔偿诉讼的狭义的行政诉讼。事实上,从上述学者和法官的论著内容和逻辑看,他们对当下中国的“行政诉讼”的理解也持狭义的行政诉讼观点。以此为讨论平台,行政诉讼制度对行政行为监督的主要功能是解除行政行为的效力,而行政赔偿制度的功能是对相对方因行政机关的职务行为或与职务相关的行为(包括行政事实行为)而受到的损害进行补救,两者并无必然冲突。以《国家赔偿法》的颁布推导出具体行政行为的含义已经突破了原

---

① 实际上,新司法解释并未对行政行为进行界定或作出定义。两位学者只是通过新司法解释第1条,来提出自己对行政行为概念的认识而已。

② 黄学贤、陈仪:《行政诉讼若干问题研究》,厦门大学出版社2008年版,第217—218页。

③ 江必新:《是恢复,不是扩大——谈〈若干解释〉对行政诉讼受案范围的规定》,载《法律适用》2000年第7期。

司法解释的规定、把行政事实行为包括了进去,从而推断出行政事实行为已经包含在(狭义的)行政诉讼受案范围之内,不仅逻辑上存在矛盾,而且也缺乏法律依据(对此,笔者将在下文中进一步阐明自己的观点)。因而,最广义说至今仍然缺乏法律的支持,难以受到学界的普遍接受,无以成为当下中国大陆行政行为的主流观点。

第二种观点是广义说,认为行政行为是“行政主体在实施行政管理活动、行使行政职权过程中所作出的具有法律意义的行为”。该说包含下列几层含义:第一,行政行为是行政主体所作出的行为,不包括行政主体以外的其他国家机关、或其他社会组织作出的行为;第二,行政行为是行政主体行使行政职权、履行行政职责的行为,不包括行政机关从事民事活动作出的行为;第三,行政行为是具有行政法律意义和能够产生行政法律效果(指对相对方在权利、义务上产生具体法律影响,即对相对方的权利义务作出某种具体处理和决定,其内容或赋予权益、课以义务,或剥夺权益、免除义务,或变更、确认法律关系、法律地位和法律事实)的行为,而不包括如气象预报、发布统计数据等不具有行政法律意义的行为。[①] 与最广义说相比,这一观点强调行政行为需具备“法律意义”这一要素,同时也不限制行政行为为单方行为。由于行政事实行为被认为一般不具有行政法律意义或不产生行政法效果,因而,这一观点实际上是将行政事实行为排除在行政行为之外。因此,简言之,行政行为就是行政法律行为。这一观点受到学界较为普遍的接受,因此,可以被认为是当下中国大陆行政行为理论的通说。[②] 根据这一观点,行政行为不仅包括外部行政行为,而且包括内部行政行为;不仅包括具体行政行为,而且包括抽象行政行为;不仅包括单方行政行为,而且包括双方行政行为;不仅包括羁束行政行为,而且包括自由裁量行政行为。[③] 但这一通说使得行政行为作为行政诉讼“通道”的功能受到了现行法律的极大限制:根据《行政诉讼法》的规定,内部行政行为、抽象行政行为不属于行政诉讼受案范围,仅涉及合理性而不涉及合法性的行政自由裁量行为原则上也不属

---

① 参见罗豪才主编:《行政法学》,北京大学出版社 2001 年版,第 73—74、76—78 页。

② 例如,梁津明教授认为:“行政行为,是行政法律行为的简称。”转引自胡建淼主编:《行政法学》,复旦大学出版社 2003 年版,第 92 页。胡建淼教授也认为:“行政行为是一种法律行为而不是事实行为”。参见胡建淼:《比较行政法——20 国行政法评述》,法律出版社 1998 年版,第 15 页。

③ 参见罗豪才主编:《行政法学》,北京大学出版社 2001 年版,第 79—85 页。

于人民法院行政诉讼受案范围，同时，双方行政行为的可诉性无论在学术研究还是在司法实践中都存在争议。于是，在中国大陆，行政行为并非都是可诉的，出现了所谓的“不可诉行政行为”！因此，在法律的限制下，这一通说实际上使行政行为难以承载起行政诉讼“通道”的制度功能。笔者认为，这是产生中国大陆行政行为可诉性问题的主要理论根源。

第三种观点是行政行为的狭义说。狭义说者显然受到《若干问题的意见（试行）》第 1 条对“具体行政行为”的定义的影响。他们将该定义与《若干问题的解释》第 1 条“公民、法人或者其他组织对具有国家行政职权的机关和组织及其工作人员的行政行为不服，依法提起诉讼的，属于人民法院行政诉讼的受案范围”的规定联系起来，认为，后者“只是变换了界定具体行政行为的方式”，即可诉行政行为实际上就是以前所谓的具体行政行为。[①] 也就是说，“行政行为就是指行政机关针对特定人或事所采取的具体行政措施，即实际上的具体行政行为”。[②] 狭义说不仅与广义说一样排除行政事实行为，而且不同于广义说，还排除内部行政行为和抽象行政行为，与德国、日本和我国台湾地区的行政处分概念相近，且与目前中国大陆法院在绝大多数行政案件中对作为受案范围“通道”的行政行为的把握相通。但是，德国、日本和我国台湾地区行政诉讼受案范围早已跳出了行政处分的窠臼，可以容纳包括行政处分在内的、除法律另有规定之外的一切公法上的争议，即原先被行政处分打开的狭窄的行政诉讼通道已经被“除法律别有规定之外的一切公法上之争议”大大拓展，行政处分的概念仅仅作为一个精细的行政法学理论范畴存在，不再扮演行政诉讼受案范围“通道”的制度功能。行政行为狭义说的客观效果是要让“实际上就是以前所谓的具体行政行为”的狭义的行政行为继续承担中国大陆行政诉讼受案范围“通道”的制度功能。在中国大陆行政诉讼制度已经迈过初创期、行政法治的发展迫切需要拓展行政诉讼受案范围、学界强烈呼吁将行政机关作出的对行政机关工作人员作为普通公民享有的权利和承担的义务产生法律影响的行为，以及至少是部分抽象行政行为（主要是行政机关制定的除行政法规和行政规章外的非法源

---

① 参见孔祥俊：《行政行为可诉性、原告资格与司法审查》，人民法院出版社 2005 年版，第 50 页。

② 参见罗豪才主编：《行政法学》，北京大学出版社 2001 年版，第 73 页脚注。在该脚注中，罗豪才教授将这一观点列为关于行政行为定义的第五种观点。

性文件）等纳入行政诉讼受案范围的情势下，这种客观上重回《若干问题的意见（试行）》老路的狭义说，由于严重限制了行政诉讼受案范围，因而受到了强烈的挑战和质疑。

由此可见，当下中国大陆行政行为概念的各种观点差异很大。最广义说因缺乏法律的支持，无法承担中国大陆行政诉讼“通道”的制度功能；广义说因使得行政行为作为行政诉讼“通道”的功能受到了现行法律的极大限制，实际上难以承载起行政诉讼“通道”的制度功能；狭义说因其本身严重限制了行政诉讼受案范围，不能适应行政法治的发展对拓展行政诉讼受案范围的迫切需要。因此，当下中国大陆各种行政行为概念或由于概念本身，或由于未能与法律很好对接，都无法真正承担起行政诉讼“通道”的制度功能，重构行政行为概念和体系的必要性日显突出。

三、中国大陆“可诉行政行为”的制度设计

在中国大陆，制度赋予具备可诉性的“行政之行为”限于行政行为，且通说将行政行为分为“可诉行政行为”与“不可诉行政行为”。因而，本节题目不需要像第二章那样采用“可诉‘行政’行为”的表述方法，而可以直接表述为“可诉行政行为”。当然，依笔者的见解，在法治条件下，“行政行为”应当是可诉的。因为，一方面，可诉性是行政行为的法治属性，行政诉讼制度应当保证行政行为这一法治属性的实现，而行政行为的概念也应该为实现与行政法治的发展相适应的较大口径的行政诉讼受案范围的对接而重构，否则，公民面临能够对其法律上的权利义务产生影响的行政行为就没有救济的司法途径。因而，本不应存在“可诉行政行为”和“不可诉行政行为”之说。在现今中国大陆，出现“可诉行政行为”和“不可诉行政行为”，纯系由行政行为理论与行政诉讼制度不对接、行政诉讼受案范围狭窄造成的。由于法治建设的历史不长，法治的根基不深，中国大陆行政法的制度发展需要有一个从低级到高级发展的过程。因而，现今制度并没有完全体现行政行为可诉性的法治属性，还存在不少不属于人民法院受案范围或司法实践中可诉性不明的行政行为。另一方面，行政行为概念也需要随着行政诉讼受

案范围制度的发展而进行重构。

当下中国大陆可诉行政行为的制度设计，主要见之于《行政诉讼法》及其现行司法解释《若干问题的解释》。

《行政诉讼法》对行政诉讼受案范围采取“概括式肯定＋列举式肯定＋列举式否定”这样一种混合式立法方式加以规定。其第2条采取概括式肯定的立法方式，规定：“公民、法人或者其他组织认为行政机关和行政机关工作人员的具体行政行为侵犯其合法权益，有权依照本法向人民法院提起诉讼。”根据该条规定，并结合该法第12条第2项关于人民法院不受理公民、法人或者其他组织对“行政法规、规章或者行政机关制定、发布的具有普遍约束力的决定、命令”提起的诉讼的规定，中国大陆行政行为受案范围似应包括一切具体行政行为。但由于被该法第12条以列举式否定的立法方式排除出受案范围的并非仅仅限于这一项，还包括部分具体行政行为（例如“法律规定由行政机关最终裁决的具体行政行为”“行政机关对行政机关工作人员的奖惩、任免等决定”[①]）[②]，加之涉及人身权、财产权之外的权利的具体行政行为以及属于行政自由裁量权范围的具体行政行为常常被认为是不可诉的，因而，由具体行政行为打开的诉讼“通道”并不能容纳全部具体行政行为。又且该法第11条第1款以列举式肯定的立法方式明确列举了人民法院受理的若干种可以引起公民、法人和其他组织提起诉讼的具体行政行为[③]，

---

① 学理上被称为“内部行政行为”。

② 《行政诉讼法》第12条的内容是：

“人民法院不受理公民、法人或者其他组织对下列事项提起的诉讼：

（一）国防、外交等国家行为；

（二）行政法规、规章或者行政机关制定、发布的具有普遍约束力的决定、命令；

（三）行政机关对行政机关工作人员的奖惩、任免等决定；

（四）法律规定由行政机关最终裁决的具体行政行为。”

③ 《行政诉讼法》第11条第1款的内容是：

“人民法院受理公民、法人和其他组织对下列具体行政行为不服提起的诉讼：

（一）对拘留、罚款、吊销许可证和执照、责令停产停业、没收财物等行政处罚不服的；

（二）对限制人身自由或者对财产的查封、扣押、冻结等行政强制措施不服的；

（三）认为行政机关侵犯法律规定的经营自主权的；

（四）认为符合法定条件申请行政机关颁发许可证和执照，行政机关拒绝颁发或者不予答复的；

（五）申请行政机关履行保护人身权、财产权的法定职责，行政机关拒绝履行或者不予答复的；

（六）认为行政机关没有依法发给抚恤金的；

（七）认为行政机关违法要求履行义务的；

（八）认为行政机关侵犯其他人身权、财产权的。”

因而，在保守和公正性较弱的行政诉讼制度环境下，行政诉讼受案范围极易被、事实上也基本上被压缩到最为“短板”的区域，即《行政诉讼法》第 11 条第 1 款前 7 项列举的 7 种可以向人民法院提起诉讼的具体行政行为。尽管立法者的原意并非是将可诉行政行为仅仅限于这 7 项，并试图通过第 11 条第 1 款第 8 项“认为行政机关侵犯其他人身权、财产权的”和第 11 条第 2 款“除前款规定外，人民法院受理法律、法规规定可以提起诉讼的其他行政案件”这两个“兜底”款项来避免“短板化”，但因这两个款项、尤其是第 11 条第 1 款第 8 项在司法实践中的执行力很弱，所以“短板化”仍难以避免。不仅如此，对第 11 条第 1 款第 8 项从字面上可以有两种不同的解释：一种是着眼于“人身权、财产权”，认为我国行政诉讼在“可诉行为”之外还有“可诉权利”限制，将《行政诉讼法》第 11 条第 1 款前 7 项列举的 7 种可以向人民法院提起诉讼的具体行政行为，均解释成涉及人身权、财产权时才可以成为行政诉讼受案范围，从而将受案范围缩小到必须同时满足“可诉行为”和“可诉权利”两个条件；另一种是着眼于“其他”二字，即不认为《行政诉讼法》第 11 条第 1 款第 8 项是关于可诉权利限于“人身权、财产权”的规定，即该“兜底”项并非强调该款前 7 项具体行政行为也需涉及“人身权、财产权”方可成为行政诉讼受案范围，而是仅仅明确对该“兜底”项规定的其他可以提起行政诉讼的具体行政行为、即该款前 7 项列举之外的具体行政行为，才可以在涉及人身权、财产权时起诉，加之在第 2 条概括式肯定的规定中，只规定“合法权利”，并未限定人身权、财产权，因而，认为行政诉讼并不存在“可诉权利”条件。在“短板化”情势下，后一种解释除了少数研究者在学术研究中提出争鸣外，对司法实践几乎未能发挥影响力。

鉴于《行政诉讼法》对受案范围采取“概括式肯定 + 列举式肯定 + 列举式否定”的立法方式加以规定，削弱了概括式肯定的执行力，同时，在列举肯定和列举否定之外存在巨大的模糊空间，《若干问题的解释》对受案范围的规定采取了“概括式肯定 + 列举式否定”的立法方式，意在明确：除其第 1 条第 2 款列举排除的外（与《行政诉讼法》列举排除相比，《若干问题的解释》列举增加了若干不属于人民法院行政诉讼受案范围的行为），其他行政行为均属于行政诉讼受案范围。根据《若干问题的解释》第1条第1款的规定①,“公民、法人或者其他组织对具有国家行政职权的机关和组织及其工作人员的行政行为不服,依法提起诉讼的”,均“属于人民法院行政诉讼的受案范围”。然而,后来的司法实践证明,《若干问题的解释》对受案范围立法方式的改变,不仅并未实现这一意图,反而在《行政诉讼法》的基础上进一步增加了不属于人民法院行政诉讼受案范围的行为。在中国大陆,最高人民法院在对法院审判工作中如何适用法律方面的司法解释一贯地、普遍地具有很高的执行力,唯独意在拓展行政诉讼受案范围的《若干问题的解释》第1条第1款形同虚设,反映了当前颇成问题的中国大陆行政诉讼制度环境对良法的巨大扭曲力。因而,当前被司法实践所接受的中国大陆行政诉讼的受案范围,明确肯定的边界仍限于《行政诉讼法》第11条第1款前7项列举的7种可以向人民法院提起诉讼的具体行政行为,而明确的否定边界却从《行政诉讼法》第12条列举的4项扩大到了《若干问题的解释》第1条第2款列举的9项(其中4项是《行政诉讼法》第12条列举的,其余5项是《若干问题的解释》新增的)。余下的则是大量的可诉性模糊、可以任意“拿捏”的事项(司法实践中,大多被“拿捏”成不可诉事项)。

在否定列举的9项中,“公安、国家安全等机关依照刑事诉讼法的明确授权实施的行为”“调解行为以及法律规定的仲裁行为”“不具有强制力的行政指导行为”“对公民、法人或者其他组织权利义务不产生实际影响的行为”这4项,本身不属于当下中国大陆行政行为的范畴;“国家行为”因在学理上一般也不被认为属于普通的行政行为,因而“国防、外交等国家行为”这一项也可以被认为不属于行政行为范畴。因此,从当下《行政诉讼法》的视

---

① 《若干问题的解释》第1条的内容是:

“公民、法人或者其他组织对具有国家行政职权的机关和组织及其工作人员的行政行为不服,依法提起诉讼的,属于人民法院行政诉讼的受案范围。

公民、法人或者其他组织对下列行为不服提起诉讼的,不属于人民法院行政诉讼的受案范围:

(一)行政诉讼法第12条规定的行为;

(二)公安、国家安全等机关依照刑事诉讼法的明确授权实施的行为;

(三)调解行为以及法律规定的仲裁行为;

(四)不具有强制力的行政指导行为;

(五)驳回当事人对行政行为提起申诉的重复处理行为;

(六)对公民、法人或者其他组织权利义务不产生实际影响的行为。”

域看,以上5项本不在研究行政行为可诉性的范围之内。不过,笔者认为,现今我国行政法学理论通说将行政指导界定为行政机关作出的不具有强制力的行为,但在行政实践中,由于行政权的权威性以及行政管理的系统性和复杂性,行政指导却往往具有实质性的拘束力和强制性,可以对公民、法人和其他组织的合法权利产生间接影响(例如,不听从这次行政指导,将在今后某行政环节中不利)。从大陆法系主要国家和地区看,行政指导已多被纳入行政行为范畴。因此,从可诉行为拓展和权利保护发展出发,本书将在后面对行政指导的行为属性及可诉性进行研究。

余下属于不可诉行政行为的4项分别是:

(1) 行政法规、规章或者行政机关制定、发布的具有普遍约束力的决定、命令。当下中国大陆行政法学学理上称其为“抽象性行政行为”。

(2) 行政机关对行政机关工作人员的奖惩、任免等决定。当下中国大陆行政法学学理上称其为“内部行政行为”,并将此项人民法院不受理的事项概括成“内部行政行为不可诉”。由于“内部行政行为”并不限于行政机关对行政机关工作人员的奖惩、任免等决定,因而这种学理概括扩大了法律规定的人民法院不受理的这类事项的内涵和外延,是不准确的,它意味着行政机关工作人员对其所在的行政机关的任何行为、哪怕是侵害其作为一名普通公民也应当受到法律保护的权利的行为,都不能寻求司法救济。这不符合立法原意和法治精神。令人感到悲哀的是,这种不正确的学理认识还影响到了《若干问题的解释》,该司法解释将《行政诉讼法》第12条第3项规定的“对行政机关工作人员的奖惩、任免等决定”,扩大解释成“是指行政机关作出的涉及该行政机关公务员权利义务的决定”。

(3) 法律规定由行政机关最终裁决的具体行政行为。与本书第2章介绍的《美国联邦行政程序法》中的“最终机关行为”不同,中国大陆“由行政机关最终裁决”,是指由行政机关最终裁决、不能再向法院请求裁判。因而,对法律规定由行政机关最终裁决的具体行政行为的起诉,人民法院不予受理。

(4) 驳回当事人对行政行为提起申诉的重复处理行为。此项是为防止已经处理过的、或处理时效已经过去的行政行为被恶意激活而引起重复诉讼设置的。重复处理行为没有对当事人的权利义务产生新的影响,没有形成新的行政法律关系,所以没有可诉的必要。相反,如果不将重复处理行为排除出行政诉讼受案范围之外,就会使行政行为永远处于不稳定状态,就会增加行政法律关系的不稳定,损害社会对行政行为的信任度。

不难发现,第(3)、(4)项所及的行政行为其实并非本身属于不可诉的行政行为,只是由于法律规定由行政机关最终裁决或避免重复诉讼,才不予或不再予以进入行政诉讼受案范围。因而,当下中国大陆真正明确不可诉的行政行为仅限于抽象行政行为和内部行政行为(如上所说,“内部行政行为不可诉”是被人为扩大的)。但是,在司法实践中,由于概括式肯定形同虚设,由行政行为打开的诉讼通道,其实并没有包括除抽象行政行为和内部行政行为之外的其他一切行政行为,而是主要限于《行政诉讼法》第 11 条第 1 款列举的 7 项具体行政行为。这种行政诉讼形似宽进、实则严出的“喇叭形通道”的形成,从制度层面看,既有立法的原因(例如,行政诉讼受案范围立法方式不科学、列举的可诉权利范围较小、抽象行政行为等不可诉,等),也有不良司法环境对制度的扭曲原因。笔者将在本书第七章进一步探讨通过《行政诉讼法》的修改,完善行政诉讼受案范围的立法方式,拓展被抽象行政行为和内部行政行为等堵塞的行政诉讼“通道”,以体现行政行为的法治属性,实现原则上对一切行政行为均可诉的目标。

四、行政行为的制度功能:中国大陆与其他国家或地区的比较

从前面两章关于中国大陆外国家和地区“行政行为”的概念及可诉“行政”行为制度设置的介绍可知:法国用行政行为作为行政诉讼“通道”,一切行政行为(包括具体的行政处理和普遍性的行政条例)都属于行政法院管辖的范围;德国、日本行政行为用语基本接近,已基本回归当初德国创立的行政处分概念,将抽象行政行为、内部行政行为及双方或多方行政行为排除在行政行为之外,但其行政行为概念主要是用来研究行政机关的法律行为,而其行政诉讼受案范围并不限于行政行为,而是包括行政机关一切行使公权力的行为;我国台湾地区曾以行政处分作为行政诉讼的“通道”,但现今行政诉讼的救济并不限于行政处分,为了实现“法律”对人民权利的广泛救济,亦

规定对“除法律别有规定外的公法上之争议”均可提起行政诉讼，因而，行政处分已不再扮演行政诉讼“通道”的功能，而其采用作为行政处分上位概念的行政行为，亦非用来满足拓展行政诉讼通道的需要，而主要是用来涵盖“行政机关作成行政处分、缔结行政契约、订定法规命令与行政规划、确定行政计划、实施行政指导及处理陈情等行为”，实现“行政程序法”不仅规范行政处分行为、而且规范一切行政行为的目的。

无论从行政法学理论，还是从行政法制度看，中国大陆都注意吸收域外先进的行政法学理论和行政法制度，尤其是积极吸收大陆法系行政法学理论和行政法制度。因而，中国大陆行政法学理论和行政法制度带有显著的大陆法系特色。不过，中国大陆行政行为概念虽然参考了大陆法系行政行为或行政处分的概念，但又不完全与某一国家的行政行为或行政处分的概念相同。当下中国大陆有关行政行为概念的各种观点存在很大分歧，至今只能说存在接受度相对较高的观点，而不存在被普遍接受的定论，同时，行政行为的学理概念和法律概念也一直处于互动之中。

中国《行政诉讼法》出现“行政行为”共 36 处，每一处“行政行为”之前都有“具体”二字限定。说明该法将行政诉讼限于“具体行政行为”，而不及于“行政法规、规章或者行政机关制定、发布的具有普遍约束力的决定、命令”这些学理上的抽象行政行为。这与该法第 12 条关于“人民法院不受理公民、法人或者其他组织”对“行政法规、规章或者行政机关制定、发布的具有普遍约束力的决定、命令”提起的诉讼之规定是相呼应的。

《若干问题的意见（试行）》出现的“行政行为”有 59 处，每一处“行政行为”之前也都有“具体”二字限定，说明《若干问题的意见（试行）》秉承《行政诉讼法》，也接受了将行政行为分为具体行政行为和抽象行政行为的学理分类，并将行政诉讼限于“具体行政行为”，而不及于“行政法规、规章或者行政机关制定、发布的具有普遍约束力的决定、命令”这些学理上的抽象行政行为。该司法解释在第 1 条中还直接给具体行政行为下了一个法律定义，进一步强化了行政诉讼受案范围限于具体行政行为的规定。

《若干问题的解释》废止了《若干问题的意见（试行）》，删除了《若干问题的意见（试行）》对具体行政行为所做的定义，并有 5 处“行政行为”之前没有“具体”二字限定。

对于《若干问题的解释》的这一变化，当时有的学者和法官看得非常乐观和积极。例如，有学者认为：《若干问题的意见（试行）》对具体行政行为所作的定义“受到了当时学术界狭义行政行为概念的影响，在很大程度上限制了行政诉讼的受案范围，成为开展行政审判工作，建设社会主义法治国家的一个障碍”。这个定义“限定了双方行为纳入行政诉讼受案范围的可能性”，并且“实质上是在很大程度上把行政行为限定在法律行为的范围内”。《若干问题的解释》删除了《若干问题的意见（试行）》对具体行政行为所作的定义，即意味着“可诉行为从法律行为原则上扩大到准法律行为和事实行为”，“从单方行为扩大到双方行为”，由于《若干问题的解释》“对于不可诉的行为进行了详细的列举”，因而，今后中国大陆行政诉讼除了《若干问题的解释》详细列举的“不可诉的行为以外，其他的行政行为原则上都可以受理”①。笔者以为，这种认识如果作为一种学术追求，那当然应当受到称赞。但如果作为一种对《若干问题的解释》的评价，则似乎过于乐观和积极，需要进一步商榷：与《若干问题的解释》的条文和原意相比，其似有不符；与当下中国大陆行政行为理论通说对行政行为的学理认识相比，其似有不合；与日后中国大陆行政诉讼实践相比，其更无以得到印证。

笔者认为：

首先，《若干问题的解释》删除了《若干问题的意见（试行）》对具体行政行为所作的定义，并不意味着《若干问题的解释》认可对具体行政行为之外的行政行为可以提起行政诉讼。

从《若干问题的解释》的条文看，其共出现“行政行为”100 处，其中“行政行为”之前没有“具体”二字限定的只有 5 处，有“具体”二字限定的则高达 95 处。5 处“行政行为”之前没有“具体”二字限定的条款分别为：

第 1 条第 1 款：“公民、法人或者其他组织对具有国家行政职权的机关和组织及其工作人员的行政行为不服，依法提起诉讼的，属于人民法院行政诉讼的受案范围。”

第 1 条第 2 款第 5 项：“驳回当事人对行政行为提起申诉的重复处理行为。”

---

① 参见江必新：《是恢复，不是扩大——谈〈若干解释〉对行政诉讼受案范围的规定》，载《法律适用》2000 年第 7 期。

第20条第3款:"法律、法规或者规章授权行使行政职权的行政机关内设机构、派出机构或者其他组织,超出法定授权范围实施行政行为,当事人不服提起诉讼的,应当以实施该行为的机构或者组织为被告。"

第28条第2项:"原告或者第三人在诉讼过程中,提出了其在被告实施行政行为过程中没有提出的反驳理由或者证据的。"

第93条:"人民法院受理行政机关申请执行其具体行政行为的案件后,应当在30日内由行政审判庭组成合议庭对具体行政行为的合法性进行审查,并就是否准予强制执行作出裁定;需要采取强制执行措施的,由本院负责强制执行非诉行政行为的机构执行。"

那么,这5项"行政行为"之前没有"具体"二字限定的条款,是否意味着因《若干问题的解释》的出台,在中国大陆已经可以对具体行政行为之外的行政行为提起行政诉讼了呢?

——从《若干问题的解释》第1条第1款看,该款虽然规定公民、法人或者其他组织对"行政行为"不服可以提起行政诉讼,但由于其后的内容对可诉行政行为的规定,实质上均限于具体行政行为,因而第1条第1款将可诉行为表达为"行政行为",实际上仍然限于具体行政行为。

——从第1条第2款第5项看,由于第1条第2款是关于"不属于人民法院行政诉讼的受案范围"的规定,且"重复处理行为"属于处理性的行政行为(即具体行政行为),因而,本项中的"行政行为"表述,没有任何将具体行政行为之外的行政行为纳入受案范围的作用。

——从第20条第3款看,该款是关于"法律、法规或者规章授权行使行政职权的行政机关内设机构、派出机构或者其他组织"相关行为的规定,而同条前两款分别是关于"行政机关组建并赋予行政管理职能但不具有独立承担法律责任能力的机构"和"行政机关的内设机构或者派出机构"相关行为的规定,此两款规定的相关行为都是"具体行政行为",从排比的句式和逻辑看,第3款规定的"行政行为"实际上也应该是指"具体行政行为",该款"行政行为"之前没有"具体"二字限定,并不意味着"法律、法规或者规章授权行使行政职权的行政机关内设机构、派出机构或者其他组织"超出法定授权范围实施的可诉行政行为,可以超出具体行政行为的范畴(很可能是立法时不经意的疏漏)。

——从第 28 条第 2 项看，由于本项是关于"在被告实施行政行为过程中没有提出的反驳理由或者证据"的规定，是针对被告实施的行为即具体行政行为，而非制定规则的行为即抽象行政行为，且同条第 1 项明确表述为"具体行政行为"，因而，也无法从该项中的"行政行为"解读出可以超出具体行政行为的范畴。

——从第 93 条看，由于本条是关于具体行政行为执行的规定，且该条前两处都明确表述为"具体行政行为"，因而，第三处丢掉"具体"二字，并不意味着该处可以指向具体行政行为之外的其他行政行为。

可见，实际上，中国大陆可诉行政行为并未因《若干问题的解释》的出台而跳出"具体行政行为"的窠臼。

其次，无论从对条文的解读看，还是从实施的效果看，《若干问题的解释》并未将可诉行为从法律行为原则上扩大到了准法律行为和事实行为。关于这一点，笔者将在本书后面的第四章等章节中具体展开。

总之，《若干问题的解释》删除了《若干问题的意见(试行)》对具体行政行为所作的定义，真正扩大的可诉行为仅仅是双方行政行为(并且这也只是对条文的理论分析得出的结论，实际上，双方行政行为的可诉性一直以来都处于模糊和争议之中)，其他可诉行为并未得到拓展。

这是因为，《若干问题的解释》作为对《行政诉讼法》所作的司法解释，无权突破《行政诉讼法》明文规定的人民法院不予受理的行政案件范围。一方面，《若干问题的解释》仍然重申了《行政诉讼法》第 12 条包括"行政法规、规章或者行政机关制定、发布的具有普遍约束力的决定、命令"和"行政机关对行政机关工作人员的奖惩、任免等决定""不属于人民法院行政案件的受案范围"，因而抽象行政行为和内部行政行为的不可诉性并未得到动摇和改变。另一方面，如上所说，《若干问题的解释》第 1 条第 1 款虽然以"行政行为"而不是"具体行政行为"作为公民、法人或者其他组织可以向人民法院提起行政诉讼的"通道"，但由于《行政诉讼法》将可诉行政行为限于具体行政行为，并且《若干问题的解释》通篇在实质上均严守《行政诉讼法》将可诉行政行为限于具体行政行为的规定，因而并未在实质上改变当下中国大陆行政诉讼限于具体行政行为或行政法律行为的制度。

综上，相较于《若干问题的意见(试行)》，《若干问题的解释》对行政诉讼受案范围的拓展,主要不在于其在5处使用了"行政行为"概念,而在于其取消了《若干问题的意见(试行)》将具体行政行为限于单方行为的界定,并将"概括式肯定+列举式肯定+列举式否定"的立法方式代之以"概括式肯定+列举式否定"的立法方式,从而可以将行政合同等双方行政行为和除法律明确排除的行为外的行政行为纳入到行政诉讼受案范围中来。当然,由于司法环境的制约,其对拓展行政诉讼受案范围的有益规定并未在司法实践中得到足够体现。

至此,我们可以下一个结论:中国大陆行政诉讼受案范围的"通道"虽然从表面上看是由"行政行为"打开的,但实际上却是由"具体行政行为"打开的。"具体行政行为"既是法律概念,又是学理概念,在中国大陆承载着沉重的制度功能。

那么,由"具体行政行为"打开的行政诉讼受案范围"通道"宽窄如何呢? 国(地)别比较不难发现:

——与法国相比。法国用行政行为作为行政诉讼"通道",而其行政行为包括具体的行政处理和普遍性的行政条例,远比中国大陆具体行政行为宽泛,因而,中国大陆行政诉讼受案范围以具体行政行为为"通道",明显狭窄。

——与德、日相比。德、日行政行为概念已基本回归当初德国创立的行政处分概念,抽象行政行为、内部行政行为及双方或多方行政行为被排除在行政行为之外,与中国大陆具体行政行为概念接近。德、日行政行为作为一个精细的概念,主要是用来研究行政机关的法律行为,而不是用来作为行政诉讼受案范围的"通道",其行政诉讼受案范围并不限于行政行为,而是包括行政机关一切行使公权力的行为。可见,中国大陆以具体行政行为打开的行政诉讼"通道"显然狭窄得多。

——与我国台湾地区比。台湾地区虽曾以接近于中国大陆具体行政行为概念的行政处分作为行政诉讼的"通道",但自经修正的"行政诉讼法"于2000年7月1日起施行,因该法第2条"公法上之争议,除法律别有规定外,得依本法提起行政诉讼"之规定的出台,业已改变了以行政处分作为行政诉讼"通道"的制度。自此,行政处分虽仍是台湾行政诉讼的主要对象,但已非唯一对象,行政诉讼"通道"得以大为拓展。而其采用作为行政处分上位概念的行政行为，亦非用来满足拓展行政诉讼通道的需要，而主要是用来涵盖“行政机关作成行政处分、缔结行政契约、订定法规命令与行政规划、确定行政计划、实施行政指导及处理陈情等行为”，实现“行政程序法”不仅规范行政处分行为、而且规范一切行政行为的目的。由此可见，中国大陆以具体行政行为为行政诉讼受案范围的“通道”，显得有些落后。

随着行政法治的发展不断拓展行政诉讼受案范围，是世界法治发展的潮流。中国大陆拓展行政诉讼受案范围可供选择的基本路径不外乎以下三条：一是单一采取拓宽主义立场，采用“法国模式”，采纳最广义的行政行为概念[①]，并让其承担行政诉讼通道的制度功能，使对行政机关的一切公法范围内的行为都可进行行政诉讼；二是采取单一缩减主义立场，采用“德国模式”，采纳狭义的行政行为概念[②]，构建精细的行政行为理论，同时规定，除法律另有规定的外，一切非宪法性质的公法上的争议均属于行政诉讼受案范围；三是继续坚持中国大陆行政行为概念兼具学术和制度双重功能，对现有行政行为概念通过整合进行改良式重构，既非采取单一的拓宽主义立场，也非采取单一的缩减主义立场，而是既有缩限，又有拓展，重构适度宽泛的行政行为概念，并与行政诉讼制度的修改相衔接，适度扩大行政诉讼受案范围，以适应中国大陆行政法治建设的客观水平和对行政行为监督的客观需要。前两条路径无疑是对中国大陆现今行政行为主流概念的抛弃式重构，将使中国大陆经过二三十年的发展逐渐形成的行政行为理论和建立起来的行政诉讼制度受到重创，从而使理论认知在较长时间内发生混乱，在制度设计上亦恐超越中国大陆法治发展实际，且与中国大陆的政治体制不符，不仅理论成本和立法成本很大，而且失败的可能性也很大。笔者认为，既非法国式、又非德国式的第三条路径，不简单照搬他国模式，而是在借鉴国外先进理论和具体制度的基础上注意结合中国大陆实际，以适度重构的行政行为

---

① 提出这一主张的如：将行政行为界定为“行政主体为实现行政目的或基于公共行政的需要，所实施的一切行为或采取的一切措施、手段或方法”。参见江必新、李春燕：《统一行政行为概念的必要性及其路径选择》，载《法律适用》2006 年第 1、2 期。

② 提出这一主张的如：“以‘行政行为’取代‘具体行政行为’概念”，“缩减（当下中国大陆行政行为）通说的外延，使之成为其他类型行政活动方式（行政立法、行政契约、行政指导、行政计划等）的同位概念”。参见章志远：《行政诉讼法前沿问题研究》，山东人民出版社 2008 年版，第 13—20 页。

理论对接适度重构的行政诉讼制度,有望形成具有中国特色的、符合中国大陆实际的行政行为理论和行政诉讼制度,以较小的风险和成本实现界清和拓展行政诉讼受案范围的目标。笔者坚信这是可行的。在后文中,笔者将详细而完整地提出自己的方案。

第四章　中国大陆行政行为及其可诉性研究评述

在法治相对发达的国家和地区，无论是大陆法系国家和地区，还是英美法系国家和地区，行政机关的职务行为（行政行为）原则上都是可诉的，行政行为的可诉性法治属性得到法律的充分保障。如前所述，在法国，只有行政行为才属于行政法院审判权限范围，而且，只要是行政行为就属于行政法院审判权限范围，因而，只存在通过何种标准判断一个行为究竟是否是行政行为的问题，而不存在行政行为可诉性问题；在德国、日本和我国台湾地区，行政诉讼受案范围并不限于行政行为或行政处分，而是包括行政机关一切行使公权力的行为或除法律另有规定外的一切公法上之争议；在英国，就法院对案件的管辖权、审理权而言，所有争议，只要具有司法性（justiciable），属于法律之内的事，都可以诉诸法院；在美国，由于对政府机关作出的所有行政行为实行可审查假定（presumption of reviewability）原则，因而，除非法律有明确的排除，法院对政府机关作出的所有行政行为都可以进行司法审查。

而在中国大陆，行政行为仅仅是提起行政诉讼的必要条件，而非充分条件，相当部分行政行为被排除在行政诉讼受案范围之外，行政行为可诉性的法治属性并未得到法律的充分保障，因而才产生所谓行政行为可诉性这一中国大陆特有的问题。相应地，行政行为可诉性问题也是中国行政法学特有的研究课题。在现今中国大陆，作为提起行政诉讼必要条件的可诉行政行为概念比较狭窄,准行政法律行为、行政事实行为、抽象行政行为、内部行政行为均不在行政诉讼受案范围之内;双方行政行为(行政合同)事实上较少能够进入行政诉讼程序;终局性行政行为、驳回当事人对行政行为提起申诉的重复处理行为被明确排除在行政诉讼的受案范围之外,仅仅存在合理性问题的行政行为(除行政处罚显失公正外)不属于法院审查范围,涉及人身权、财产权之外权利的行政行为也常常被认为不在行政诉讼受案范围之内。因此,要分析中国行政诉讼受案范围的现状,思考界清和拓展行政诉讼受案范围的路径,需要全面、深入地对当下中国大陆的行政行为理论及行政行为可诉性的研究情况进行考察、评价。

中国大陆对行政行为理论及其可诉性的研究,主要在如下领域展开:

一、关于行政行为理论在行政法学体系和行政法制度中的地位的研究

对于大陆法系行政处分(行政行为)概念在其行政法学及行政法制度中的地位,中国大陆行政法学研究者均有深刻的认识。例如,有研究者认为,行政处分概念在整个行政法体系中的重要地位,集中体现在概念本身所具有的多元化功能上。行政处分是一个具有“目的性”和“技术性”双重属性的工具概念,它是形式法治国理念的实施载体,它提供了行政活动合法性的评判标准与私人权利救济的钥匙。其向上连接依法行政原则,向下则衔接司法救济,发挥着引导个别领域立法和维护行政的合法化功能,也推动作为法治国内涵之一的“依法审判”目标得到落实。[①] 还有研究者认为,大陆法系行政处分概念是一个“基础性”和“功能性”的概念。所谓“基础性”,是指它在传统行政法上的核心地位,由于诸多行政法律关系均围绕行政处分而展开,因而行政处分始终是大陆法系行政法学的中心课题之一;所谓“功能性”,则是指它并非是一个纯粹学理上的概念,而同时是一个为适应行政诉讼实践的需要而设置的“功能创设性”概念,在德国行政法以及深受其影响

---

① 参见鲁鹏宇:《论行政法学的阿基米德支点——以德国行政法律关系论为核心的考察》,载《当代法学》2009 年第 5 期。

的日本、我国台湾地区的行政法中，行政处分曾是提起行政诉讼的前提要件。不过，晚近德国、我国台湾地区的行政诉讼制度趋向于广泛地打开诉讼之门，在受案范围上确立了“一切非宪法性质之公法争议”的标准。相应地，行政处分在救济法上的功能也将悄然改变，即从提请救济的前提要件功能转换为决定诉讼种类等功能。[①]

二、关于中国大陆行政行为概念与大陆法系国家和地区行政行为概念的比较研究

有学者认为，在今天，依法行政的要求已经不再局限于奥托·迈耶时代的高权行政领域，面对所有行政实务中被普遍应用的各种行政手段（包括侵害性与授益性等各类行政活动），均需借助法律的“显微镜”进行审视、检讨并予以重新注解。因而，以法律的视角来审视具体的行政活动，进而构造出符合规范要求的可以作为典范的行政行为类型，即所谓行政行为形式的概念的出现就成为必要。行政行为形式发展至今，即表现为大陆法系国家行政法总论教科书及相关法典当中的法规命令与行政规则、自治法规、行政处分、行政计划、行政契约、行政指导等行为方式。因此，伴随行政行为形式概念的提出，迈耶所创立的行政处分概念已经降格为行政行为形式的一个下位概念。[②]

与德国相比，在中国大陆，法律虽然没有对行政行为下一个法律定义，但行政法学通说认为：“行政行为，是指行政主体在实施行政管理活动、行使行政职权过程中所作出的具有法律意义的行为。”[③]行政行为的范畴虽然并不完全等同于上述大陆法系国家行政法总论教科书及相关法典中的这些行为方式，但行政法规、行政规章以及其他规范性文件、行政合同均属于中国大陆行政行为的范畴，这些范畴的行政行为显然已经无法被德国传统的行政处分概念所包容，因此，中国大陆行政行为概念的内涵和外延大大超出了

① 参见余军：《行政处分概念与具体行政行为概念的比较分析》，载《公法研究》2005 年第 1 期。

② 参见鲁鹏宇：《论行政法学的阿基米德支点——以德国行政法律关系论为核心的考察》，载《当代法学》2009 年第 5 期。

③ 罗豪才主编：《行政法学》，北京大学出版社 2001 年版，第 73 页。

德国的行政处分概念。与德国在第二次世界大战以后作为法律术语公开使用的行政行为概念相比,中国大陆的行政行为概念包括抽象行政行为和内部行政行为,内涵和外延也要大得多。但由于在德国,“一切未被联邦法律划归为属其他法院管辖的非宪法性质的公法上争议,对之均可提起行政诉讼”①,因而,中国大陆虽有比德国行政处分和行政行为内涵和外延更大的行政行为概念,但行政诉讼受案范围却大大小于德国行政诉讼受案范围。

与法国形式意义的行政行为相比,中国大陆行政行为概念不包括行政机关的私法行为,但包括某些虽非行政机关、但受法律法规授权执行公务的组织作出的行政行为,因此,更能凸显行政行为的公法性质,反映行政行为主体的多样性。与法国实质意义的行政行为相比,中国大陆行政行为概念包括行政机关制定普遍性规则的行为,能够把行政机关制定普遍性规则的行为纳入行政行为范畴。相对来说,中国大陆行政行为概念虽然与法国承担行政诉讼受案范围“通道”功能的功能意义的行政行为概念比较接近,但由于中国大陆行政诉讼受案范围并未收纳中国大陆全部行政行为,而是排除了抽象行政行为、内部行政行为、终局性行政行为、仅仅存在合理性问题的行政行为(除行政处罚显失公正外)、涉及人身权和财产权之外权利的行政行为等,因而,中国大陆行政诉讼受案范围却大大小于法国行政诉讼受案范围。

与日本将行政行为界定为行政机关就具体事项所为的公法上的单方行为相比,中国大陆行政行为概念包括日本行政行为所不包括的行政立法行为、行政契约、行政机关的内部行为。但由于:其一,日本在法律上使用行政处分概念,行政行为概念只是学理上的概念,虽然早期作为学术概念的行政行为与作为法律概念的行政处分涵义基本对应,但为了扩大行政诉讼对公民权利的救济,日本采纳了“处分性的扩大论”,逐渐将传统上不属于行政处分的行政机关的一些行为纳入行政处分范畴,导致法律上的行政处分概念大大拉开了与学理上的行政行为概念的对应性,因此,现今日本抗告诉讼的对象已经大大突破了学理上的行政行为的范畴;其二,第二次世界大战后日本法律对司法法院审理行政案件的范围,改列举主义为概括主义,规定国民

---

① 德国《行政法院法》第 40 条第 1 款。转引自〔德〕平特纳:《德国普通行政法》,朱林译,中国政法大学出版社 1999 年版,第 267—268 页。

对于行政主体行使公权力的行为不服，都可提起抗告诉讼，无须法律列举；其三，行政立法行为、行政契约、行政机关的内部行为这些日本行政行为概念中不具有、而中国大陆行政行为概念中具有的行为并不属于中国大陆行政诉讼受案范围（其中，对行政契约行政诉讼的可诉性存在争议），因而，中国大陆虽有比日本学理上的行政行为内涵和外延更加宽泛的行政行为概念，但行政诉讼受案范围仍明显比日本狭小。

与我国台湾地区相比，由于我国台湾地区行政处分概念与德国行政处分概念接近，因而，中国大陆行政行为概念显然大于我国台湾地区行政处分概念。根据台湾地区"行政程序法"，行政行为系"行政机关作成行政处分、缔结行政契约、订定法规命令与行政规划、确定行政计划、实施行政指导及处理陈情等"之行为。可见，我国台湾地区行政行为概念是一个远远超越行政处分概念的上位概念，它是一个几乎涵盖所有行政机关之行为的一个非常宽泛的概念，这个概念比中国大陆行政行为概念更大，但其并不承担行政诉讼"通道"的功能。尽管我国台湾地区曾经很长时间以概念狭小的行政处分作为行政诉讼"通道"，但由于现今台湾地区"行政诉讼法"规定，"公法上之争议，除法律别有规定外，得依本法提起行政诉讼。"[1]因而，行政处分虽仍是行政诉讼的主要对象，但已非唯一对象，行政诉讼"通道"已大为拓展，明显大于中国大陆行政诉讼受案范围。

三、关于中国大陆具体行政行为概念与德国行政处分概念的比较研究

中国大陆的行政法学学者们认识到，中国大陆具体行政行为和行政行为的概念，与大陆法系行政处分概念有着不可割裂的渊源关系，带有明显的大陆法系行政行为理论的烙印。

有学者认为，在 1999 年 11 月最高人民法院《若干问题的解释》出台前，由于 1991 年 5 月最高人民法院《若干问题的意见（试行）》第 1 条对具体行政行为下了一个法律定义，将具体行政行为界定为"国家行政机关和行政机

① 参见 2007 年 7 月 4 日修正的台湾地区"行政诉讼法"第 2 条。

关工作人员、法律法规授权的组织、行政机关委托的组织或者个人在行政管理活动中行使行政职权,针对特定的公民、法人或者其他组织,就特定的具体事项,作出的有关该公民、法人或者其他组织权利义务的单方行为”,这一法律定义强调具体行政行为“针对具体个案”“对外发生效力”“单方行为”“产生法律效果(有关公民、法人或者其他组织的权利义务)”等要素,因而具体行政行为概念在行政法学、行政诉讼制度中的地位和功能与传统上德国行政处分概念相似,或者说,传统德国行政处分概念是“与中国行政法上具体行政行为概念有着相似的涵义与功能的概念”[①]。但是,1999 年 11 月最高人民法院《若干问题的解释》删除了《若干问题的意见(试行)》对具体行政行为的定义,同时鉴于《行政诉讼法》将抽象行政行为、内部行政行为排除在可诉行政行为之外,因而,实质上,《若干问题的解释》间接地表达了其对具体行政行为的认知,即具体行政行为是除抽象行政行为、内部行政行为之外的行政行为。因此,有人就认为,随着《若干问题的解释》的出台,具体行政行为的概念就“从单方行为扩大到(了)双方行为”,甚至已经“从法律行为原则上扩大到(了)准法律行为和事实行为”。[②] 根据这种认识,中国大陆具体行政行为概念的内涵和外延似乎已经大大超出了德国行政处分概念。

四、关于行政法律行为与行政事实行为、准行政法律行为及其可诉性的研究

行政法律行为、行政事实行为、准行政法律行为是大陆法系国家行政行为理论的概念。[③]

至今,中国大陆行政法学界就行政法律行为、行政事实行为、准行政法

① 参见余军:《行政处分概念与具体行政行为概念的比较分析》,载《公法研究》2005 年第 1 期。

② 参见江必新:《是恢复,不是扩大——谈〈若干解释〉对行政诉讼受案范围的规定》,载《法律适用》2000 年第 7 期。

③ 英美法系国家从实用主义的立场出发,不对行政机关的行为作法律行为、事实行为和准法律行为的分解。但其法律安排是:只要是公民的合法权益受到了行政机关的影响,都允许通过司法途径寻求救济。

律行为理论开展了一定深度的研究，形成了与大陆法系行政法律行为、行政事实行为、准行政法律行为理论基本一致，但又具有一定特色的认识。

1. 关于行政法律行为的研究

学界一般认为，行政法律行为是行政机关基于意思表示而设定、变更、终止行政法上的权利义务的行为，即依行政机关的意思表示而产生法律效果的行为。"行政行为是一种法律行为而不是事实行为"[①]；"行政行为，是行政法律行为的简称"[②]。因此，在中国大陆，行政行为可以被认为是行政法律行为的同义语或行政法律行为的简称；具体行政行为作为行政行为的下位概念，当然也是行政法律行为。

由于中国大陆对行政行为的研究在本书第三章已经作了详尽介绍，所以下面主要介绍中国大陆对行政事实行为和准行政法律行为的研究情况。

2. 关于行政事实行为的研究

在中国大陆，行政事实行为（或简称事实行为）的概念是从大陆法系国家引进的，最早见诸1983年新中国的第一本行政法统编教材《行政法概要》。该书将行政事实行为界定为不直接产生法律后果的行政行为。[③] 由此可见，该作者的行政行为观是一个十分宽泛的行政行为观：行政行为包括行政事实行为。虽然行政事实行为的概念早在1983年就提出了，但长期以来，我国行政法学界对于行政事实行为的理论研究并不重视，行政法学教科书大多不涉及行政事实行为，学界也缺乏对行政事实行为的深入研究。这多半是由于行政事实行为不以产生法律效果为目的，因而人们传统上认为，从法律的角度看行政事实行为不如行政法律行为那么重要。

这种状态在其他大陆法系国家和地区也不同程度地存在。虽然德国、法国、日本等国行政法学界对行政事实行为有所研究，但与对行政行为或行政处分的研究相比，不仅数量较少，而且很多理论问题都还没有形成共识。行政事实行为在行政程序法中也难觅踪影，缺乏法律规制。

有关德国行政事实行为的研究，笔者已在本书第一章中介绍，在此不再赘述。

---

① 胡建淼：《比较行政法——20国行政法评述》，法律出版社1998年版，第15页。

② 梁津明教授语。转引自胡建淼主编：《行政法学》，复旦大学出版社2003年版，第92页。

③ 参见王岷灿：《行政法概要》，法律出版社1983年版，第97页。

在法国,行政事实行为是指不直接发生法律效果的行为。其占据行政机关活动的大部(例如,作出决定前的材料准备行为和作出决定后的实际执行行为)。"不直接发生法律效果",又分为完全不发生法律效果①和由于法律的规定②或外界事实的自然结果③、但与行政机关的意思无关而发生法律效果两种。由于行政事实行为与行政机关的意思无关,所以不能成为行政活动的法律手段。不过,由于其对法律行为的产生过程和实施过程具有重要关系,所以,在法国,行政事实行为也受行政法的规范。因此,有时在行政程序法中也研究这种行为。行政法学研究法律行为和事实行为的重点不同。对于法律行为主要研究它的效力问题。事实行为由于不发生是否有效的问题,但在其违法时可能发生行政主体和公务员的责任问题,例如赔偿责任、惩戒责任等,因而一般在行政责任、公务员责任或者其他有关部分讨论。④

在日本,行政事实行为在行政法学研究中的地位也不是很高。不过,学界对此还是开展了一些研究。行政行为被认为是行政机关具有处分性、即具有能够产生直接变动或影响国民权利义务的法律效果的行为,而行政事实行为则被认为是不具有法律效果或不具有处分性的行为。日本行政法学认为,行政行为撤销之诉的基础在于行政行为的公定力理论,因而撤销之诉又被学者称为"公定力排除诉讼"⑤。由于行政事实行为不具有处分性,不具有效力上的公定力,因而对其不能提起撤销之诉(因为不存在撤销效力的问题),但可以提起损害赔偿请求。⑥ 学界一般认为日本行政法学者对于行政事实行为研究的特色是对行政指导行为研究得较为深入。不过,依笔者所见,将行政指导作为行政事实行为⑦,实际上是在将行政机关的活动分为行政行为和行政事实行为这样一种"二分法"的基础上进行的分类。而在将

① 例如,气象局的天气预报。

② 如政府船只撞沉商船,发生受害人取得损害赔偿的权利这一法律效果是由法律规定的。

③ 如行政机关在讲卫生运动中捕杀狂犬,发生所有权消灭的结果是由外界事实的自然结果产生的,是一种事实效果或事实上的后果(学界常常将法律效果表述为法律后果)。行政机关捕杀狂犬的意思并非是要消灭所有权,而是为了保护卫生,因而,行政机关并不存在消灭所有权的意思。

④ 王名扬:《法国行政法》,中国政法大学出版社 1988 年版,第 136 页。

⑤ 〔日〕田中二郎:《新版行政法(上)》(全订第二版),日本弘文堂 1974 年版,第 305 页。

⑥ 参见江利红:《日本行政法学基础理论》,知识产权出版社 2008 年版,第 386、387、393 页。

⑦ 同上书,第 422—424 页。

行政机关的活动分为行政行为、行政事实行为和准行政行为“三分法”的基础上，由于行政指导存在行政机关的观念表示，且具有间接法律效果，因而准确地说，行政指导应当被归入准行政行为。[①] 对行政指导行为归属不当或混乱，不能不说是现今日本行政法学研究存在的一个缺陷。在日本，虽然行政指导不具有法律约束力，但对于行政指导造成的损失，学术界有观点主张既可以提起国家赔偿，也可以通过行政诉讼的渠道寻求救济（正如本书第二章所介绍的，这主要是通过“处分性的扩大论”来推进的。事实上，最高法院已有判例承认了行政指导可以成为抗告诉讼的对象）。而且在制度层面，日本已经通过立法对行政指导进行了规范。

相比而言，倒是我国台湾地区行政法学界对行政事实行为的研究更为热烈一些，甚至在上世纪 90 年代出现了各种观点纷呈争鸣的局面。一些著名的行政法学者纷纷表达了他们对行政事实行为的见解。吴庚认为：“事实行为指行政主体直接发生事实上效果（tatsächlicher Erfolg）之行为，与行政处分或其他基于意思表示的行为不同者，在于后者以对外发生法律效果（Rechtsfolg）为要素。”[②]陈新民认为：“行政事实行为是与行政法之法律行为相对之行为，其作用非为产生、变更或消灭行政法之权利与义务关系（法律效果），而系为产生事实效果也。”[③]林纪东认为：“行政事实行为乃全不发生

---

① 在“二分法”下，包括行政指导在内的“观念表示”行为，或包括在事实行为之内［例如，盐野宏将事实行为分为“精神性表示行为”（包括行政指导行为）和“物理性行为”（参见〔日〕盐野宏：《行政法》，杨建顺译，法律出版社 1999 年版，第 324—330 页）］，或等同于行政事实行为［例如，翁岳生将行政机关的行为分为意思表示性质的行政处分和观念通知的事实行为，并明确表示，行政机关诸如警告、劝告、建议、告知、表示意见等行政指导行为属事实行为。参见翁岳生编：《行政法》（上册），中国法制出版社 2009 年版，第 608 页］。因此，在“二分法”下，行政指导被划入行政事实行为范畴。而在“三分法”下，“观念表示”这种非意思表示的“精神性表示行为”被作为准行政法律行为从行政事实行为中独立了出来。持“三分法”观点的日本学者，从日本传统行政法学理论将人的精神作用分为意（意思、欲望）的作用和知（判断、认识）的作用出发，将前者称为法律行为性行政行为，将后者称为准法律行为性行政行为（参见〔日〕南博方：《行政法》，杨建顺译，中国人民大学出版社 2009 年版，第 36 页）。又如，有日本学者认为，准行政行为是“根据行政厅的意思表示以外的判断或认识的表示，由法律将一定的法律效果结合起来，结果形成的行政行为”（参见杨建顺：《日本行政法通论》，中国法制出版社 1998 年版，第 367 页）。笔者在《中国行政登记法律制度研究》一书中也曾经表达过这一观点（参见茅铭晨：《中国行政登记法律制度研究》，上海财经大学出版社 2010 年版，第 93 页脚注）。又如，胡建淼教授主编的《行政法学》（复旦大学出版社 2003 年版）就是把行政指导编排在行政事实行为之外的。

② 吴庚：《行政法之理论与实用》（增订八版），中国人民大学出版社 2005 年版，第 285—286 页。

③ 陈新民：《行政法学总论》，台湾三民书局 1997 年修订六版，第 307 页。

法律效果,或虽发生法律效果,然其效果之发生乃由于外界之事实状态,并非由于行政权之心理作用的行政行为。"[①]林锡尧认为:"行政上的事实行为系指不以发生法律效果为目的而以发生实际效果为目的行政行为。"[②]尽管我国台湾地区行政法学界对行政事实行为的界定存在差异,但却基本上都认为行政事实行为系行政机关所为的不直接产生法律效果(或者说法律效果要件并非是行政事实行为的构成因素。即使发生法律效果,也系由于外界之事实状态而非由于行政权之心理作用)、不以发生法律效果为目的、不存在发生法律效果的行政权之心理作用(因而也就不存在该等行政机关的意思表示)的行为。同时,也基本上都认为,行政事实行为与行政法律行为同属行政行为[③],行政事实行为应受行政法的约束,对其应赋予相对方救济的权利,例如可以通过行政诉讼提起一般给付之诉、确认之诉,在遭受损害的情况下亦可提起国家赔偿之诉。[④]

从总体上说,大陆法系行政法学对行政事实行为的研究已从一开始把行政事实行为视为"法外之行为",发展到了认为行政事实行为也应受行政法的约束,并就具体的监督救济制度进行了探讨。在司法层面,甚至已经有了具体的、多种诉讼类型的救济制度。

在中国大陆,自 1983 年新中国的第一本行政法统编教材《行政法概要》述及行政事实行为之后,很长一段时间,行政法学界对行政事实行为只是偶有研究,而且大多数只是片段性地散见在其他主题的研究之中。例如,许崇德、皮纯协主编的《新中国行政法学研究综述》,张尚鷟主编的《走出低谷的中国行政法学》。直到上世纪 90 年代中期前后,对行政事实行为的研究才

---

① 林纪东:《行政法》,台湾三民书局 1990 年版,第 290 页。

② 林锡尧:《行政法要义》,台湾三民书局 1998 年版,第 441 页。

③ 台湾行政行为概念是一个远远超越行政处分概念的上位概念,它是一个几乎涵盖所有行政机关之行为的一个非常宽泛的概念。

④ 行政事实行为不发生是否有效的问题,因此撤销判决对于行政事实行为是不适用的。林锡尧认为,行政上的事实行为如系违法,行政机关负有除去因该事实行为所造成之违法状态并回复至合法状态之义务。相对地,人民若因该事实行为遭受权利侵害,应享有结果除去请求权与回复原状请求权,即可通过行政诉讼提起学理上所称的一般给付之诉,或至少可以提起确认之诉(参见林锡尧:《行政法要义》,台湾三民书局 1998 年版,第 445 页)。陈新民也认为,对于违法的行政事实行为,如果无法提起一般给付之诉,至少可以提起确认之诉(参见陈新民:《行政法学总论》,台湾三民书局 1997 年修订六版,第 312 页以下)。

渐盛起来，开始出现对行政事实行为的专门研究。例如，薛刚凌在《政法论坛》1993年第4期上发表了《论行政行为和事实行为》；吕诚、阎尔宝、李杰等也分别于1996年至1998年期间在《行政法学研究》上发表了一些专门研究行政事实行为的学术论文。与此同时，行政事实行为也开始见诸于一些行政法学教科书。例如，1998年出版的胡建淼主编的《行政法学》，1999年出版的姜明安主编的《行政法与行政诉讼法》等。

关于行政事实行为的概念，有的学者从行为效力的角度加以阐释。如许崇德、皮纯协主编的《新中国行政法学研究综述》认为，行政事实行为是行政机关所为的不发生法律后果的行为①；张尚鷟主编的《走出低谷的中国行政法学》认为，行政事实行为是行政机关所为的不直接影响相对人权利义务的行为②。有的学者则从行为目的的角度加以阐释。如姜明安主编的《行政法与行政诉讼法》将行政事实行为界定为“行政主体以不产生法律约束力，而以影响或改变事实状态为目的行为”③。各种观点角度不同，看法不一。

关于行政事实行为的性质，各种观点存在的差异更大。有的认为行政事实行为是行政行为或具体行政行为④；有的认为行政事实行为是与行政法律行为相对的行为⑤；有的认为行政事实行为是行政程序行为⑥；有的则认为行政事实行为是行政侵权行为⑦；甚至还有的认为行政事实行为一词是一个内涵很不确切的词语，应该被废弃，原行政事实行为中的各类行为应根据不同法律效果情况，分别归于行政机关的实体性法律行为、程序性法律行为、对外法律行为和对内法律行为。⑧

关于行政事实行为的种类，有学者认为其应该包括日常的建设、维持行

---

① 参见许崇德、皮纯协主编：《新中国行政法学研究综述》，法律出版社1991年版，第139页。

② 参见张尚鷟主编：《走出低谷的中国行政法学》，中国政法大学出版社1991年版，第139页。

③ 姜明安：《行政法与行政诉讼法》，北京大学出版社1999年版，第256页。

④ 参见许崇德、皮纯协主编：《新中国行政法学研究综述》，法律出版社1991年版，第139页。

⑤ 参见胡建淼、王银江：《现代行政视野中的行政事实行为——行政环境、蕴含与诉讼》，载《行政法学研究》2003年第1期。

⑥ 参见朱维究、阎尔宝：《程序行政行为初论》，载《政法论坛》1997年第3期。

⑦ 参见李杰：《论行政事实行为的定位及其识别》，载《行政法学研究》1998年第3期。

⑧ 参见方世荣：《论具体行政行为》，武汉大学出版社1996年版，第146页。

为,执行性行为,咨询和通告行为,非正式行政行为[①],暴力侵权行为等。[②]中国人民大学宪政与行政法治研究中心的《行政法电子词典》认为:“行政事实行为包括行政主体执行性的行政事实行为,认知表示行为,行政协商行为以及其他建设、维持行为四种。”[③]还有学者认为行政事实行为的具体种类有程序型的行政事实行为(其中包括准备性的行政事实行为和执行性的行政事实行为)、处理型的行政事实行为、服务型的行政事实行为和告知型的行政事实行为。[④]

关于行政事实行为的法律救济,学者们根据《国家赔偿法》,一般认为,公民、法人或其他组织对行政机关的行政事实行为造成其损失,有获得行政赔偿的权利。但对于行政事实行为是否具有(狭义的)行政诉讼上的可诉性问题,学界分歧很大。多数学者认为,在现今我国行政诉讼的制度框架下,行政事实行为并不属于行政诉讼受案范围[⑤];但其中有些学者期待通过《行政诉讼法》的修改,能够把行政事实行为纳入行政诉讼受案范围。不过,也有学者认为,1999 年 11 月最高人民法院《关于执行〈中华人民共和国行政诉讼法〉若干问题的解释》出台以后,“可诉行为从法律行为原则上扩大到准法律行为和事实行为上。”并且认为,在这之前,实际上“《行政诉讼法》所讲的某些强制措施,限制人身自由或者是某些财产上的强制措施,事实上也包括许多事实行为。而且在不作为的诉讼中,要求行政机关履行一定法定职责,有些法定职责显然是一个事实行为,而不是一个法律行为。这也从另一个角度说明《行政诉讼法》是无意排除事实行为的,《行政诉讼法》明确列

---

① 所谓“非正式行政行为”,主要是指行政机关在作出具体行政行为以前,为代替行政决定,而与人民达成的协议或为的其他接触(参见沈开举、王红建:《论行政事实行为》,载《中国法学》2002 年郑州大学专刊)。

② 同上。

③ 中国人民大学宪政与行政法治研究中心:《行政法电子词典》,载 http://xingzhengfa.calaw.cn/article/default.asp? id=848,2011 年 6 月 28 日访问。这里把很多学者认为属于准行政法律行为的认知表示行为归为行政事实行为。

④ 胡建淼、王银江:《现代行政视野中的行政事实行为——行政环境、蕴含与诉讼》,载《行政法学研究》2003 年第 1 期。

⑤ 例如,胡建淼主编的《行政诉讼法学》一书(复旦大学出版社 2003 年版,第 42 页),沈开举、王红建发表在《中国法学》2002 年郑州大学专刊上的《论行政事实行为》一文,甘文的《行政诉讼法司法解释之评论——理论、观点与问题》一书(中国法制出版社 2000 年版)等。这种认识建立在我国现今行政诉讼受案范围限于行政行为的制度基础及行政行为是法律行为的通说基础之上。行政事实行为由于不是法律行为,所以自然不属于行政诉讼受案范围。

举的可诉行为中本身就包括了事实行为。”[①]马怀德也认为人民法院行政诉讼的审理的对象，包括法律行为（行政诉讼法将其表述为“具体行政行为”）和事实行为。[②] 由于我国行政诉讼以行政行为或具体行政行为为对象，因而认为事实行为属于我国行政诉讼受案范围的观点，在逻辑上势必以承认行政行为包括法律行为和事实行为为前提。然而，当我们考察主张这一观点的学者对于行政行为或具体行政行为与行政事实行为的关系的认识时，却发现他们又自觉或不自觉地把事实行为排除在行政行为之外，逻辑上发生了矛盾。[③]

从中国大陆的研究现状来看，学界对行政事实行为的概念、性质、种类、研究价值和法律救济等问题的研究都还处于纷争不清的阶段，研究需要进一步深化。

3. 关于准行政法律行为的研究

准行政法律行为（或简称准行政行为）是大陆法系行政法学的一个学理概念。历史上，德国行政法学对准行政法律行为开展过一些研究。但是，后

① 参见江必新：《是恢复，不是扩大——谈〈若干解释〉对行政诉讼受案范围的规定》，载《法律适用》2000 年第 7 期。这种观点受到很多研究者的质疑。有研究者指出：“认为对事实行为可以提起行政诉讼，这是对行政诉讼法的误解”。参见甘文：《行政诉讼法司法解释之评论——理论、观点与问题》，中国法制出版社 2000 年版，第 18 页。笔者也在《中国行政登记法律制度研究》一书中认为，这种观点既缺乏行政行为理论的支撑，也不符合司法实践中行政事实行为并没有被纳入可诉范围的事实，其根源在于仅从表象上把可诉的行政强制措施和行政不作为视为事实行为。固然，我国《行政诉讼法》规定，“对限制人身自由或者对财产的查封、扣押、冻结等行政强制措施不服的”和“申请行政机关履行保护人身权、财产权的法定职责，行政机关拒绝履行或者不予答复的”，属于行政诉讼受案范围，但这里的可诉行政行为是行政机关的强制措施“决定”（属于行政行为而不是属于行政事实行为的强制措施本身。行政机关决定实施某种事实行为，与行政事实行为本身是两个不同的概念，前者属于行政行为，后者属于行政事实行为。不少人将此予以混淆）和行政不作为“决定”（属于否定性作为的行政行为）或行政“不决定”（属于不作为行政行为，而非行政事实行为）。参见茅铭晨：《中国行政登记法律制度研究》，上海财经大学出版社 2010 年版，第 121—122 页。笔者的这个观点，现在已经有了法律的支撑：从 2011 年 6 月 30 日第十一届全国人民代表大会常务委员会第二十一次会议通过的我国《行政强制法》看，当事人对行政强制不服申请行政复议和提起行政诉讼的对象是行政强制措施决定和行政强制执行决定，而不是强制手段本身。

② 参见马怀德：《准行政行为及其可诉性研究》，载学者社区一中评网，http://www.china-review.com/sao.asp? id =3719，2011 年 3 月 27 日访问。

③ 例如，马怀德《准行政行为及其可诉性研究》一文“该拟制行为要么是法律行为（行政诉讼法将其表述为‘具体行政行为’），要么是事实行为”、“文中出现的‘法律行为’、‘行政行为’和‘具体行政行为’系同一含义，旨在与事实行为相区别”的表述（载同上）和江必新《是恢复，不是扩大——谈〈若干解释〉对行政诉讼受案范围的规定》一文“将可诉行政行为延伸到准法律行为和事实行为”的表述（载《法律适用》2000 年第 7 期）。

来对准行政法律行为研究较多的却是深受德国法影响的日本和我国台湾地区。在日本和我国台湾地区,传统上将行政机关的行为划分为在人的精神作用下的行为和事实行为。后来,日本一些学者跳出"二分法"的传统,将人的精神作用分为意(意思、欲望)的作用和知(判断、认识)的作用,进而他们把以意思表示为要素之精神行为称为法律行为性行政行为,把以观念表示为要素之精神行为称为准法律行为性行政行为[①],于是,形成对行政机关行为的"三分法":在行政法律行为和行政事实行为之外,又分出了一个独立的行政机关行为的学理概念——准行政法律行为(准确地说,准行政法律行为是从行政事实行为中分出的。因为,在"二分法"下,"观念表示"行为包括在事实行为之内,或等同于行政事实行为)。这些学者认为,准行政法律行为虽然也有行政机关的主观表示,但与行政法律行为存在法律效果意思表示不同,这种主观表示是行政机关的认识、判断等观念表示。因此,准法律行为又被称为观念表示行为,大致上包括警告、劝告、确认、证明、公证、通知、受理等形式。[②] 并且,准行政法律行为的法律效果是间接的,其法律效果需要借助于一定的事实才能产生。日本学界对准行政行为比较有影响的定义是:"根据行政厅的意思表示以外的判断或认识的表示,由法律将一定的法律效果结合起来,结果形成的行政行为。"[③]我国台湾地区有学者认为,准行政行为是行政机关就某种具体事实以观念表示为要素,直接依据法律发生效果的行政行为。他们又将准行政行为称为观念表示行为、表明行为,并把准行政行为视为程序行政行为。[④] 我国台湾地区还有学者将准行为行政行为划分为确认行为、公证行为、通知行为与受理行为。[⑤] 自此,在日本和我国台湾地区,行政法学理论已经形成通过主观表示和法律效果来区别行政法律行为、准行政法律行为和行政事实行为的理论方法,形成了更加精致的行政行为理论,并被较为广泛地接受。而坚持"二分法"的学者则要么

---

① 参见〔日〕南博方:《行政法》,杨建顺译,中国人民大学出版社 2009 年版,第 36 页。

② 参见〔日〕室井力:《日本现代行政法》,吴微译,中国政法大学出版社 1995 年版,第 84 页;〔日〕盐野宏:《行政法》,杨建顺译,法律出版社 1999 年版,第 85 页。

③ 参见杨建顺:《日本行政法通论》,中国法制出版社 1998 年版,第 367 页。这里的"行政行为",并非是与作为法律概念的"行政处分"相当的学理概念,而是相当于"行政主体的行为"这样一个宽泛的概念。

④ 参见管欧:《中国行政法总论》,台湾蓝星打字排版有限公司 1981 年版,第 428 页。

⑤ 参见史尚宽:《行政法论》,台湾正大印书馆 1953 年版,第 48—51 页。

不接受准行政法律行为的概念，要么坚持认为观念表示行为是行政事实行为下的一种事实行为，要么坚持将准行政法律行为等同于行政事实行为。

在中国大陆，准行政法律行为作为一个学理概念，也已经出现在一些学术论著之中，引起了学界的讨论。但总体上，与对行政法律行为和行政事实行为的研究相比，对准行政法律行为的研究仍明显薄弱而零散，研究价值也没有得到学界的普遍认识，在行政法学教科书中，仍鲜见准行政法律行为踪影。由于行政诉讼受案范围有限，被严格限于行政行为或具体行政行为（行政法律行为），因而，准行政法律行为的研究往往跟界定和拓展行政诉讼受案范围联系在一起，不少研究论文都是围绕准行政法律行为的可诉性展开的。这与大陆法系国家和地区研究准行政法律行为有很大不同。在大陆法系国家和地区，研究准行政法律行为，是为了更加精致地分析行政机关各类具有不同学理特征的行为，观察它们的不同特点、效力和法治要求。由于法国以概念宽泛的行政行为作为行政诉讼的"通道"，行政法院原则上对行政机关全部行政活动均有权进行审查；德、日和我国台湾地区行政诉讼受案范围已从行政行为（行政处分）扩大到了包括行政行为（行政处分）在内的除法律另有规定外的一切公法上之争议，或者实行了处分权的扩大化，因而，在这些国家和地区，即使是行政机关作出的学理上属于准行政法律行为的行为，只要当事人认为其侵害了自己的合法权利，也可提起行政诉讼，并不存在法律上的障碍，故在这些国家和地区，准行政法律行为的研究与行政诉讼受案范围并无直接联系。

中国大陆对准行政法律行为的认识，往往从"准"这样一个"程度上尚不完全够，但差不多接近于某类事物"的字义着眼，因而准行政法律行为总体上被认为是独立于行政法律行为但在某些方面又接近行政法律行为的一类行政机关的行为。于是，对准行政法律行为的研究也就往往在与行政法律行为的比较中展开。

对准行政行为的界定，我国学界主要有两种学说：

一是"间接法律效果说"。该说认为，准行政行为是指国家行政机关单方面作出的、自身不直接产生特定的法律效果，但对行政行为有直接影响、并间接地产生法律效果的行为。准行政行为本身还不完全是行政行为，但它对另一类行政行为的生效起着准备、辅助作用，或是对另一类行政行为表示意见，使该行政行为生效。[①]

二是“结合说”。该说在考察了“间接法律效果说”和盛行于日本和中国台湾地区的“观念表示说”之后，认为，“间接法律效果说”与“观念表示说”两者并不存在矛盾，只是侧重点不同而已，前者侧重于法律效果，而后者则侧重于行为方式的特殊性，因而应将二者结合起来，将准行政行为界定为行政主体运用行政权以观念表示的方式作出的间接产生行政法律效果的行政行为。[②] 有学者认为：“准行政行为必须同时具备‘观念表示’与‘间接法律效果’二个要素，其中，‘观念表示’是准行政行为成立的根本前提，‘间接法律效果’是‘观念表示’的必然产物。”“准行政行为一定要产生法律效果，否则无法区别于事实行为。但是准行政行为的法律效果并不具直接性。行政主体虽然作出准行政行为，但要对相对人的权利义务发生法律效果，必须依赖有关法律的规定或新的事实。”[③]“结合说”将准行政法律行为与传统大陆法系行政法学构建的以法效意思表示为主观要件、以直接产生法律效果的行政法律行为相对应，同时将准行政法律行为与既不存在行政机关的主观表示、又不发生与行政机关的主观意思或观念有关的法律效果的行政事实行为相区别，理论精致，因而，从总体上看，在对准行政行为的界定上，“结合说”占主流地位。

对于准行政法律行为的性质，虽然一些中国大陆学者在对其下定义时把它表达为“是……的行政行为”，但很多情况下，这里所指的“行政行为”，其实并非是被很多中国大陆行政法学者作为行政法律行为同义语或作为行政法律行为简称使用的行政行为，而是相当于“行政主体的行为”这样一个广义的概念。[④] 中国大陆学者一般认为，准行政法律行为是介于行政法律行

① 参见黎国智主编：《行政法词典》，山东大学出版社 1989 年版，第 82 页；应松年主编：《行政法与行政诉讼法词典》，中国政法大学出版社 1992 年版，第 203 页。

② 参见孔繁华：《准行政行为》，载《郧阳师范高等专科学校学报》2000 年第 2 期。

③ 皮宗泰、王彦：《准行政行为研究》，载《行政法学研究》2004 年第 1 期。

④ 类似地，日本、我国台湾地区学者也经常将准行政法律行为界定为“是……的行政行为”，但在这里，他们也是在远远宽于行政处分概念的意义上使用“行政行为”的。

为（行政行为）和行政事实行为之间的一类相对独立的行为。[①] 但也有人否认准行政法律行为可以作为一类相对独立的行为模式存在，有的认为准行政法律行为属于行政行为（行政法律行为）[②]，也有的认为，根据不同情形，准行政法律行为实际上分属于行政法律行为或行政事实行为[③]。还有学者虽然承认准行政法律行为的相对独立性，但却认为它是从属于行政行为的一类相对独立的行政行为，认为，"行政主体实施的所有公法行为都是行政行为，行政法律行为、事实行为以及介于二者之间的准行政行为也都归于行政行为的名下。""准行政行为具有行政行为的预备性、中间性、阶段性特征。""相当多的准行政行为都是行政行为过程性的体现。"其虽然具有独立性，但"又具有相对性，仅仅可能是构成行政行为若干链中的一环"。不过，他们又反对准行政行为就是程序行政行为的观点，认为"虽然某些程序行政行为可以归属于准行政行为，却不可以推说准行政行为就是程序行政行为。因为许多行政主体的观念表示行为并不都具程序性，譬如规划管理机关确认违章建筑，工商管理机关出具企业登记情况说明等，这些行为并非辅助性、补充性的程序性措施，不是程序行政行为，但属于准行政行为。由此，我们认为，程序行政行为与准行政行为之间存在交叉关系：程序行政行为的一部分属于准行政行为（尚有部分属于事实行为），准行政行为的一部分是程序行政行为。"[④]

关于准行政法律行为的效力和效果，有学者通过将其与行政法律行为效力的比较和与行政事实行为效果的比较，认为："准行政行为只产生行政法律行为的某些法律效力，如拘束力、确定力。譬如，行政机关确认某种关

---

① 参见张朝泓：《通知、答复可诉性浅析》，载北大法律信息网，http://article. chinalawinfo. com/Article_Detail. asp? ArticleId = 55070，2011 年 6 月 21 日访问；孔繁华：《准行政行为》，载《郧阳师范高等专科学校学报》2000 年第 2 期。

② 例如，左明认为，"将准行政行为置于行政行为（法律行为）与事实行为之间的中间状态，看似精细，实则不然。行政行为与事实行为区分明显，它们之间是否存在一个中间状态呢？未必。……所谓的准行政行为其实只不过就是一个种行政行为项下的属行政行为，是一个总行政行为的若干阶段、组成部分罢了"（左明：《读〈准行政行为研究〉后有感》，载北大法律网法学在线，http://article. chinalawinfo. com/Article_Detail. asp? ArticleId = 39745，2011 年 6 月 28 日访问）。

③ 例如，马怀德认为，"所有的准行政行为都是我们尚不熟悉的法律行为或事实行为。"参见马怀德：《准行政行为及其可诉性研究》，载学者社区—中评网，http://www. china-review. com/sao. asp? id = 3719，2011 年 3 月 27 日访问。

④ 参见皮宗泰、王彦：《准行政行为研究》，载《行政法学研究》2004 年第 1 期。

系是否存在,某个主体是否具备某种资质。还有某些证明行为,只是证明某种事实状态。这些行为具有确定力,但并不像行政法律行为那样具有执行力。总之,可以认为,准行政行为与行政法律行为的主要区别在于准行政行为在法律效力上欠缺行政法律行为的完整要素,这主要是由观念表示和意思表示的差异性所决定的","行政事实行为和准行政行为在主体和权力属性上一样,都是行政主体实施的与职权有关的行为。关键区别在于是否具有法律效果。……准行政行为以追求一定行政法律效果为目的,尽管这种效果是间接的,但并不妨碍行为的客观效果与行为人的主观追求的一致性。……而行政机关的事实行为无论从主观上还是客观效果上都不可能构成对相对人权利义务的影响。"[①]

关于准行政法律行为的种类,中国大陆行政法学研究者的观点差异较大。有的认为其包括受理行为、通告行为、确认行为、证明行为等四种行为[②];有的认为其包括受理、登记、证明、确认(认定)、鉴定、通知(公告)、答复、咨询(请示)等形态,并解释说,这些列举的准行政行为的表现形态并不全面,而且已列举的若干表现形态并不为准行政行为所独有,当某表现形态的意思要素和效果要素发生质变,该表现形态可能就是行政行为了[③];还有的认为其包括通知(告知)、受理、确认、证明、咨询、鉴定、调查、检查等形态[④]。

关于准行政法律行为的救济,由于中国大陆研究准行政法律行为主要

---

① 皮宗泰、王彦:《准行政行为研究》,载《行政法学研究》2004 年第 1 期。不过,其观点值得商榷。虽然有的行政事实行为确实只产生事实后果,而不产生法律效果(例如,气象局的天气预报),但并非行政机关的事实行为均"无论从主观上还是客观效果上都不可能构成对相对人权利义务的影响"。这是因为,有的行政机关的事实行为不仅能够产生事实后果(如行政机关在讲卫生运动中捕杀了狂犬,产生犬被杀死的事实后果),而且也能够产生法律后果(如行政机关在捕杀狂犬过程中引起赔偿责任,对行政机关而言还产生赔偿的法律后果,这种后果是由法律规定的),甚至还能够产生法律效果、从而构成对相对人权利义务的影响(如行政机关在讲卫生运动中捕杀了狂犬,即产生消灭产权的法律效果。只不过,与行政法律行为和准行政法律行为产生法律效果不同,这种法律效果不是行政机关的意思表示的直接结果或观念表示的间接结果,而是外界事实的自然结果——行政机关捕杀狂犬,其在主观方面并不是追求消灭产权的法律效果,而是为了维护公共卫生)。还有的事实行为可能由于法律的规定而产生法律效果(如政府船只撞沉商船,对受害人而言,其取得损害赔偿的权利是由法律规定的)。

② 姜明安:《行政法与行政诉讼法》,北京大学出版社、高等教育出版社 1999 年版,第 323 页。

③ 参见皮宗泰、王彦:《准行政行为研究》,载《行政法学研究》2004 年第 1 期。

④ 孔繁华:《准行政行为》,载《郧阳师范高等专科学校学报》2000 年第 2 期。

是为了拓展行政诉讼受案范围，因而现有研究普遍反对准行政法律行为不可诉的观点。当然，这并不是说现有研究都毫无保留地认为准行政法律行为是可诉的。相反，现有研究一般并不认为准行政法律行为都是可诉的。在程度上，存在"有的可诉，原则不可诉"（或"有待具体观察，原则不可诉"）和"原则可诉，例外不可诉"两种观点。前者如，蔡小雪在《行政审判与行政执法实务指引》一文中指出，将所有的准法律行为排除在司法审查的范围之外，过于片面。事实上，有些准法律行为是可诉的，如受理行为等。[①] 又如皮宗泰、王彦在《准行政行为研究》一文中分析道："行政诉讼可诉的行为应当符合主体标准、内容标准、可能性标准、结果标准和必要性标准。从主体标准和内容标准看，准行政行为已具备可诉行政行为的某些特征。从可能性标准看，准行政行为亦不在法律、司法解释规定的排除行为之列，具有可诉的实定法基础。但是，由于准行政行为既可能对相对方的权利义务产生实际影响，也可能不产生实际影响，而且可能存在可以通过民事诉讼、行政监督、内部调整等方式加以解决的路径，因而，准行政行为并不具备可诉性标准的所有要求，原则不可诉。准行政行为是否可诉，尚需根据结果标准和必要性标准，通过对具体案件的考察方能得出结论。"[②]后者如罗和新、杨耀宗在《准行政行为的若干问题初探》一文中争辩性地指出，准行政行为虽仅对相对人权利义务的得丧变更产生间接影响，但其本质上属于行政权的物化形态，客观上仍有发生侵益的可能。就必要性标准来说，对准行政行为引发的争议并不排除可以通过复议、申诉、信访等方式加以解决，但即使存在其他替代争议解决机制，司法审查仍然是守卫社会正义的最佳手段。没有司法审查，个人的权利和自由将形同虚设，行政法治等于空谈。况且，准行政行为的间接法律效果仍会通过具体事实或后续行为转化为对相对人的实际影响，不对其及时提供司法救济，可能会造成更大损害。因而，准行政行为基本上契合司法审查的各项标准，原则上具有可诉性。当然，这并不意味着所有准行政行为都可以通过司法审查寻求救济，对于内部准行政行为、终局准行政行为以及中间准行政行为等则不具有司法审查的实体空间，这些准行政行为由于并不会对相对人的权利义务产生实质影响，或者由于法律的

① 参见蔡小雪：《行政审判与行政执法实务指引》，人民法院出版社2009年版，第23页。
② 皮宗泰、王彦：《准行政行为研究》，载《行政法学研究》2004年第1期。

规定而被拒之于法院的“大门”之外，其不可诉性自不待言。总体说来，准行政行为应披上司法审查的“外衣”，而不能游离于司法监督之外。[①] 还有人以现行制度下行政确认具有可诉性为依据，认为“准法律行为，《行政诉讼法》是早已纳入行政诉讼的受案范围的”[②]。

由上可见，中国大陆行政法学界对准行政法律行为研究的各种观点还处于各执一词、各圆其说、互不相让、难以统一的乱局之中。

需要说明的是，笔者不承认在当前我国行政行为理论和行政诉讼制度之下，目前我国已经解决了准行政法律行为和行政事实行为的可诉性问题，但这并不意味着笔者认为将我国可诉“行政行为”的边界定为“具体行政法律行为”的学理认识符合立法原意。相反，笔者认为，准行政法律行为的可诉性其实是应当并且可以被目前我国的行政诉讼制度所接受的，其在当下处于“不可诉”地位或处于可诉性的“模糊地带”，并非制度使然，而是行政行为理论使然。至于行政事实行为，笔者以为在当前我国行政诉讼制度下，行政事实行为是无法进入行政诉讼受案范围之内的。但从“有损害必有救济”的法治原则出发，行政事实行为应当通过《行政诉讼法》的修改被纳入行政诉讼受案范围之内。不过，由于行政事实行为不同于行政法律行为和准行政法律行为的特点，其不能全部适用传统的各种诉讼，特别是撤销之诉，只能适用确认之诉、履行之诉、禁止之诉、变更之诉、赔偿/补偿之诉。即行政事实行为应当通过《行政诉讼法》的修改被纳入某些行政诉讼类型之

---

① 参见罗和新、杨耀宗：《准行政行为的若干问题初探》，载厦门律师网，http://www.xmls.cn/details.aspx? ID=5425，2011年6月21日访问。

② 江必新：《是恢复，不是扩大——谈〈若干解释〉对行政诉讼受案范围的规定》，载《法律适用》2000年第7期。对此，笔者不敢苟同。首先，笔者认为我国《行政诉讼法》并没有明确列举规定行政确认具有可诉性。部分行政确认具有可诉性，并不是由于立法的明确具体规定，而是由于我国行政法学教科书一般把行政确认视为一种具体行政行为，并且有行政诉讼法关于对具体行政行为可以起诉的概括式规定。况且，目前无论学界还是实务界，对行政确认的法律性质及其可诉性存在争议。其中，否认行政确认具有可诉性的理由是：行政确认对相对方的权利和义务不具有直接的处分性。认为行政确认具有可诉性的理由是：行政确认固然对相对方的权利和义务不具有直接的处分性，但它直接确认了与相对方权利和义务直接相关的事实和法律关系。参见胡建淼：《行政法学》（第二版），法律出版社2003年版，第270页。其次，事实是，准行政法律行为的可诉性在司法实践中并没有得到解决，目前尚处于可诉性的“模糊地带”。最后，根据笔者以往的研究，在我国的行政确认中，有的属于行政法律行为，有的则属于准行政法律行为。司法实践中已被纳入行政诉讼受案范围的行政确认主要是前者，而后者的可诉性大多没有得到解决。参见茅铭晨：《中国行政登记法律制度研究》，上海财经大学出版社2010年版，第121页。

内。笔者将在第七章中具体予以阐明和论述。

五、关于具体行政行为与抽象行政行为及其可诉性的研究

由于我国《行政诉讼法》明确将行政法规、规章或者行政机关制定、发布的具有普遍约束力的决定、命令以及行政机关对行政机关工作人员的奖惩、任免等决定排除在行政诉讼受案范围之外，为明晰和拓展行政诉讼受案范围的需要，具体行政行为与抽象行政行为、外部行政行为与内部行政行为的研究一直是中国大陆行政法学研究的热点问题。尤其是具体行政行为与抽象行政行为的研究涉及晦涩而精细的理论认识，因而更是成为中国大陆行政法学研究热中之热的一个问题。[①]

我国抽象行政行为的概念，人们普遍认为是王名扬教授最早从法国行政法学中引进来的。[②] 这是因为，我国“抽象行政行为”一词最早见于1983年出版的、王岷灿主编的《行政法概要》。该书中，王名扬教授借鉴法国行政法学的分类，在我国首次将行政行为分为“抽象的行为和具体的行为”[③]。这一分类学说，经学者承袭和宣传，尤其是由于我国《行政诉讼法》将行政法规、规章或者行政机关制定、发布的具有普遍约束力的决定、命令（即学理上的抽象行政行为）明确排除在受案范围之外，始成为我国行政法学的一个特有而重要的概念。尽管，抽象行政行为的概念系从法国行政法学“普遍性规

---

① 其实，外部行政行为与内部行政行为的研究需要解决的问题的学理性、复杂性和价值，并不亚于具体行政行为与抽象行政行为的研究需要解决的问题，只是目前学界对此还没有足够的认识罢了。笔者将在下一节论述。

② 在德国和受德国法影响的国家和地区，行政行为（行政处分）的概念中并不包括类似于我们所讲的抽象行政行为。德国行政法学鼻祖奥托·迈耶把行政处分仅仅界定为“行政机关对相对人在具体事件中作出的决定其权利的优越性的宣示”（转引自：〔德〕哈特穆特·毛雷尔：《德国行政法总论》，高家伟译，法律出版社2000年版，第181页），即相当于中国大陆所说的具体行政行为，规范普遍情况的行政法规（规章）被排除在行政处分（行政行为）之外。由于德国的立法和司法是在理论的指导下开展的，因而，迈耶式的行政行为概念不仅被德国行政法学界接受，而且被德国行政法所采纳，并且影响许多受其影响的国家和地区的行政行为概念。

③ 王名扬教授写道：“国家行政机关在进行行政管理活动时，有时只制定抽象的规范，不对具体事情进行处理，这种行为称为抽象的行为。”“具体的行为是处理具体事件的行为，以特定的社会事实为对象，一般亦称为行政措施。”王岷灿主编：《行政法概要》，法律出版社1983年版，第98页。

则"的概念引出,借鉴了法国行政法学的分类,但实际上,法国行政法学上仅有内涵相近的分类,并无"抽象的行为"和"具体的行为"的提法,因而"抽象行政行为"成了中国大陆行政法学的一个特有概念。法国行政法学上内涵相近的分类源于法国著名的公法学家狄冀,他把公法行为分为"规则行为""条件行为""主观行为"和"混合行为"。他所称的规则行为,也就是我们所说的抽象行为,通常表现为命令(décret)、规定(arrêté)、条例(règlement)和法令(ordonnance)等。而相当于我国"具体行政行为"的概念,在法国被描述为"适用普遍性规则于具体事件的行为",即实质意义的行政行为。在中国大陆,"具体行政行为"的概念已见诸于《行政诉讼法》和《行政复议法》,因而同时也是一个法律概念。换言之,中国大陆"具体行政行为"的法律概念确立于 1989 年公布的《中华人民共和国行政诉讼法》。在《行政诉讼法》和《行政复议法》中,"具体行政行为"被作为提起行政诉讼或申请行政复议的概括性条件。已经因 1999 年 11 月最高人民法院《若干问题的解释》的出台而废止的 1991 年 5 月最高人民法院《若干问题的意见(试行)》第 1 条对具体行政行为下的法律定义,即具体行政行为是"国家行政机关和行政机关工作人员、法律法规授权的组织、行政机关委托的组织或者个人在行政管理活动中行使行政职权,针对特定的公民、法人或者其他组织,就特定的具体事项,作出的有关该公民、法人或者其他组织权利义务的单方行为",虽然存在一些缺陷,但由于其抓住了针对特定对象、就特定事项、法律行为或法律效果(有关公民、法人或者其他组织权利义务)等具体行政行为的关键要素,因而并不因为《若干问题的意见(试行)》的废止而失去影响,相反,其仍然是对现今中国大陆具体行政行为的学理认识产生重要影响的一个法律概念。在《行政诉讼法》和《行政复议法》中,与"抽象行政行为"相对应的是行政法规、规章或者行政机关制定、发布的具有普遍约束力的决定、命令。其中,《行政复议法》将行政机关制定、发布的除行政法规、规章之外的其他具有普遍约束力的决定、命令称为(行政)"规定"。因而,抽象行政行为在中国大陆仅仅是一个法学概念、而不是法律概念。

关于具体行政行为与抽象行政行为的区别,中国大陆几乎所有的行政法学教材都花相当笔墨加以描述。学界大体上从以下几个要素来区别具体行政行为与抽象行政行为：

（1）适用范围。抽象行政行为针对大范围、不确定的对象；相对而言，具体行政行为针对小范围、确定的对象。

（2）对象是否特定。抽象行政行为针对不特定或不明确、不固定的对象；具体行政行为针对特定或明确、固定的对象。如果行政行为对象的数量在该行为作出时可以统计和确定，该行为就是具体行政行为，反之就是抽象行政行为。

符合上述两个要素中的前半句表述的行为未必就是抽象行政行为。例如，气象局的天气预报，也是针对大范围、不确定、不特定的对象，但其不是规则行为，不具有强制执行效力，不具有法律上的效力或效果，只是一个事实行为。因此，仅有上述两个要素还不足以区别具体行政行为和抽象行政行为。判断一个行为是具体行政行为还是抽象行政行为，还需要借助以下6个要素。

（3）是规则行为还是处理行为。抽象行政行为从动态看表现为制定行为规则，从静态看表现为规范性文件；具体行政行为从动态看表现为对具体事项进行处理，从静态看表现为针对特定事项、特定对象的行政决定。作为规则行为，抽象行政行为的效力是普遍的、持续的（直到被撤销或废止）。

（4）能否反复适用。抽象行政行为作为行为规则，对符合一定条件或特征的某类事、某类人均具有拘束力，因而其具有可反复适用性；具体行政行为作为对具体事项的处理，只能适用于特定的事和特定的人，因而其效力是一次性的，不能反复适用。

（5）是否具有直接的强制执行效力。抽象行政行为是设置法律关系模式的行为，不具有直接的强制执行效力；而具体行政行为是将行为模式在现实生活中加以具体适用的行为，具有直接的可强制执行性。

（6）溯及方向。抽象行政行为对相对方将来可能的行为或事实发生效力；具体行政行为对相对方业已发生的行为或存在的事实发生效力。

（7）先后关系。就某相关事项而言，由于具体行政行为是对规范性文件的执行，或抽象行政行为是具体行政行为的依据，因此抽象行政行为在具体行政行为之前，具体行政行为在抽象行政行为之后。

（8）效力和效果。抽象行政行为需要通过对其执行的具体行政行为这一“介质”才能对特定相对方的权利义务产生影响，因而其对特定相对方产生的效力具有间接性；具体行政行为无须借助于“介质”就能对特定相对方的权利义务产生影响，因而其对特定相对方产生的效力具有直接性。或者说，抽象行政行为对其对象的权利义务仅在法律条文上设置一般模式，这是一种可能性，而非现实性，与相对方并无直接、现实的利害关系；具体行政行为对于相对方的权利义务的影响则是实际存在的、已经造成现实后果的，与相对方有直接、现实的利害关系。

由于上面一些要素具有相对性，因此，抽象行政行为与具体行政行为的区分往往不是仅靠一、两个要素就能够解决的，而是需要通过多个要素进行综合判断。现今，研究得出的区分抽象行政行为和具体行政行为的要素，已远远超过最初的两三个。这说明，经过三十年的研究，中国大陆行政法学界对抽象行政行为与具体行政行为的研究逐步得到了深化。但是，即便如此，有时在实践中判断一个行政行为究竟是属于抽象行政行为，还是属于具体行政行为，仍然是十分困难的。遇到这种情况，法治原则和权利救济理念往往发挥了重要作用。例如在“乔占祥诉铁道部票价上浮案”中，法院认为，铁道部向有关铁路局下发的《关于2001年春运期间部分旅客列车票价上浮的通知》（以下简称《票价上浮通知》）是针对有关铁路企业作出、设定和影响有关铁路企业经营权利和义务的行为，故该《票价上浮通知》应认定为具体行政行为，对其提起的行政诉讼应当属于人民法院受案范围。原告作为购票乘客与铁道部所作《票价上浮通知》有法律上的利害关系，有权提起行政诉讼。坦率地讲，如果没有该法院的一锤定音，《票价上浮通知》很可能会被为数不少的学者和法官视为抽象行政行为。对此，叶必丰教授等评析道：“抽象行政行为和具体行政行为的区别标准具有一定的主观性，往往体现着一种价值判断或价值选择。不同的价值选择，对处于模糊状态的行为就会有不同的认定。如果我们的价值选择是民主和法治，那么对人权就应该有更多、更有效的司法保护，就应当更多地扩大行政复议和行政诉讼的受案范围，即应当把更多的行为认定为具体行政行为。"①

此外,实践中,在某些情况下,还存在抽象行政行为与具体行政行为共存于一个行政文件之中的情形。例如,1984 年卫生部、公安部、农牧渔业部、国家医药管理局、国家工商行政管理局《关于进一步加强对安钠咖管理的通知》(84 卫药字第 8 号)既有规范不特定相对人权利义务的内容,又指定安钠咖制剂由北京制药厂、上海信谊药厂和兰州合成药厂三家制药厂生产,即规定了特定相对人的权利义务。对于这样的文件,应当根据不同的内容,区别出哪些内容属于抽象行政行为,哪些内容属于具体行政行为,而不能简单地整体将其归为抽象行政行为或具体行政行为中的一种。另一种情形是,以抽象行政行为的形式作出具体行政行为(往往是行政机关出于规避司法审查的目的)。对于此种情形,应当揭开抽象行政行为的"面纱",按照具体行政行为对待。

关于抽象行政行为可诉性,大部分学者呼吁应当将可诉的行为扩展到抽象行政行为,但程度上又有区别。

一是主张所有的抽象行政行为均可诉,但应当逐步推进,先从行政法规和行政规章之外的规范性文件(即非法源性文件)实现可诉入手,逐渐扩大到所有的抽象行政行为,从而实现凡行政行为——不论是具体行政行为还是抽象行政行为——都可诉的目标。例如,应松年教授主编的《行政诉讼法学》提出:"在目前条件下,我国行政复议制度对规章以下(不含规章——笔者注)的规范性文件可以在复议具体行政行为时一并作出复议裁决,那么,我国行政诉讼也应当可以对规章以下的规范性文件在审理具体行政行为的过程中,一并加以审理并对违法的规范性文件予以否定。在国外,有些国家对抽象行政行为规定可以通过司法途径予以审查裁判,如美国的司法审查制度和德国的宪法诉讼就将其纳入了受案范围,我国也可以逐步向此方向发展。"②

二是主张规章及以下的规范性文件都可诉。这一观点认为,所有的抽象行政行为均可诉在中国可以预见的将来是不可能实现的。尤其在我国现

---

① 叶必顺、叶必丰:《列车票价上浮是具体行政行为吗:河北律师状告铁道部一案析》,载新浪新闻中心,http://news.sina.com.cn/s/212590.html,2011 年 7 月 8 日访问。

② 应松年主编:《行政诉讼法学》,中国政法大学出版社 2002 年版,第 67 页。

今连对国务院的具体行政行为进行司法审查都没有明确法律依据的背景下，对国务院制定的行政法规进行审查，既不符合我国中央政府高度权威的一贯传统，也缺乏我国政治体制基础，但对规章及以下的规范性文件应纳入行政诉讼受案范围。[①]

三是主张行政机关制定的行政法规和行政规章之外的非法源性文件可诉。这一观点比较普遍。其认为，在当今中国，不仅对行政法规、而且对行政规章进行司法审查缺乏政治体制基础。在缺乏政治体制基础的背景下，构建与对行政法规和行政规章进行司法审查相应的司法体制是不可能的，但可以比照《行政复议法》，将该法所称的行政规定[②]即行政机关制定的行政法规和行政规章之外的非法源性文件纳入受案范围。同时，其中不少人又认为，在法治条件下，对行政法规和行政规章的法律规范又是必需的。为了解决这对矛盾，有人主张，宜将行政法规和行政规章从传统的抽象行政行为概念中剔除，把它们归入立法行为，由《立法法》加以规范；同时，应废除抽象行政行为概念，将行政机关制定的非法源性文件按照《行政复议法》的提法称为“行政规定”，并将其纳入行政诉讼可诉范围，受行政法规范。这样，既可以实现对行政法规和行政规章的法律(《立法法》)规制，又可以实现凡行政行为——不论是传统的所谓具体行政行为还是行政规定——都可诉的目标。[③]

六、关于外部行政行为与内部行政行为及其可诉性的研究

外部行政行为与内部行政行为的分类，并非如中国大陆一些学者所言，是“大陆法系行政法的一贯做法”[④]，或“德国行政法的一贯做法”[⑤]，而是中

---

① 参见刘俊祥：《论我国抽象行政行为的司法审查》，载《现代法学》1999 年第 6 期；宋晓波、汪婷：《抽象行政行为的可诉性及诉讼范围分析》，载《华中农业大学学报(社会科学版)》2008 年第 2 期。

② 一般认为，中央政府即国务院制定的行政规定应排除在外。

③ 参见胡建淼：《行政法学》，法律出版社 2010 年版，199—201 页。

④ 参见杨建顺：《日本行政法通论》，中国法制出版社 1999 年版，第 365 页。

⑤ 余军、尹伟琴：《对作为行政诉讼“通道”的功能性概念的再认识》，载《政法论坛》2005 年第 1 期。

国大陆行政法学对行政行为的一种分类。

据胡建淼教授考证：

第一，最早将"行政"明确划分为"内部行政与外部行政"，从而将行政行为划分为"内部行政行为与外部行政行为"者，应当首推张焕光、胡建淼1989年7月所著的《行政法学原理》。正是在这个基础上，其后的行政法教材才纷纷采用"内部行政行为与外部行政行为"这一范畴，不少行政诉讼法教材还以此阐明《行政诉讼法》第12条第3项的不可诉理由。就连最高人民法院行政审判庭所编的书籍也以非法律文件的形式承认了这一理论。[①]

第二，"内部行政行为"理论至于"特别权力关系"理论，既不是两种不同的理论，也不是同一理论的不同表述，而是曾经在德国历史上出现过的认定"特别权力关系"的一种标准，而且这种标准已被摈弃。

第三，《行政诉讼法》和《公务员法》将公务员的权利救济排斥在行政诉讼的门外，只给予申请复核、申诉的权利，并不是因为"特别权力关系"理论的影响之故。其理由有二：一是这两部法律的立法者在对立法进行说明时，并未说明这一规定是出于什么样的理论依据，更没有说与"特别权力关系"理论有什么关系。即便由最高人民法院行政审判庭所编的各类对《若干问题的解释》进行"解释"的书籍，也只字未提"特别权力关系理论"。二是在中国大陆行政法学中，"特别权力关系"理论是一个非常陌生的概念，几乎在所有的行政法或行政诉讼法教材或著作中，都找不着它的"影子"，其对中国当今的行政法理未产生足够的影响，与这两部法律的立法几乎没有关系。因此，说我们在制定这两部法律时是根据"特别权力关系"理论来设计的、从而将有关公务员权利义务方面的管理行为排除出行政诉讼之外，是非常牵强的，或者说是不可能的。

根据如上考证，作为"内部行政行为"概念创立者之一的胡建淼教授"实事求是地说"，公务员的权利救济被排斥在行政诉讼的门外，与其说是受"特别权力关系"理论的影响，不如说是受"内部行政行为"理论的影响，因为现在的行政诉讼有关外部行政行为与内部行政行为的受案范围，是根据行为的类别来划分的。修正的方向应当是，根据行为所涉及的权利来划界。

---

① 这从一个角度说明，"内部行政行为与外部行政行为"的分类，在一定程度上是适应我国行政诉讼制度初创时期的理论和制度需要的。

也就是说，行政诉讼的范围应当根据行政相对人受保护权利的轻重划定，而不应该根据行政主体行政行为的内部与外部界线划定。胡建淼教授疾呼："我们死死抱住'内部行政行为'理论不放，牢牢将公务员的权利救济排斥在行政诉讼的门外，实在是'愚蠢之至'！"①

笔者完全赞同胡建淼教授关于"特别权力关系"理论实际上对中国当今的行政法理并未产生足够影响的观点。不过，笔者以为，"特别权力关系理论"虽然并不是中国大陆"内部行政行为理论"的直接渊源，但又应当看到中国大陆"内部行政行为理论"与"特别权力关系理论"是存在颇为相似之处的。因此，在论及内部行政行为时，涉猎与其密切相关的"特别权力关系"理论，比较产生这两个理论的条件，分析这两个理论的异同，评判这两个理论的价值，研究这两个理论的走向，还是很有必要的。②

"特别权力关系理论"形成于19世纪后半叶的德国。一般认为，德国行政法学鼻祖奥托·迈耶是"特别权力关系理论"的集大成者。实际上，在这之前，德国就有学者借中古封建社会之身份关系，以说明官吏与国家之间的服从关系。还有学者为克服私法对官吏与国家之间法律关系解释的乏力，从公法角度去解说官吏与国家之间存在特别权力关系。波尔·拉班德(Paul Laband)在1876年出版的《德意志帝国之国家法》中更是系统阐述了

① 参见胡建淼：《"特别权力关系"理论与中国的行政立法——以〈行政诉讼法〉、〈国家公务员法〉为例》，载《中国法学》2005年第5期。对于胡建淼教授这种实事求是的研究作风和理论反思的巨大勇气，笔者深为触动。剩下的问题只是："特别权力关系理论"已经成了"'过时'的理论"（胡建淼语），那么，随着我国民主法治的发展和行政诉讼制度的日渐成熟，"内部行政行为理论"是不是也会走向同样的命运呢？在类似条件下理论的相似性及其命运的相似性，或许是理论发展的客观规律。当然，从这篇文章看，胡建淼教授并未明确表达放弃外部行政行为与内部行政行为这一行政行为类别的划分模式。事实上，笔者注意到，他在2010年出版的《行政法学》中仍然将"内部行政行为和外部行政行为"作为一对行政行为的基本范畴（参见胡建淼：《行政法学》，法律出版社2010年版，第152—153页）。只是，其一边主张将公务员的权利救济纳入行政诉讼受案范围，一边继续坚持这一行为类别的划分模式，其究竟出于何种考虑，读者一时还难以洞察。另外，笔者以为，既然德国行政机关处理特别权力关系的措施不属于行政行为（行政处分），那么，内部行政行为作为行政行为的一个类型，就不可能是"曾经在德国历史上出现过的认定'特别权力'关系的一种标准"，因为这在逻辑上是有矛盾的。因而，胡建淼教授这一表述的真实意思也许是：中国大陆内部行政行为所涉领域，是曾经在德国历史上出现过的认定"特别权力"关系的一个领域。

② 事实上，认为内部行政行为理论与特别权力关系理论"没有联系"的胡建淼教授，在其主编的教科书中，一旦论及内部行政行为，也经常要"首先涉猎与其密切相关的'特别权力关系'理论"（参见胡建淼主编：《行政诉讼法学》，高等教育出版社2003年版，第46—48页）。这说明两者之间还是存在一定的联系的，即使不是渊源关系，那也存在其他方面的关系。

特别权力关系理论。他认为,官吏与国家之间是基于双方的合意而产生的一种具有公法性质的契约。在这种契约中,国家表明愿意接受特定之人为其服务,而官吏则相应地表明愿意加入与国家的勤务关系。根据这种契约,官吏对国家产生特别的服从、忠诚、勤务等义务,而国家则负有对官吏保护并给付所约定的薪俸的义务。从拉班德的观点可知,这种国家与官吏之间的法律关系不同于国家与普通人民之间的法律关系,是一种特别的权力关系,即官吏对于国家处于比普通人更加从属的地位、负有更多的服从义务、受到更多的权利限制。在上述学者观点的基础上,奥托·迈耶将特别权力关系理论进行了发展,对特别权力关系适用的领域进行了拓展,将拉班德限于国家与官吏之间的特别权力关系拓展到了广泛得多的领域。他将特别权力关系分为三种:第一种是“公法上的勤务关系”。如国家机关与官吏的关系,部队与军人的关系等。第二种是“公法上的营造物利用关系”。如公立学校、监狱这些公法上的营造物与学生、囚犯的关系。第三种是“公法上的特别监督关系”。如国家对公共团体(地方自治团体)、特许企业、行政事务之受托行使者等的监督关系。按照迈耶的观点,由于管理者在特别权力关系中具有绝对的支配权,因此其行使这种特殊的公权力时,即使无个别具体的法律根据,也可命令、强制相对人。故管理者行使特别之权力,可排除依法行政、法律保留的原则;可干涉相对方自由,限制其基本人权;可排除司法审查,剥夺相对人权利救济手段。因而,特别权力关系不可能成为司法调整的对象。“特别权力关系”理论有利于加强国家对“特别权力关系”相对人的管理,但在司法“尊重”行政权的同时,却忽视了对人民权利的保护,具有国家专制主义、维护君主及高级官吏阶层的特权之色彩,因而,第二次世界大战以前,在德国、日本等国有较肥沃的生存和发展土壤。

第二次世界大战以后,随着民主、人权思潮的发展,“特别权力关系理论”不断受到批评和挑战。

——在宪法层面上,《德意志联邦共和国基本法》(宪法)第 19 条第 4 项规定:“任何人之权利受官署侵害时,得提起诉讼。”这一规定,从宪法的高度动摇了“特别权力关系”理论赖以存在的宪法基础,“特别权力关系”理论的合宪性受到挑战。

——在理论层面上,德国学者乌勒(Carl Hermann Ule)提出了著名的

"基础关系与管理关系理论"。他将传统上的特别权力关系分为基础关系与管理关系。基础关系是行政机关行使形成权而产生或相伴产生的关系,包括有关特别权力关系之产生、变更及消灭的事项(即身份的设定、变更和终止,如公务员的录用、辞退、开除、退休,公立学校学生的入学录取、退学、开除等),以及由此引起的相关事项(如因身份的设定、变更和终止而引起的薪俸、抚恤等涉及财产权的事项)。这类关系涉及的权利,或者是相对人作为公务员应该享有的与普通公民同等的权利,或者是相对人成为公务员之前作为普通公民应该享有的权利,或者是相对人回归普通公民身份后应该享有的与普通公民同等的权利,属于法律保护的普通公民的基本权利,故应适用法律保留制度,权力人的行为必须要有法律的明文授权方可行使,且权力人所作之决定属于可提起司法救济的行政处分。而管理关系是指为了达到行政之目的,权力人所为的内部指示、管理措施、考核评定、职务分派等。这类关系是公务员与国家之间特有的勤务关系,不必依循严格的法律保留原则,权力人可以用管理规则来限制相对人的基本人权,其处置不属于行政处分,不受法院的审查,公务员只能通过内部申诉途径、而不能通过诉讼途径寻求权利救济。"基础关系与管理关系理论"在传统的特别权力关系中、包括在行政机关与其公务员的关系中,嵌入了依法行政、法律保留、基本人权保障、法院审查、法律救济等原则和制度[①],在根本上否定了"特别权力关系理论"。

——在联邦宪法法院判决层面上,被称为"宣告传统特别权力关系理论死刑"的 1972 年德国联邦宪法法院的"行刑判决",宣告了特别权力关系制度的违宪性。在这一判决中,法院认为:根据德国《基本法》,"任何人之权利受官署侵害时,得提起诉讼",即宪法不承认存在不受法律约束和救济的领域。因而,在监狱服刑的囚犯同样享有宪法所规定的基本权利,监狱对其通讯自由的限制应当由法律规定或者根据法律进行,而不能仅仅以监狱内部的管理规则作为这种限制的依据。根据联邦宪法法院的这一判决,只要特别权力关系中的行为涉及基本权利这样的重要事项,即应受法治国原则支配。因此,不仅是"基础关系"事项应以法律规定,即便是"管理关系"中

---

① 这些原则和制度不能适用的领域仅限于行政机关与内部公务员的勤务关系。

涉及人权的“重要事项”，也应以法律规定，而且应接受法院的审查。可见，这一判决比“基础关系与管理关系理论”对基本人权的保障走得更远。

由于来自上述三个层面的否定，至20世纪70年代，“特别权力关系”理论基本退出了德国行政法的理论体系。德国行政法学理论转而认为，只要行政机关的行为涉及相对人的基本权利（即所谓“重要性事项”），该行为就应被视为行政处分而可以被提起行政争讼。这就是所谓的“权利标准”。也就是说，判断行政机关的行为是否是行政处分，不应简单地以该行为涉及行政机关以外的相对方还是涉及行政机关系统内部的组织或行政机关内部的公务员为标准，或者说，不应以行为的效力及于行政系统之外还是行政系统之内为标准，而应以该行为涉及的权利是否是法律保护的权利为准。“权利标准”的提出，大大淡化了行政处分概念的“外部性”特征，缩小了内部行政行为范围。在法国，也有类似的趋势。尽管行政机关维护内部行政秩序的措施一般仍被认为属于行政机关行使自治权的措施，行政法院对其不能进行审查，但若其侵入属于（公务员）个人权利和自由的领域，则就被认为对公务员具有重要影响，可成为行政法官审理范围内的行政行为。①

“特别权力关系”理论的衰亡给我们一个启示：中国大陆以行为效力涉及行政系统之外还是行政系统之内为标准划分外部行政行为与内部行政行为，这种行政行为的分类方法、理论价值及对行政诉讼制度的实际价值值得反思。

关于中国大陆内部行政行为可诉性的研究，将在本书第六章详细介绍和评论。

七、关于单方行政行为与双方行政行为（行政合同）及其可诉性的研究

行政合同作为双方行政行为，也是行政法学研究的一个重要领域。在中国大陆，通说认为，单方行政行为是“指依行政机关单方意思表示，无须征得相对方同意即可成立的行政行为”，双方行政行为是“指行政机关为实现

---

① L. Neville Brown and John S. Bell, with assistance of Jean-Michel Galabert, *French Administrative Law*, 5th edition, Oxford University Press, 1998, pp. 171—172.

公务目的,与相对方协商达成一致而成立的行政行为”。[①]

一般认为,作为一种非权力性的行政活动方式,行政合同在行政领域的广泛运用始于第二次世界大战以后。在大陆法系国家或地区,尽管各国或地区对行政合同或行政契约(administrative contract)是否属于行政行为(行政处分)的认识有所差异,但在诉讼制度上一般均将其纳入行政审判的范围。同时,它们认为,行政合同或行政契约既是与私法行为不同的行为,也是与单方行政行为不同的行为,因而对其引起的行政诉讼,又规定了一些不同于单方行政行为引起的行政诉讼的处理方式,甚至规定可以补充适用民法的有关规定。当然,由于国情不同,行政诉讼制度存在差异,它们处理行政合同或行政契约引起的纠纷的具体救济制度也存在一些差异。

由于英美等普通法系国家公法和私法不分,并采取单一的普通法上的救济模式,因而它们将大陆法系所称的行政合同统称为政府合同(government contract),并认为在理论上和实践上并无区分政府合同与普通私法合同的必要。政府合同(例如政府采购合同)也被广泛运用于公共领域,以实现特定的行政目标。原则上,政府合同当事人地位平等,均受合同法约束,适用普通法的规范和普通法的救济制度,纠纷由普通法院依民事诉讼程序予以解决。不过,它们也承认,这类带有“公法因素”的合同,在法律特别授权的情况下,政府一方也可享有某种特权;除适用普通合同法外,还应适用一些特殊规则。

在中国大陆,作为一种普遍存在的合同形式,行政合同是伴随我国经济体制和行政管理方式的改革而出现的。在计划经济时代,政府主要通过行政指令或行政命令管理社会和经济,行政合同无存在的空间。实行改革开放政策以后,在建立社会主义市场经济体制的目标模式指引下,在发展社会主义民主和法治的推动下,公民、企业不再是行政机关的附属物,自由、民主、权利意识日益深入人心,国家行政开始向公共行政转变,服务行政、给付行政、参与行政兴起,单纯依靠行政指令、行政命令在许多领域已经行不通。在这样的背景下,在一些领域,政府便开始寻求一种更为灵活、有效的管理方式——行政合同。为了给这一转变提供政策依据,党的十三大从实行企

---

① 罗豪才主编:《行政法学》,北京大学出版社 2001 年版,第 83 页。

业经营责任制入手，提出："无论实行哪种经营责任制，都要运用法律手段，以契约形式确定国家与企业之间、企业所有者与企业经营者之间的责权利关系……"由此，行政合同从最初的企业承包经营合同、粮棉定购合同，发展到了公共工程承包合同、公共工程特许合同、政府特许经营合同、国有土地使用权出让合同、国有资产出售合同、科研合同、公用征收补偿合同、行政征用合同、国家订货合同、政府采购合同、政府信贷合同、行政奖励合同、行政和解合同、行政执行协议（此类行政合同由 2011 年 6 月 30 日第十一届全国人民代表大会常务委员会第二十一次会议通过的《中华人民共和国行政强制法》首次提出）、公务委托合同、行政合作合同（如治安责任合同书、环境卫生治理协议书）等[1]，形成了一个庞大的行政合同体系。

由于民法认为合同是平等主体之间的一种协议，因此，中国大陆民法学界比较普遍地否定或怀疑行政合同的存在。换言之，民法学界普遍将行政法学界所谓的行政合同视为民事合同的一种。有的民法学者虽然对行政法学界所称的行政合同是否存在勉强不予直接反对，但却认为，即使行政法领域存在此类合同，那也只是纯粹的行政法律关系，与民法所指的合同没有关系。民法学界和行政法学界关于行政合同的争论，在讨论我国 1999 年出台的《合同法》过程中集中表现了出来。当时，行政法学者建议将行政合同纳入合同法的调整范围，在该法中单列行政合同一章作为合同的特殊形态加以规定，但遭到民法学界的普遍反对。民法学家梁慧星教授质疑道："什么是行政合同，中国现实中有没有行政合同？哪些属于行政合同？这些问题当然有深入探讨的必要。……如果说有所谓的行政合同的话，只能存在于行政权力行使领域，属于行政法律关系……"[2]王利明教授也认为："行政合同究竟如何定义，其规范的对象是什么，恐怕仍然是个有待讨论的问题。即使存在行政合同，是否由合同法调整，亦不无疑问。"[3]最后出台的《合同法》一锤定音："合同是平等主体的自然人、法人、其他组织之间设立、变更、终止民事权利义务关系的协议"，"合同当事人的法律地位平等"，将行政合同明

---

① 这些合同从行政法学通说来判断，当属行政合同。但在理论争论和司法实践中，有的被认定为民事合同。

② 梁慧星：《讨论合同法草案征求意见稿专家会议上的争论》，载《法学前沿》（第二辑），法律出版社 1998 年版，第 55 页。

③ 王利明：《合同的概念与合同法的规范对象》，载同上书，第 6 页。

确排除在《合同法》的规范范围之外。不过,对此还可以演绎出两种具体的不同认识:一是认为《合同法》所规范的合同仅指平等主体之间的民事合同,但其并没有否定行政合同的存在,只不过其规范的合同不及于行政合同;二是认为《合同法》实际上否认了地位不平等的行政法律关系主体之间存在合同的可能性,或者说,根据《合同法》,行政机关一旦以合同的方式跟合同另一方确立权利义务关系,这种关系也就不再是地位不平等的行政法律关系,而是应受合同法调整的平等主体之间的法律关系了,即《合同法》实际上否认了行政合同的存在。前一种认识虽然承认了行政合同的存在,但行政合同却成了与合同法没有关联的、是合同又不是合同的"怪物"。后一种认识则根本否定了行政合同存在的空间。由于我国并无《行政合同法》或其他对行政合同的专门法律规范,而在法制条件下,客观存在的行政合同又必须找到可以依附的法律,因而,第一种认识必然最后要转到第二种认识上去。行政法的学理认识与法律相抵触、缺乏司法制度支撑的困境,在一定程度上限制了行政合同理论和制度在我国的发展。也许历史总是有惊人的相似之处。行政合同在现今中国受到的质疑或否定,与行政合同理论和制度发展较早的大陆法系国家当年的情形十分相似。

在现今中国大陆行政法学界,行政合同的概念已广泛出现于各种行政法教材,并且一般被作为一种与单方性的具体行政行为相对应的双方行政行为列于行政行为名下。有代表性的观点是,行政合同是"行政主体为了行使行政职能、实现特定的行政管理目标,而与公民、法人和其他组织,经过协商,互相意思表示一致所达成的协议"。并且认为,行政主体要素、行政目的和职能要素、双方性要素、行政机关优益权要素、行政法救济途径要素,构成行政合同的特征。[①] 但是,这并不是说,中国大陆行政法学界对行政合同的认识从来就是一致的。事实上,即使在现在,也仍然存在一些不同的声音。——面对行政合同这一新的现象,行政法学界内部也需要有一个统一

① 参见罗豪才主编:《行政法学》,北京大学出版社 2001 年版,第 180—182 页。笔者注意到,该作者对行政合同的这一界定和特征描述,其实早在 1996 年即已形成。参见罗豪才主编:《行政法学》(新编本),北京大学出版社 1996 年版,第 258—261 页。并且,在"行政合同的种类"部分,该作者将行政合同分为"行政机关相互之间或行政机关与其公务员之间签订的"内部合同和"行政机关与公民、法人或其他组织"之间签订的外部合同。因此,该行政合同定义中的"公民、法人"可以宽泛地解释为包括行政机关及其公务员。

认识的过程。

行政法学界对行政合同的认识，是在与法律对行政合同的认识的互动中发展变化的。

1999年11月最高人民法院《若干问题的解释》出台之前，由于1991年5月最高人民法院《若干问题的意见（试行）》将可诉的具体行政行为限定为单方行为，行政合同被排除在行政诉讼受案范围之外，因而，尽管像罗豪才教授、应松年教授这几位我国行政法学界的前辈已经明确肯定行政合同这一行政现象的存在，应松年教授更是在1997年6月9日的《法制日报》上发表了《行政合同不容忽视》一文，呼吁学界对行政合同这类合同的存在给予足够的重视，但仍有不少行政法学人基于学理认识与法律认识的对应、避免与行政诉讼制度产生矛盾的考虑，不承认双方行政行为的存在，不认为行政合同属于行政行为。例如，1998年，胡建森教授认为“行政行为是一种单方行为，而不是双方行为。……行政合同不属于行政行为”[①]。由于《若干问题的解释》以“行政行为”替代《若干问题的意见（试行）》的“具体行政行为”作为行政诉讼的可诉行为，并删除了《若干问题的意见（试行）》对具体行政行为的定义（该定义将具体行政行为限定为单方行为），这一变化被很多人认为是间接承认了行政合同这种双方行政行为的存在及对其提起行政诉讼的可诉性，因此，更多的行政法学人开始愿意接受行政合同作为可诉行政行为的一种——双方行政行为在行政法学理上和行政法制度上的存在。胡建森教授主编的高等教育出版社2003年出版的《行政诉讼法学》教材，基于“行政合同是一种行政行为”这样一种认识，认为对行政合同案件的审理“行政庭的法官更能胜任”，即行政合同案件应当属于行政案件。并且认为，审理行政合同案件必须同时运用行政法规则和普通合同法规则。[②] 2004年最高人民法院《关于规范行政案件案由的通知》正式将行政合同纳入行政行为种类之中，并赋予其行政诉讼可诉性，确立了行政合同在中国大陆的法律

---

① 胡建森：《比较行政法——20国行政法评述》，法律出版社1998年版，第15页。

② 参见胡建森主编：《行政诉讼法学》，高等教育出版社2003年版，第45—46页。

地位,使行政合同从一个纯粹的法学概念变成了一个准法律概念[①],这进一步促使行政法学界更加普遍地接受行政合同作为一种行政行为的存在,并对行政合同展开更加深入的研究。胡建淼教授在其2010年出版的《行政法学》教科书中,将行政合同作为一种"特殊行政行为"("既有国家行政的特点,又有合同的一般特点")编列其中,认为行政合同是"行政主体为了实现行政管理目的,与行政相对人或另一个行政主体,经双方协商一致所达成的合意";"行政合同行为是行政主体签订、履行、变更或解除行政合同的各种活动","是一种借用民法手段的行政行为"。[②] 该教科书对行政合同的这一定义及对行政合同特征的描述,与罗豪才教授对行政合同所下的定义及特征描述基本一致。可见,基于对行政合同的社会背景、法律条件、价值作用的共同理解,中国大陆行政法学界在对行政合同的基本认识上已经逐渐统一起来。

不过,在关于行政合同的具体制度设计上,中国大陆行政法学界内部仍然存在一些分歧。例如,在对行政合同的行政诉讼规则上,有学者主张单方行政行为与双方行政行为诉讼规则的单一制,即对行政合同提起的行政诉讼实行与对单方行政行为提起的行政诉讼相同的规则(比如主张:与对单方行政行为的救济一样,行政合同的救济也只能为相对人开设,被告只能是行政机关)。[③] 但也有学者持不同观点,认为行政合同引起的行政诉讼在某些方面应当与单方行政行为引起的行政诉讼有一些不同的规则:其一,由于行政机关在行政合同中的检查监督权、单方变更、解除及制裁权并不足以保证行政机关维护公益而无须假以司法救济,因此,在某些情况下,应当允许行政机关就行政合同对相对人提起行政诉讼;其二,在举证责任上,因双方都是行政合同的权利主体,故行政合同纠纷是否一律应由行政机关举证也值

---

① 不难猜测,这一仅涉及行政案件问题的《通知》,其背后主要是最高人民法院行政审判庭的作用,或者说,是在排除了民法界的介入的情况下才得以出台的,但毕竟该《通知》是以最高人民法院的名义制定的。鉴于最高人民法院的规范性文件在中国大陆的地位,可以认为这一《通知》是对行政合同在中国大陆法律地位的确立。但由于这一《通知》还不是作为法律渊源的司法解释,因而严格讲,其只是使行政合同从一个纯粹的法学概念变成了一个准法律概念(还不是一个严格意义上的法律概念)。

② 参见胡建淼:《行政法学》,法律出版社2010年版,第361—262页。

③ 参见张树义:《行政合同》,中国政法大学出版社1994年版,第167页。

得分析，而应按“谁主张、谁举证”的一般证据规则分配举证责任①，不应由行政机关承担全部举证责任；其三，行政诉讼不适用调解的规则在行政合同诉讼中也应视具体情况而定，即在行政合同纠纷中，除行政赔偿、行政补偿可以调解外，对属于行政机关依法可以裁量处分的利益，在双方自愿、符合法定目的的情况下，也应允许合同双方当事人协商、调解解决，以体现契约自由对依法行政之渗透与补充；其四，在是否允许被告反诉的规则上，由于行政机关在行政合同中权利的行使往往受到较多的限制，因而，在纠纷中利益受到损害、要求解决纠纷的一方不一定就是相对方，应当允许行政机关拥有一定条件下的反诉权利。②

由上可知，对行政合同的基本认识，在中国大陆行政法学界已经逐渐统一，并已形成通说。但迄今中国大陆行政法学行政合同理论，不仅仍然受到民法学界的挑战，而且也常常受到民法学界占主导地位的立法挑战。因此行政法学的行政合同理论如何面对这些挑战，如何在行政合同赖以生存的法律空间狭小、甚至不断被挤压的情况下寻求法律和司法制度的支撑，始终是行政法学者需要认真对待的棘手问题。如上所述，1999 年出台《合同法》之后，由于我国并无《行政合同法》或其他对行政合同的专门法律规范，行政合同赖以生存的法律空间必然不断被挤压。自《合同法》出台之后，近十年来，对行政法学行政合同理论构成较大冲击的法律、行政法规和司法解释主要有：2002 年公布的《中华人民共和国政府采购法》（以下简称《政府采购法》）、2005 年公布的最高人民法院《关于审理涉及国有土地使用权合同纠纷案件适用法律问题的解释》和 2011 年国务院制定的行政法规《国有土地上房屋征收与补偿条例》等。在这些法律、行政法规和司法解释的酝酿过程中，围绕其规范的合同究竟属于民事合同，还是属于行政合同，都引起了民法学界与行政法学界的激烈争论，而争论的结果，则往往是根基更加深厚的民法学界的观点占据上风。加之行政合同除了具有行政性的一面外，也具有与民事合同相似的一面，因而，《合同法》施行后，在对政府采购合同、国有土地使用权出让合同、房屋征收与补偿协议这些在行政法学理上明显属于

---

① 例如，行政合同相对人要求行政机关承担违约责任及请求赔偿或补偿，应由相对人承担举证责任。

② 参见徐东：《行政合同若干理论问题研究》，载《政府法制研究》2002 年第 11 期。

行政合同[1]、甚至在大陆法系国家和地区也将其作为行政合同的合同进行规范时，相关立法或司法解释均直接或间接地规定这些合同适用《合同法》，或直接或间接地规定这些合同引起的纠纷通过民事诉讼的途径解决。[2] 尽管，鉴于单纯依靠民事合同难以保证这类合同行政目的的实现，也鉴于对这类合同监督的需要，这些法律、行政法规、司法解释就政府采购合同、国有土地使用权出让合同、房屋征收与补偿协议具有行政性的一面规定了一些与普通民事合同不同的特殊规则[3]，但从法律层面看，这些合同总体上被归属于民事合同。这些法律、行政法规和司法解释，无疑压缩了行政合同的制度空间，对行政法学行政合同理论提出了挑战。另一方面，由于我国法律鲜有对行政合同作出定义[4]，更没有专门对行政合同进行规范的法律规范或给出一个行政合同的"清单"，因此，某类合同是否属于行政合同，首先得取决于人们的学理认识，其次也受到已有的法律、法规和司法解释的影响，最后还受到民法部门与行政法部门话语权的影响。因而，在中国大陆司法实践中，哪些合同属于行政合同、是否属于行政诉讼受案范围，还将继续处于界限模糊、处理混乱的境地。跳出部门法的视野，站在整个法制背景下去观察，中国大陆行政法学行政合同理论的发展及应用仍可谓任重而道远。从大陆法系国家和地区看，行政合同制度并非只是行政法学界所钟情的法律制度，而

---

① 例如，政府采购合同具有加强财政支出管理、提高政府采购资金的使用效益、维护国家利益和社会公共利益、促进廉政建设等民事合同所不具有的功能，采购资金系财政性资金，目的是为了公共事务，明显符合行政合同的概念和特征。

② 《国有土地上房屋征收与补偿条例》规定：补偿协议订立后，一方当事人不履行补偿协议约定的义务的，另一方当事人可以依法提起诉讼；对补偿决定不服的，可以依法申请行政复议，也可以依法提起行政诉讼。笔者从以下理由推断，该《条例》实际上将因补偿协议提起的诉讼归于民事诉讼，即补偿协议属于民事合同而非行政合同：(1) 在同一部法律文件中，既然明确规定因补偿决定引起的诉讼为行政诉讼，那么，如果其认定补偿协议属于行政合同，自然也应当明确因补偿协议提起的诉讼为行政诉讼，但该法恰恰没有这样表述；(2) 如果补偿协议和补偿决定均属行政行为，在当下我国行政复议和行政诉讼的受案范围不限于单方行政行为、而可以包括双方行政行为的制度下，绝不可能因为补偿协议属于双方行政行为、补偿决定属于单方行政行为，而把补偿协议排除在行政复议和行政诉讼的受案范围之外。

③ 例如，我国《政府采购法》第 55 条关于质疑供应商可以向政府采购监督管理部门投诉的规定以及有关公开透明的原则、程序的规定等。这些特殊规定恰恰是行政合同所特有的。这也反映了规则制定者面对普通合同法难以胜任对行政合同的全面规范、难以确保行政管理目标的实现的实际，却又要坚持此类合同适用普通合同法的两难窘境，也从一个侧面反映了行政合同作为一个不以人的意志和认识为转移的客观现象而存在的现实。

④ 有学者考证，2008 年《湖南省行政程序规定》对行政合同的定义"是中国目前唯一的一个用法的形式出现的(行政合同)定义"。参见胡建淼：《行政法学》，法律出版社 2010 年版，第 361 页。

是整个法学界和法律实务界均已接受的、与其他法律制度相互协调的法律制度。而在中国大陆,可以预计,在对待行政合同的问题上,部门法之间缺乏协调,部门法学之间缺乏沟通,法学理论、法律制度及司法制度的不成熟和不统一,还将继续深刻影响行政合同在中国大陆作用的发挥和相关纠纷的解决。这些问题,不仅是摆在行政法学界面前需要破解的课题,而且也是摆在整个法学界和法律界面前需要协同破解的问题。

第五章　中国大陆行政行为打开的诉讼通道不畅之因

至2010年10月1日,《行政诉讼法》施行已满二十周年。当时的最高人民法院院长王胜俊《在纪念〈行政诉讼法〉颁布20周年座谈会上的讲话》中,对二十年来《行政诉讼法》实施取得的成绩及存在的问题作出了高度概括的表述。王胜俊院长说,《行政诉讼法》的实施和行政审判工作的开展,对于推进依法治国、促进依法行政、保护公民权利、化解行政争议、服务国家大局、维护社会稳定,都具有不可替代的重要地位和作用。具体成绩有:一是依法化解了一大批行政纠纷,有力地维护了社会和谐与稳定;二是有力地促进了行政机关依法行政,努力实现了司法与行政的良性互动;三是依法妥善处理了关系国计民生的行政案件,为经济、社会的发展提供了有效的司法保障和服务;四是致力于改革和创新,推动了行政诉讼制度的不断完善;五是努力培养造就了一支政治坚定、公正廉洁、司法能力强的行政审判队伍;六是以出色的工作赢得了党和人民的信任,努力营造了良好的司法环境。鉴于此,王胜俊院长认为,我国行政诉讼制度虽然起步比较晚,但起点比较高、发展比较快。我们用短短20年的时间,就走完了有些国家上百年的路程。同时,王胜俊院长在充分肯定成绩的同时,指出,我国目前行政诉讼制度及运行还存在以下七个方面的问题和困难:一些地方法院领导对于行政审判的重要性认识还不高,重视还不够;诉权保护不力、“告状难”的现象仍然存在;少数案件办案质量和效率还不高；行政争议日趋复杂化，行政审判的难度加大；现行行政诉讼制度以及与之相配套的法律制度已经不能完全适应形势发展的要求，法律规范冲突方面的问题也比较突出；行政审判力量和队伍素质有待进一步加强和提高；司法环境还有待进一步改善。[①] 值得注意的是，王胜俊院长指出的上述七个方面的问题和困难，大多直接与行政诉讼受案范围及诉讼“通道”是否畅通有关。

透过王胜俊院长的整篇讲话，我们可以解读出来自于我国最高审判机关与本书研究主题相关的如下信息，笔者试作如下评论：

第一，肯定了现行《行政诉讼法》是一部利国利民的好法律，行政诉讼制度通过改革和创新获得了不断完善。但同时指出，现行行政诉讼制度以及与之相配套的法律制度已经不能完全适应形势发展的要求。

第二，1989 年至 2008 年，全国各级人民法院共受理各类一审行政案件 1405085 件，审结 1401532 件，结案率为 99.7%。人民法院通过依法受理和审理这些行政案件，为人民群众以合法、理性的方式表达利益诉求提供了救济渠道，大大减少了因行政争议救济渠道不畅、当事人到处上访甚至围攻冲击党政机关的现象。但同时指出，诉权保护不力、“告状难”的现象仍然存在。

第三，努力实现司法与行政的良性互动，营造了良好的司法环境。但同时指出，司法环境还有待进一步改善。

第四，努力培养造就了一支政治坚定、公正廉洁、司法能力强的行政审判队伍。但同时指出，行政审判队伍素质有待进一步提高，少数案件办案质量和效率还不高。

笔者之所以罗列以上四个方面，是由于这四个方面都与行政诉讼通道是否畅通有密切关系。或者说，王胜俊院长事实上对与我国行政诉讼通道是否畅通有关的问题，依次作了制度判断、事实判断、司法环境判断和素质判断。相应地，从行政诉讼通道不畅原因分析的角度说，王胜俊院长实际上已经指出了制度原因和司法环境原因（审判队伍素质可以以内部环境论）。当然，现有对行政诉讼通道模糊、狭窄的原因分析，鲜有从理论缺陷的角度进行分析，王胜俊院长的这个讲话也未涉及理论缺陷问题。

---

① 参见王胜俊：《在纪念〈行政诉讼法〉颁布 20 周年座谈会上的讲话》，载《行政法学研究》2009 年第 3 期。

实际问题和困难肯定要严重得多。

其一，二十年来，全国各级人民法院共受理各类一审行政案件1405085件，即平均每年受理各类一审行政案件约70254件，绝对数量看起来不少，但按照全国3560个普通法院算，平均每年每个法院受理一审行政案件只有19.7个[①]。这个数据是真实的，但其反映的问题或许不一定能反映真实情况：这个数据之外，有多少符合受理条件的起诉被各种理由挡在法院“大门”之外呢？虽然没有数据、事实上法院系统也不太可能统计出一个数据，但通过各种渠道以及笔者个人从事司法实务的经验，估计不会太低。行政案件的数量与民事案件的数量相比奇低，在某种程度上可以说明问题。笔者未能查询到这二十年全国各级人民法院共受理各类一审民事案件的数量，但查询到了这二十年的中间年份——2000年全国各级人民法院受理各类一审民事案件的数量是3412259件[②]，是这二十年平均每年受理各类一审行政案件数量的48.6倍！虽然经常听到“行政庭法官数量太少、力量需要加强”的说法，但实际上，民庭法官的数量肯定不到行政庭法官的48.6倍。所以，可以说，与民庭法官相比，行政庭法官实际上面临“僧多粥少”的局面。与国外相比，有研究者介绍：“法国行政法院系统约有1300名法官，2008年审理约22万件行政案件，人均审理约170件案件。德国行政法院法官人均每年审理案件可能会更高，达到200件左右。”[③]也就是说，法国这样一个人口数量只有6500万[④]的国家（仅仅是中国大陆133972万人口数量[⑤]的4.85%），其年（2008年）受理的行政案件的数量是中国大陆1989年至2008年这二十年年均受理的行政案件数量的3.13倍，按人均计算法国行政案件数量是

① 根据我国《行政诉讼法》的规定，行政案件由普通人民法院管辖。据最高人民法院2010年4月20日发布的《中国法院知识产权司法保护状况（2009年）》（白皮书），截至2010年4月20日，全国地方普通法院共有31个高级人民法院、409个中级人民法院和3119个基层人民法院。加上最高人民法院，全国共有3560个法院有权受理一审行政案件。参见最高人民法院网站，http://www.court.gov.cn/xwzx/fyxw/zgrmfyxw/201004/t20100420_4342.htm，2011年8月28日访问。

② 参见《2000年全国法院审理民事一审案件情况统计表》，载北大法意网，http://www.lawyee.net/OT_Data/Judicial_Stat_Display.asp?StatID=574，2011年8月28日访问。

③ 陈良刚：《设立行政诉讼简易程序的冷思考》，载《法治研究》2009年第10期。

④ 截至2011年1月1日，法国本土和海外省的人口数为6502.7万。参见《2010年法国人口数量首破6500万 生育率创下新高》，载http://cq.people.com.cn/news/2011120/201112013916416c.htm，2011年9月3日访问。

⑤ 据2010年全国第六次人口普查数据。

中国大陆的64.8倍！这当然不是说行政法制度比中国大陆早一二百年的法国，行政机关依法行政的水平比中国大陆低，而主要是法国行政诉讼通道比中国大陆通畅得多。

其二，应该肯定，行政诉讼救济渠道的存在，确实解决了不少行政纠纷，引导了不少当事人通过行政诉讼以合法、理性的方式表达利益诉求，避免了一些当事人到处上访甚至围攻冲击党政机关的现象。但是，诉权保护不力、"告状难"、司法不公等现象的存在，也导致了本来可以在行政诉讼救济途径中得到解决的行政纠纷，由于被挡在法院"大门"之外或者得不到公正的处理，最终导致涉法上访，甚至引发突发性、群体性、极端性事件。

其三，在行政诉讼中，虽然不乏司法与行政的良性互动，但是，也存在一些行政机关对行政诉讼怀有抵触情绪、不自觉接受行政诉讼、甚至干预行政审判、借故刁难法院的情况。更有一些行政机关为规避司法监督、避免败诉，积极跟法院进行"沟通"，争取法院对该受理的案件不予立案、对该救济的权利不予救济。

其四，应该肯定，通过加强建设，我国审判队伍、包括行政审判队伍的整体素质有了明显提高。但是，面对不平等主体之间的行政纠纷，受到来自外界的巨大压力，我国从事行政审判工作的法官是不是能够坚定地秉承法律信仰、体现刚正的职业勇气、拒绝"官官相护"呢？行政审判经验告诉我们，对这个问题的回答，很多情况下是否定的。浙江省台州市异地交叉管辖的试点经验就能够证明这一点。2002年7月，台州市中级人民法院悄然启动了行政案件的异地交叉管辖。据台州市中级人民法院统计，试点的一年政府败诉率为62.5%，而此前一年政府败诉率仅为13.1%。同样的法官、同样的法庭，只是改变了管辖模式，就能作出不同的判决。如果可以简单地借用这些数据，这反过来说明，在试点以前，竟有3.77倍于最后判政府败诉的案件该判政府败诉而没有判政府败诉！——法官们在受到外界干扰的情况下违心作出了判决。何况，这62.5%的政府败诉率，相信是在台州的"地方党委、人大对于行政审判工作不断加强领导和监督"，台州的相关法院严格按照最高人民法院的领导提出的"在依法受理和审理行政案件中，注意加强与政府和行政部门的沟通协调，采取共同协调处理案件、主动沟通信息，取得共识”、争取“各级政府和行政机关的普遍理解、配合与支持”、“切实转变就案办案、机械司法的观念，保持高度的政治敏锐性，提高政策执行力”、“自觉接受党委领导、人大监督，对于行政审判工作中的重大问题，……及时请示汇报。重大疑难案件，……主动征得党委、政府的协调和支持”、“认识和把握大局”、“实现行政审判法律效果和社会效果的统一，最大限度地协调行政机关与相对人之间的关系，全力维护社会和谐安定”等要求①办案的情况下得到的。人们有理由推测，如果台州的相关法院不严格遵照上述要求，“就案办案、机械司法”，政府败诉率或许还要高得多。人们也有理由要问，台州市如果不进行异地交叉管辖，又有多少本该受理的案件被人为地挡在法院“大门”之外呢？

根据我国《行政诉讼法》第2条“公民、法人或者其他组织认为行政机关和行政机关工作人员的具体行政行为侵犯其合法权益，有权依照本法向人民法院提起诉讼”和最高人民法院《若干问题的解释》第1条“公民、法人或者其他组织对具有国家行政职权的机关和组织及其工作人员的行政行为不服，依法提起诉讼的，属于人民法院行政诉讼的受案范围”的规定，公民、法人或者其他组织对行政行为（具体行政行为）有权提起行政诉讼，或者说，行政行为属于行政诉讼的受案范围，即我国行政诉讼的“通道”是由行政行为打开的。但实践中，大量因行政行为引起的行政纠纷却被人为地挡在法院“大门”之外。笔者以为，导致相对人“不能诉”的原因，主要有行政行为理论缺陷、行政诉讼法的制度缺陷和司法环境缺陷三个方面。

一、理论缺陷

多年来，在中国大陆行政法学领域，“扩大行政诉讼受案范围”是最为热门的话题之一，也是最为一致的呼声之一。无论是学术论著，还是《行政诉

---

① 参见王胜俊：《在纪念〈行政诉讼法〉颁布20周年座谈会上的讲话》，载《行政法学研究》2009年第3期。

讼法修改意见稿》[①]，大多基于这样一种认识：我国现有行政诉讼受案范围的局限，根源于现行行政诉讼制度设计的缺陷，因而得出结论：唯有通过制度重构即借助于《行政诉讼法》的修改（以下简称修法），才能解决我国行政诉讼受案范围狭窄和模糊的问题。[②]“制度主义”可以让人们重视制度的重要性，但也可能导致人们看不见制度之外的东西、甚至是更为主要的东西。

（一）“成功”的《解释》并不成功

探讨这一话题需追溯至十几年前。1999 年 11 月，为实现包括界清和拓展行政诉讼受案范围在内的“正确理解和适用《中华人民共和国行政诉讼法》”[③]的目的，最高人民法院公布了《关于执行〈中华人民共和国行政诉讼法〉若干问题的解释》。当时对《若干问题的解释》与《行政诉讼法》的关系的认识，中国大陆学界曾经一分为二，形成“扩大论”和“恢复论”两大阵营。“扩大论”者认为，《若干问题的解释》大大拓展了《行政诉讼法》规定的受案范围，是对社会强烈要求扩大行政诉讼受案范围的积极回应，适应我国推进民主法治建设和推进依法行政的需要。“恢复论”者则认为，《若干问题的解释》只是还《行政诉讼法》的立法原意，并没有拓展《行政诉讼法》规定的受案范围，这种恢复，以当前人民法院有能力承担更多的行政审判任务为条件，适应加入 WTO 后我国履行相关国际条约义务的需要，符合公民不断增长的权利保护要求。由此可见，“扩大论”和“恢复论”虽然对《若干问题的解释》与《行政诉讼法》的关系看法迥异，但无疑从各自不同的角度都对《若干问题的解释》叫好，并深信随着《若干问题的解释》的施行，限制我国行政诉讼受案范围的制度障碍（至少是大部分）已经解决：我国行政诉讼可诉行为已经既包括单方行为，也包括双方行为；既包括法律行为，原则上也包括

---

① 该建议稿系 2004 年由马怀德教授主持完成。

② 例如，宋雅芳认为，解决行政诉讼受案范围问题的根本办法是对行政诉讼法进行大的修改，而不是扩大对具体行政行为的解释。参见宋雅芳：《具体行政行为概念的再梳理》，载《河南省政法管理干部学院学报》2006 年第 4 期。

③ 系最高人民法院《关于执行〈中华人民共和国行政诉讼法〉若干问题的解释》表述的制定目的。

准法律行为和事实行为[①];既包括行政机关的行为,也包括某些具有行政管理职权、但不具有机关法人资格的机构和非行政机关的组织的行为;既包括涉及财产权、人身权的行为,也包括除涉及政治权利以外[②]的所有权利的行为。[③] 不止于此,为克服现行《行政诉讼法》对受案范围采取概括式肯定、列举式肯定又列举式否定的立法方式,造成概括式肯定形同虚设、列举式肯定和列举式否定之间模糊不清的缺陷,《若干问题的解释》对受案范围的规定采取了"概括式肯定 + 列举式否定"的立法方式,似有与德国等国(地区)立法规定"除法律明确排除的外,其他行政行为都可诉"类似的效果。在我国,最高人民法院的司法解释是对法院审判工作中具体应用法律问题的解释,其实际上对各级法院的审判工作具有不亚于法律的约束力。因此,如果单凭修法就可以解决我国行政诉讼受案范围狭窄、模糊的问题的话,那么,《若干问题的解释》的出台似可基本解决我国行政诉讼受案范围制度方面的问题。换言之,倘若仅从受案范围看,似无迫切的修法需要。

然似乎不合逻辑的是,就在《若干问题的解释》出台后不久,人们却惊奇地看到,对《若干问题的解释》普遍认可和欢迎的中国大陆行政法学界,乃至实务界,包括"扩大论"和"恢复论"的学术骨干们,却又都不遗余力地投入到热烈的扩大受案范围的修法讨论中去了!

---

① 关于准法律行为和事实行为是否已被纳入我国现今行政诉讼受案范围,笔者将在下面表达不同意见。

② 笔者认为,政治权利不可诉的命题应当受到质疑。2004 年 7 月 1 日起《中华人民共和国行政许可法》施行。该法规定,公民、法人或者其他组织对行政机关实施行政许可,有权依法提起行政诉讼。而行政许可完全可以包容行政机关对公民或社会组织行使言论、出版、结社、游行、示威等政治权利的许可以及与政治平等权、选举权和被选举权相关的许可。据此,笔者认为,根据《行政诉讼法》第 11 条第 2 款"人民法院受理法律、法规规定可以提起诉讼的其他行政案件"之规定,自《行政许可法》生效之日起,对涉及政治权利的行政许可可以提起行政诉讼。这就突破了政治权利不可诉的限制。实践中,也陆续有涉及政治权利的起诉被人民法院受理的案例。例如,2005 年,杨世建以人事部以年龄为由剥夺他平等担任国家公务员职务的报名平等权、侵害其宪法保护的政治权利和劳动权为由,提起号称"国家公务员报考年龄歧视违宪第一案",北京市第二中级人民法院裁定不予受理。杨世建不服,向北京市高级人民法院提起上诉。北京市高级人民法院依法受理了此案,并作出了终审判决。同年,杜建华因有关机关对其申请成立民间环保社团不予批准,向河南省鲁山县人民法院提起行政诉讼。鲁山县人民法院立案受理,并作出判决。杜建华对一审判决不服提起上诉,二审法院也予受理,并作出终审判决。

③ 参见江必新:《是恢复,不是扩大——谈〈若干解释〉对行政诉讼受案范围的规定》,载《法律适用》2000 年第 7 期;胡建淼:《中国行政诉讼范围的演变与趋向——划定·限制·恢复·拓展》,载《政法论坛》2005 年第 5 期。

从在修法讨论中诞生的《行政诉讼法修改建议稿》看，扩大受案范围的主张主要是：不再受具体行政行为的限制，位阶较低的抽象行政行为应被纳入受案范围；不再受人身权、财产权范围的限制，侵犯公民、法人和其他组织合法权益的行政行为都应受司法管辖；不再受行政机关公务的限制，对自治公务（如村民委员会的职务行为）、具有公务性质的行业组织（如足协、律协、公证机构等）的职务行为以及由公务法人作出的行为（如高校的某些公务行为）都可起诉。另外，公益诉讼也被建议纳入受案范围。学术界还强烈建议，为了避免现行《行政诉讼法》由于采取“概括式肯定 + 列举式肯定 + 列举式否定”的立法方式，造成了列举式肯定与列举式否定之间大片可诉性的“模糊地带”，同时也虚化或弱化了概括式肯定的可适用性，应当通过对该法的修改，实行“概括式肯定 + 列举式否定”的立法方式，确立除列举不可诉者之外，其余均可根据概括式肯定的规定提起行政诉讼，以达到扩大行政诉讼受案范围的目的。

强烈的立法动议说明，长期困扰中国大陆行政诉讼的受案范围问题，并没有随着《若干问题的解释》的施行而得到解决。

那么，是这次制度改良的缺陷，还是另有原因，导致并未真正实现制度设计所追求的目的？人云亦云不是寻找答案的正确方法，必须进行追本溯源式的研究，才能找到真正的问题根源。

对照我国行政诉讼相关法律条文①，除了抽象行政行为、公益诉讼外，当前要求拓展行政诉讼受案范围的动议，其实并没有太多超出中国大陆现行行政诉讼法律制度有关受案范围的规定。即目前热议的行政诉讼受案范围的大部分问题，在中国大陆现行行政诉讼法律制度中，其实早已有了答案，或有进行扩展性解释的足够空间。②

首先，现行行政诉讼制度其实并未将可诉的权利限于人身权、财产权。《行政诉讼法》第 2 条概括式规定，可诉的权利为“合法权益”，并未限于人身权、财产权。第 11 条第 1 款第 8 项“兜底条款”虽然表述为“认为行政机关侵犯其他人身权、财产权的”，但该“兜底条款”最多也只是对第 11 条第 1

① 包括我国《行政诉讼法》《若干问题的解释》以及规定可以提起行政诉讼的其他法律、法规。
② 有权的扩展性解释，例如扩展性立法解释、扩展性司法解释，当具有拓展受案范围的法律效力。

款进行“兜底”,即最保守的理解就是第 11 条第 1 款均涉及人身权、财产权。何况,事实上,该款前七项实际上并不一定都限于人身权、财产权。例如,“许可证和执照”就不一定限于人身权、财产权(如驾驶执照),违法要求履行义务之“义务”也不一定限于人身、财产方面的义务(如,违法要求取得驾驶执照前须掌握一百句日常会话英语)。而第 11 条第 2 款“除前款规定外,人民法院受理法律、法规规定可以提起诉讼的其他行政案件”的规定,更未将可诉的权利限于人身权、财产权。《若干问题的解释》也“没有拘泥于人身权、财产权的概念,而是采取权益判断的方式,以行政职权对相对人合法权益的影响决定是否属于行政诉讼的受案范围”①。

其次,现行行政诉讼法律制度其实并未将可诉行政行为的主体限于行政机关。虽然,《行政诉讼法》第 2 条将可诉行为表述为“行政机关和行政机关工作人员的”具体行政行为,但对该法关于可诉行政行为主体的认识,不应孤立地考察该条。因为,根据该法第 25 条第 4 款“由法律、法规授权的组织所作的具体行政行为,该组织是被告”之规定,中国大陆可诉行政行为主体也可以是法律、法规授权的非行政机关的组织。

最后,《若干问题的解释》为克服现行《行政诉讼法》采取概括式肯定、列举式肯定又列举式否定的立法方式之缺陷,对受案范围的规定已经采取了“概括式肯定 + 列举式否定”的立法方式。

由此可见,对照目前要求扩大行政诉讼受案范围的一般主张,从扩展性解释的角度说,中国大陆现行行政诉讼法律制度有关受案范围的规定,实际上并无大的拓展空间。换言之,经过追本溯源式的研究,我们猛然发现,只要我们对中国大陆现行行政诉讼法律制度持积极、开放的态度,对现行《行政诉讼法》进行扩展性理解或解释,即使不进行修法,现行《行政诉讼法》即可以凭借其很大的张力适应界清和拓展行政诉讼受案范围的大部分需要。有待修改的绝大部分内容,与其说是为了“拓展”,莫如说是为了进一步“强调”和“明晰”。但是,仅仅依靠条文上的“强调”和“明晰”,能否真正实现界清和拓展行政诉讼受案范围的目的呢?

---

① 胡建森主编:《行政诉讼法学》,复旦大学出版社 2003 年版,第 26 页。

（二）行政行为理论通说下目前中国大陆可诉“行政行为”的边界

中国大陆行政法的理论构建和制度框架，在多数特征上，表现为主要受大陆法系的影响。按照大陆法系行政行为理论，行政机关的公务行为可以分为“行政法律行为”“准行政法律行为”和“行政事实行为”。尽管行政法律行为、准行政法律行为和行政事实行为在中国大陆不是明确的法律概念，但中国大陆理论界和司法界对行政诉讼受案范围的认识和把握，其实隐含有对它们的认识和考量。因此，研究中国大陆现今行政诉讼受案范围，不应离开对大陆法系行政行为理论的考察。

1. 行政法律行为

“行政法律行为”是大陆法系传统行政行为理论提出的一个术语。传统德国行政法学参照民法学谓民事法律行为乃民事主体“意思表示”之行为的理论，将行政行为（Verwaltungsakt）界定为行政机关在行政管理中依其“意思表示”而发生法律效果的行为，并在学理上称其为行政法律行为。从1976年德国制定的《行政程序法》第35条“行政行为是行政机关为规范公法领域的个别情况采取的具有直接对外效力的处分、决定或其他官方措施”[①]看，德国人将行政法律行为限指具体行政行为。

“意思表示”和“法律效果”是行政法律行为必备的两大要素。其中，“意思表示”是行政法律行为成立（作出或形成）的前提，为主观要素[②]；“法律效果”是“意思表示”的结果（源自法律赋予行政法律行为公定力），为客

① 应松年主编：《外国行政程序法》，中国法制出版社2004年版，第95页。

② 不过，由于立法对“意思推定”规定的存在，使得传统行政法律行为“意思表示说”难以承担对“拟制的”（或推定的）行政行为的解释。出于拓展行政诉讼受案范围的需要，20世纪60年代，德国学者提出了“客观意思说”，认为只要行政机关的公务行为在客观上对特定相对人的权益产生了影响或拘束，不论是否出于行政机关的主观意思，即可视为发生法律效果的行政法律行为。参见翁岳生：《行政法与现代法治国家》，台湾大学法学丛书编辑委员会编辑，1982年版，第14—15页。这给人以启示：拓展行政诉讼受案范围，确实有赖于行政行为理论的发展。

虽然，我国立法已有意思推定的规范（如我国《集会游行示威法》第9条规定：“主管机关接到集会、游行、示威申请书后，应当在申请举行日期的二日前，将许可或者不许可的决定书通知其负责人。不许可的，应当说明理由。逾期不通知的，视为许可”），学者对拟制的（或推定的）行政行为也已有相当认识，但多数学者在表述行政法律行为的概念时，基本上仍采传统的“主观意思说”。“主观意思说”对解释绝大部分行政法律行为还是有价值的，“客观意思说”仅仅是补充了“主观意思说”的局部漏洞而已。

观要素。所谓行政法律行为的"意思表示",是指行政主体把试图对相对方的权利义务产生实际影响或拘束力的内心意思,通过一定的方式表达于外部,使其在法律的保障下产生法律效果,从而实现意志(行政主体的意志)与效果的统一。

2. 准行政法律行为

"准行政法律行为"不是一个法律用语。它被作为一个学术用语提出,缘于对行政行为研究的需要。日本和我国台湾地区的一些行政法学者将民法上法律行为和"意思表示"的概念引入行政法领域,把行政机关的公务行为划分为以"意思表示"或"观念表示"为要素的"行政行为"和不存在"意思表示"或"观念表示"要素的"事实行为";进而将前者划分为"行政法律行为"(相当于我国大陆行政法学所指称的"行政行为"①)和"准行政法律行为"。行政法律行为以"意思表示"为主观要素。准行政法律行为以"观念表示"为主观要素,通常包括单纯确认行为、公证行为、鉴定行为、检查行为、指导行为(行政指导)②、受理行为、通知行为、答复行为等,其被认为是介于行政法律行为和行政事实行为之间的一种行政公务行为。

对准行政法律行为概念的认识和表述多种多样。笔者赞同将准行政法律行为定义为:"行政主体运用行政职权以观念表示的方式作出的间接产生行政法律效果的行政行为。"③这一定义,准确而简练地概括出了"观念表示"与"间接引起法律效果"是准行政法律行为必备的两大要素,并且将准行政法律行为纳入了"行政行为"的范畴。这一定义,与日本行政法学将准

---

① 如梁津明教授认为:"行政行为,是行政法律行为的简称。"转引自胡建淼主编:《行政法学》,复旦大学出版社 2003 年版,第 92 页。

② 我国大部分学者把行政指导纳入行政事实行为范畴。笔者认为,这种观点是在对准行政法律行为不作深入研究(仅将行政主体的公务行为分解成行政法律行为和行政事实行为,而不再细分出准行政法律行为)的条件下形成的。事实上,日本仍有相当多的行政法学者坚持行政公务行为"两分法"。例如,盐野宏认为:"根据民事法律行为理论,以行为效果意思,可以把行政行为分为法律行为和事实行为"(参见〔日〕盐野宏:《行政法》,杨建顺译,法律出版社 1999 年版,第 85 页)。据此,这些日本行政法学者将行政指导归为行政事实行为是有其理论构建基础的。而我国一些学者一边热心于行政公务行为的"三分法",一边又盲目照搬日本"两分法"学者的理论,把行政指导纳入行政事实行为范畴。这种做法显然带有很大的盲目性。由于行政指导存在"观念表示",而且还可产生准法律性影响(事实上,大量的行政指导是具有不同程度的约束力的),因此,笔者认为,如果将行政公务行为按"三分法"分解成行政法律行为、准行政法律行为和行政事实行为,则行政指导宜被纳入准行政法律行为范畴。上注胡建淼主编书就是把行政指导编排在行政事实行为之外的。

③ 皮宗泰、王彦:《准行政法律行为研究》,载《行政法学研究》2004 年第 1 期。

法律行为定义为“根据行政厅的意思表示以外的判断或认识的表示，由法律将一定的法律效果结合起来，结果形成的行政行为”[①]相似。

“观念表示”是准行政法律行为成立的前提，为主观要素；“间接引起法律效果”是“观念表示”的结果，为客观要素。所谓“观念表示”，是指行政主体就具体事实表明判断或认识。这种“观念表示”，并非追求某种法律关系的产生、变更和消灭，不能直接设定、变更和消灭相对方的某种权利义务，不重新创设公法上的权利义务，而仅就已存在或形成的权利义务关系，进行甄别、判断，或表明行政主体的认识、态度，以提供政府公信力，但通过“介质”，可以对相对方行使权利、履行义务产生影响。这种影响虽然是法律性的，但却是间接的，因为这种对相对方权利义务或法律关系产生影响的法律效果必须借助于其他法律事实（行为或事件）作为“介质”才能发生。例如，对行政许可申请的受理行为并不能直接产生许可或不予许可的效果，但经过其后行政机关的审查却能形成许可或不予许可的决定。同样的，听证通知只有在其后实际举行听证会才能使听证申请人与听证主持机关发生听证权利义务关系；行政鉴定只有最终被有关主体采纳才能对当事人的权利义务产生影响；检查行为只有通过其后的认可、奖励或处罚才能实际影响当事人的权利义务；等等。这种“观念表示”及其能够“间接引起法律效果”的品格，正是准行政法律行为区别于行政法律行为、行政事实行为之所在。

3. 行政事实行为

“行政事实行为”是行政法学理论参照民事事实行为提出的一种行政主体在行政管理中实施的与行政行为相关的行为。

如前所介绍，行政事实行为的概念最初起源于德国，现已渐成大陆法系国家行政行为理论中的一种法学术语，专指行政法律行为、准行政法律行为之外的一类行政公务行为。

毛雷尔认为，事实行为是指能够产生某种事实结果而不是法律后果的所有行政措施。[②] 盐野宏认为：行政事实行为是不存在行为效果意思的行政

---

① 杨建顺：《日本行政法通论》，中国法制出版社 1998 年版，第 367 页。

② 参见〔德〕哈特穆特·毛雷尔：《行政法学总论》，高家伟译，法律出版社 2000 年版，第 391 页。

行为。[①] 林纪东认为:"行政事实行为乃全不发生法律效果,或虽发生法律效果,然其效果之发生乃由于外界之事实状态,并非由于行政权之心理作用的行政行为。"[②]在我国大陆,行政事实行为的概念表述最早出现于1983年,当时,王岷灿提出,行政事实行为是指不直接产生法律后果的行政行为。[③]尽管上述学者对行政事实行为的表述并不完全相同,但对行政事实行为特征的界定基本上还是一致的,即:其一,在主观方面,行政事实行为不存在行政机关的效果意思或"行政权之心理作用",或者说不存在行政机关的主观表示;其二,在客观方面,行政事实行为一般只产生事实效果,即使有时也发生法律效果,但与根据行政机关的主观表示(意思表示和观念表示)直接或间接产生法律效果的行政法律行为和准行政法律行为不同,其法律效果系直接依据法律的规定或外界的事实状态而产生的。

因此,行政事实行为是不具有行政机关的主观表示、不产生行政法上的效果(或虽发生法律效果,但其法律效果并非根据行政机关的主观表示而产生,而是直接依据法律的规定或外界的事实状态而产生)的行为。如行政机关的工作人员在执行公务过程中殴打行政相对人的行为、行政执行行为等。大量的行政事实行为虽不直接发生法律效果,然其与行政行为的产生过程和实施过程存在密切关系,所以对于行政事实行为的研究也从一开始把行政事实行为视为"法外之行为",发展到了认为行政事实行为也应受行政法的约束和支配,即主张通过行政法上的途径(例如国家赔偿的途径等)对事实行为造成的侵害进行救济,以保护行政相对方的合法权益。

行政事实行为虽然有别于行政法律行为和准行政法律行为,但往往构成行政法律行为和准行政法律行为的一种程序、手段或基础条件,并与行政法律行为和准行政法律行为一起,构成传统行政行为理论行政公务行为体系的三个组成部分。在中国大陆,行政事实行为已被纳入国家赔偿诉讼的范围,但尚不属于行政诉讼的受案范围。

在德国,为适应宽泛的行政诉讼受案范围,联邦德国《行政法院法》以

---

① 盐野宏提出:"根据民事法律行为理论,以行为效果意思,可以把行政行为分为法律行为和事实行为。"参见〔日〕盐野宏:《行政法》,杨建顺译,法律出版社1999年版,第85页。

② 林纪东:《行政法》,台湾三民书局1990年版,第290页。

③ 参见王岷灿主编:《行政法概要》,法律出版社1983年版,第97页。

"一切非宪法性质的公法上争议"来表述因行政行为和行政机关的其他非宪法性质的公法行为引起的争议。德国的"行政行为"是狭义而精细的,——它只是行政法院受理行政案件的一类行为,而不是全部。这与法国不同。法国以"行政行为"(Acte Administratif)指称行政机关进行活动的法律手段,该术语的外延随受案范围的不断拓展被拓至甚大,其担负着行政诉讼"通道"的功能。

由于在汲取域外学说和制度经验时未足够重视各国"行政行为"概念的差异,致使中国大陆将接近于德国行政法律行为学理概念的狭窄的"具体行政行为",去担负本该由法国式宽泛的行政行为担负的行政诉讼"通道"的功能,导致行政诉讼"通道"狭窄及行政行为内涵、外延、可诉性混乱:行政行为只是法院受理行政案件的必要条件,而非充分条件。中国大陆主流行政行为理论认为,行政行为就是行政法律行为。这样,就把准行政法律行为和行政事实行为排除在了行政行为之外。而这种认识又被带到了行政诉讼制度的执行之中。按此理解中国《行政诉讼法》关于受案范围的规定,只有行政法律行为才在受案范围之内,准行政法律行为和行政事实行为并不在受案范围之内。虽有学者鉴于准行政法律行为也可引起法律效果,只不过只是"间接"引起而已,认为把准行政法律行为排除在行政诉讼受案范围之外,不利于保护公民、法人和其他组织的合法权利,因而强烈主张将准行政法律行为(至少是部分)纳入行政诉讼受案范围①,但激烈的学术争议,却通过对司法认知的渗透,客观上搅浑了目前中国大陆行政诉讼受案范围的边界:准行政法律行为成了目前中国大陆行政诉讼受案范围的"模糊地带"——少数准行政法律行为悄悄"溜进"了受案范围的"大门",而绝大部分准行政法律行为的可诉性却没有得到解决。间接产生法律效果的准行政法律行为被排除在行政行为之外,人为缩小了行政行为的范畴,造成人们普遍认为中国大陆现今行政诉讼受案范围仅限于行政法律行为,同时也人为地产生了对被诉行为在决定是否受理前需判断其是否属于行政法律行为的先决条件。而对行政法律行为和准行政法律行为的判断需要有精深的行政行为理论支

① 例如,有学者主张:具备可诉性标准规定要求的准行政行为,应属于人民法院行政案件受案范围。反之,则应排除在受案范围之外。参见皮宗泰、王彦:《准行政法律行为研究》,载《行政法学研究》2004 年第 1 期。

撑。把容易产生学术争议的学理判断引入到司法实践中的法律判断中来，造成了对大量被诉行政行为“可诉性”认识和把握的模糊和混乱。然而，准行政法律行为虽然不能直接产生法律效果，但却可以借助“介质”间接产生法律效果，从而也会对公民、法人和其他组织的合法权利产生影响，因而把准行政法律行为排除在受案范围之外，也不符合《行政诉讼法》的立法原意。具体分析当前存在于中国大陆学界的要求扩大行政诉讼受案范围的强烈呼声，可以发现，这些呼声的主要指向是抽象行政行为和准行政法律行为。从法治发展的要求看，抽象行政行为不应该一概被排除在行政诉讼受案范围之外[①]，准行政法律行为也应当被纳入行政诉讼的受案范围。而解决准行政法律行为和抽象行政行为的可诉性问题，因涉及学理认识，需要借助于行政行为理论的重构，仅仅依赖立法是不够的。

为了更清晰、准确、客观地描述目前中国大陆可诉行政行为的边界，方便读者阅读，笔者认为有必要将前面已在脚注中初步回应过的几个问题在此处继续推进，回应如下：

有学者以我国现行制度下行政确认具有可诉性为依据，认为“准法律行为，《行政诉讼法》是早已纳入行政诉讼的受案范围的”[②]。对此，笔者不敢苟同。因为首先，我国《行政诉讼法》并没有明确列举规定行政确认具有可诉性。实践中部分行政确认具有可诉性，并不是由于立法有明确、具体的规定，而是由于中国行政法学教科书一般把行政确认视为一种具体行政行为，并且有《行政诉讼法》关于对具体行政行为可以起诉的概括式规定。况且，目前无论学界还是实务界，对行政确认的可诉性存在争议。[③] 其次，事实是准行政法律行为的可诉性在司法实践中并没有得到解决，目前尚处于可诉性的“模糊地带”。最后，根据笔者的研究，在中国

① 从渐进式改革的思路看，宜先将行政机关较低位阶的抽象行政行为纳入受案范围。

② 江必新：《是恢复，不是扩大——谈〈若干解释〉对行政诉讼受案范围的规定》，载《法律适用》2000 年第 7 期。

③ 否认行政确认具有可诉性的理由是：行政确认对相对方的权利和义务不具有直接的处分性。认为行政确认具有可诉性的理由是：行政确认固然对相对方的权利和义务不具有直接的处分性，但它直接确认了与相对方权利和义务有直接相关的事实和法律关系。参见胡建淼主编：《行政法学》，法律出版社 2003 年版，第 270 页。

的行政确认中，有的虽属于准行政法律行为[①]，但有的却属于行政法律行为[②]。司法实践中已被纳入行政诉讼受案范围的行政确认主要是后者，而前者的可诉性大多并没有得到解决。

有学者还以"我国《行政诉讼法》所讲的某些强制措施，限制人身自由或者是某些财产上的强制措施，事实上也包括许多事实行为。而且在不作为的诉讼中，要求行政机关履行一定法定职责，有些法定职责显然是一个事实行为，而不是一个法律行为"为由，认为"《行政诉讼法》是无意排除事实行为的，《行政诉讼法》明确列举的可诉行为中本身就包括了事实行为"[③]。这种观点受到很多研究者的质疑。有研究者指出："认为对事实行为可以提起行政诉讼，这是对《行政诉讼法》的误解。"[④]笔者也站在质疑者一边，认为这种观点既缺乏当下中国大陆行政行为理论的支撑，也不符合当下中国大陆司法实践中行政事实行为并没有被纳入可诉范围的事实，其错误源自仅

① 笔者将此类行政确认称为"单纯性行政确认"。"单纯性行政确认"系指行政主体仅仅对已经存在的相对方的法律地位、法律关系和法律事实表明行政机关的"观念"（认识和判断），但并不存在行政主体的"意思表示"，不直接产生、变更和消灭法律关系，也不直接处分当事人的权利义务［然可对当事人的权利义务间接（通过"介质"）产生影响］的行政确认。例如，行政机关作出的鉴定（如产品质量鉴定）、证明（如货物原产地证明）、认定（如交通事故责任认定）以及部分登记（如兵役登记、统计登记）等。这类行政确认是行政机关出于监督检查或维持秩序的需要，在有关事实或基础法律关系之上，以确认的方式表明行政机关的判断或认知（"观念表示"），赋予该事实或基础法律关系政府公信力。单纯性行政确认只具有间接法效性，通过某种"介质"可以产生法律效果，在性质上属于准行政法律行为。参见茅铭晨：《中国行政登记法律制度研究》，上海财经大学出版社 2010 年版，第 100 页。

② 笔者将此类行政确认称为"混合性行政确认"。"混合性行政确认"系指法律赋予行政机关在对已经存在的相对方的法律地位、法律关系和法律事实表明行政机关"观念"（认识和判断）之权力的同时，还赋予其在"观念表示"基础上表达"意思表示"之权力。即混合性行政确认是含有认可、承认特定法律地位、法律关系和法律事实之功能（否则国家不予承认或不产生法律效力。例如，未经登记的事实婚姻不受国家承认和保护。又如，不动产物权的设立、变更、转让和消灭，经依法登记，发生效力；未经登记，不发生效力），或含有赋予、剥夺权能（例如颁发或注销专利证）之功能的行政确认。混合性行政确认除了包含有行政主体的"观念表示"外，还包含有行政主体追求法律效果的"意思表示"。它是"观念表示"和"意思表示"的混合，其中，"观念表示"为"意思表示"服务，"意思表示"建立在"观念表示"基础之上，能够直接对当事人的权利义务或法律关系产生实际影响。在判断这类行政确认的性质的时候，应当坚持"观念表示"被"意思表示"所吸收的原则，即应认定其性质为行政法律行为。因此，这些"混合性"（以示与上面"单纯性"相对）行政确认应属于行政法律行为。例如，不动产登记、抵押质押登记、收养登记、婚姻登记等。参见同上书，第 98—99 页。

③ 江必新：《是恢复，不是扩大——谈〈若干解释〉对行政诉讼受案范围的规定》，载《法律适用》2000 年第 7 期。

④ 甘文：《行政诉讼法司法解释之评论——理论、观点与问题》，中国法制出版社 2000 年版，第 18 页。

从表象上把可诉的行政强制措施和行政不作为视为事实行为。固然,我国《行政诉讼法》规定,“对限制人身自由或者对财产的查封、扣押、冻结等行政强制措施不服的”“申请行政机关履行保护人身权、财产权的法定职责,行政机关拒绝履行或者不予答复的”属于行政诉讼受案范围,但这里的可诉行政行为是行政机关的强制措施“决定”(属于行政行为,而不是属于行政事实行为的强制措施本身)和行政不作为“决定”(属于否定性作为的行政行为)或行政“不决定”(根据当下中国大陆行政行为理论,其属于不作为行政行为,而非行政事实行为)!

综上,根据当下中国大陆行政行为理论视行政行为系行政法律行为的学理认识,准行政法律行为属中国大陆行政诉讼的“模糊地带”(大多不可诉),行政事实行为则不在中国大陆行政诉讼的受案范围之内,因而,学理对中国大陆《行政诉讼法》确立的受案标准之认识,可以被表达为“行政法律行为”标准。加之抽象行政行为目前被中国大陆行政诉讼法明确排除在受案范围之外,人们对中国大陆可诉“行政行为”的边界,一般就认为是“具体行政法律行为”了。那么,这种学理认识是否符合立法原意呢?

(三)理论的狭窄,造成了中国大陆行政诉讼受案范围源头的狭窄

进一步考察可以发现,任何与行政诉讼受案范围相关的问题都与对“行政行为”的学理认识相关。因为,法律对受案范围的概括式规定必然涉及“行政行为”[①];如果不是“行政行为”引起的争议,那就根本不属于行政诉讼的对象,也无法适用法律关于行政诉讼受案范围的概括式规定。“行政行为”的内涵和外延越小,受案范围的概括式规定所能适用的范围也就越小;“行政行为”概念界定不清,受案范围的概括式规定所能适用的范围也就不清;“行政行为”概念不确定,受案范围的概括式规定也就缺乏确定性。因此,即使将来立法对“具体”“抽象”,“内部”“外部”,“人身权、财产权之内”“人身权、财产权之外”,“行政机关”“公权力组织”,“公益”“私益”,“概括”“列举”等作出新的认识和规定,最终还得落脚到是否属于“行政行为”的判断上来。也就是说,即使通过修法进一步“强调”和“明晰”了较宽的行政诉

① 有人建议使用“公权力行为”“公务行为”“公权力主体的行为”或“公法支配的行为”等。但实质上仍然是“行政行为”。无论采用何种提法,均存在学理认识问题。

讼受案范围，但如果没有成熟、完善的行政行为理论支撑，对“行政行为”的学理认识混乱、狭窄，则在准行政法律行为可诉性模糊不清、行政事实行为不可诉的情况下，加之对行政行为分类的认识需要有相当的理论功底，就仍然难以摆脱一直以来中国大陆可诉行政行为狭窄、行政诉讼受案范围混乱以及人为缩小行政诉讼受案范围的困境。

中国大陆《行政诉讼法》虽然没有对“行政行为”明确给出一个法律上的定义，但根据有关条文，我们还是可以看出法律对行政行为的认识：行政行为是行政主体依职权对行政相对人作出的、通过行政主体的主观表示能够影响其权利义务的法律效果的行为。而法律对这种对权利义务的影响并未限于直接影响。因此，笔者以为，间接产生法律效果的准行政法律行为完全可以被纳入行政行为范畴，其可诉性只需通过行政行为理论的重构即可在现有行政诉讼制度下得到解决。而不具有行政机关的主观表示、不产生行政法上的效果的行政事实行为，或虽发生法律效果，但其并非根据行政机关的主观表示而产生，而是直接依据法律的规定或外界的事实状态而产生的行政事实行为，则无法直接被纳入现今行政行为范畴。行政事实行为可诉性的解决，既需要借助于行政行为理论的重构将其纳入特殊行政行为的范畴，也需要借助于行政诉讼制度的重构，为其设计某些相应的诉讼类型。由此可见，仅靠修法是难以实现明晰和拓展行政诉讼受案范围的目的的。也就是说，解决中国大陆行政诉讼受案范围问题，行政诉讼制度重构必须与行政行为理论重构结合！

可见，现今除了抽象行政行为一概不可诉、公益诉讼不被行政诉讼制度接受外，不是制度的狭窄，而是理论的狭窄造成了中国大陆行政诉讼受案范围源头的狭窄；正是一向被认为走在制度前面的行政法学理论落在了制度后面，缩小了行政行为的内涵和外延，从而也就缩小了行政诉讼的受案范围！

二、制度缺陷

现今中国大陆行政诉讼受案范围的制度设计问题，并不仅仅简单地在于其范围过小，而且还在于其弹性过大、边界模糊，保守的理解可以从中找到一定的依据，而开明的理解也可以从中找到很大的扩展性解释空间。由于受行政诉讼特殊环境的影响，在行政系统和司法系统中保守主义占据上风；而在受到现代法治熏陶的行政法界和要求权利受到更多保护的公民社会，则强烈要求拓展行政诉讼受案范围。面对《行政诉讼法》修改的"难产"，双方均试图从现有《行政诉讼法》及其司法解释的条文中找到法律支持，因此，法律的"双刃性"在围绕行政诉讼受案范围的争论中表现得尤为突出。

本节分析的制度缺陷，是从拓展主义的角度对我国现今行政诉讼制度判定的缺陷。

客观地说，二十余年前《行政诉讼法》规定的受案范围，相对于此前1982年制定的《民事诉讼法（试行）》关于人民法院受理法律规定可以起诉的行政案件的规定，具有明显的先进性，符合当时行政法治发展的水平和要求。

一方面，二十余年前的中国，行政法还不完备，人民法院行政审判庭还不健全，《行政诉讼法》规定"民可以告官"面临观念更新问题，面临不习惯、不适应问题，也面临承受力问题，因此，当时的立法者认为，对行政诉讼受案范围不宜规定太宽，而应逐步扩大，以利于行政诉讼制度的推行。正因为如此，当时只是"适当扩大人民法院现行受理行政案件的范围"[①]，即对此前《民事诉讼法（试行）》关于人民法院受理法律规定可以起诉的行政案件"适当扩大"。同时，立法者还考虑到，要"正确处理审判权和行政权的关系，人民法院对行政案件应当依法进行审理，但不要对行政机关在法律、法规规定范围内的行政行为进行干预，不要代替行政机关行使行政权力，以保障行政机关依法有效地进行行政管理"。如果站在立法者当时制定《行政诉讼法》时的立场，中国大陆行政诉讼受案范围确实还是极其有限的。

但是，另一方面，这部法律在规定行政诉讼受案范围时，又"留有余地"，对当时看来尚不能确定为行政诉讼受案范围的行政争议，采取了"灵活的方

---

① 王汉斌在第七届全国人民代表大会第二次会议上所作的《关于〈中华人民共和国行政诉讼法（草案）〉的说明》，载 http://www.lawbook.com.cn/fzdt/newshtml/20/20050722172925.htm，2011年9月25日访问。

式,为今后在条件成熟的情况下逐步划归为行政诉讼受案范围留下可能性"[①],因而存在大量可以作拓展性理解或解释的空间。只要放弃保守主义的立场,从拓展行政诉讼受案范围的角度而言,目前热议的行政诉讼受案范围的大部分问题,都可以通过对现行《行政诉讼法》的扩展性理解或解释得到解决。因而,这部法律至今确实仍然可以被认为"是一部利国利民的好法律"[②]。

拓展主义者认为,二十余年前《行政诉讼法》规定的受案范围虽然符合当时行政法治发展的水平和要求,但如果二十余年后仍对其进行保守主义的理解,则我国行政诉讼受案范围实在过于狭小。在《行政诉讼法》修改"难产"的情况下,鉴于《行政诉讼法》关于受案范围的规定有很大的拓展性理解或解释的空间,应当积极予以拓展性理解或解释[③],而不能固守在二十多年前制定《行政诉讼法》时的理解上。

(1) 从可诉行为的类别看,在制定《行政诉讼法》时,行政诉讼受案范围确实一般被理解为限于《行政诉讼法》第 11 条第 1 款列举的 8 项及第 2 款规定的"法律、法规规定可以提起诉讼的其他行政案件"。一个有力证据是,王汉斌在第七届全国人民代表大会第二次会议上所作的《关于〈中华人民共和国行政诉讼法(草案)〉的说明》中将该范围表达为人民法院"具体受理"的行政案件,而对《行政诉讼法》第 2 条"公民、法人或者其他组织认为行政机关和行政机关工作人员的具体行政行为侵犯其合法权益,有权依照本法向人民法院提起诉讼"的规定并未予以刚性化。这与当时的历史条件有密切关系。由于行政法治建设刚刚起步,缺乏行政诉讼实践经验,立法者所能预料到的案件类型也有限,所以对行政诉讼受案范围的把握着重于列举式情有可原。不过,这样一来,就将行政行为的可诉性本质虚化了。在二十多年以后的今天,如果仍然死守列举的行政诉讼受案范围,则显然不能满足对行政行为监督的需要。事实上,行政诉讼实践也早已突破了列举的行政诉讼受案范围。只要将《行政诉讼法》第 2 条刚性化,确立除法律明确排除的

---

① 参见应松年主编:《行政诉讼法学》,中国政法大学出版社 2007 年版,第 61 页。

② 王胜俊:《在纪念〈行政诉讼法〉颁布 20 周年座谈会上的讲话》,载《行政法学研究》2009 年第 3 期。

③ 当然,最好是作出拓展性的立法解释或司法解释。

外，凡行政行为均可诉的观念，则通过将“概括式肯定＋列举式肯定＋列举式否定”的立法模式改为“概括式肯定＋列举式否定”的立法模式（《若干问题的解释》已经作了这样的改变），或者在不修改法律的情况下将过去认为是“列举式肯定”的条款理解成是对概括可诉的行政行为的“例举”而非对具体可诉的行政行为的限制性“列举”，行政行为的可诉性本质就能得到法律的保障。

（2）从可诉行为存在的问题看，在制定《行政诉讼法》时，确实主要限于合法性问题，除行政处罚显失公正外，不涉及合理性问题。对此，王汉斌在第七届全国人民代表大会第二次会议上所作的《关于〈中华人民共和国行政诉讼法（草案）〉的说明》中是这么说明的：“人民法院审理行政案件，是对具体行政行为是否合法进行审查。至于行政机关在法律、法规规定范围内作出的具体行政行为是否适当，原则上应由行政复议处理，人民法院不能代替行政机关作出决定”。这样，就把同样不符合行政法治原则的行政行为合理性问题原则上排除出了行政诉讼的监督范围。经过二十多年行政法治实践，人们发现，行政机关滥用自由裁量权的行为之危害性，常常不亚于字面上违法的行政行为之危害性，因此，行政合理性也是行政法治追求的目标之一，行政机关自由裁量行为应当受到司法监督。事实上，法治相对发达的国家，司法都拥有对行政机关滥用自由裁量权的行为进行监督的权力。例如，美国法院对行政机关“肆意行政”的行为就有权进行审查，直至作出判决。拓展主义者主张，一旦我国《行政诉讼法》迎来修法的机遇，应当建立某种对合理性问题监督的法律机制。但拓展主义者也认为，即使在不修改法律的情况下，现今《行政诉讼法》第 54 条第 2 项其实也可发挥对行政合理性问题的监督作用。因为该项明确规定，人民法院对该项第 5 目规定的“滥用职权的”具体行政行为，有权“判决撤销或者部分撤销，并可以判决被告重新作出具体行政行为”，明确赋予人民法院对行政机关滥用职权导致行政不合理[①]的具体行政行为进行审查的权力。也就是说，《行政诉讼法》第 5 条虽然规定，“人民法院审理行政案件，对具体行政行为是否合法进行审查”，但该部法律实际上并未关死司法对具体行政行为合理性审查的“大门”，只是由于

① 当然，“滥用职权的”亦可导致行政不合法。

该法第5条一叶障住法官之目，或者由于趋利避害的心理，导致法官常常对第54条第2项第5目视而不见，避而不谈，对法律赋予人民法院控制行政机关滥用职权的这一“武器”不敢使用！

（3）从可诉行为涉及的权利看，中国大陆现行《行政诉讼法》列举的可诉权利确实只提及人身权、财产权，而未提及其他权利。但正如笔者在前面所分析的，即使在现行《行政诉讼法》的制度框架下，行政诉讼可诉权利也可以被拓展性理解成以人身权、财产权为主，但又不限于人身权、财产权。何况，司法实践早已突破了人身权、财产权，逐渐进入了受教育权利、劳动权利、社会权利乃至政治权利。因而，现今《行政诉讼法》规定的可诉权利，完全可以突破人身权、财产权的范围。

另外，抽象行政行为和内部行政行为一概不可诉、双方行政行为（行政合同）较少能够进入行政诉讼程序、终局性行政行为的存在[①]、公益诉讼无法启动、原告资格限制、行政诉讼前置程序的存在、准行政行为可诉性模糊、行政事实行为不可诉等，都与现今行政诉讼制度或对该制度的理解密切相关，也常常导致人们从制度缺陷的角度来分析问题的根源。

规定受案范围的立法方式不科学，也是中国大陆可诉行政行为边界狭小、模糊的重要制度原因。《行政诉讼法》对受案范围采取“概括式肯定+列举式肯定+列举式否定”的立法模式，由于“概括式肯定”规定的受案范围缺乏执行刚性、形同虚设，导致在“列举式肯定”与“列举式否定”之间存在巨大的可诉性模糊空间，也弱化了概括式肯定的适用刚性。最高人民法院《若干问题的解释》将此立法模式改为“概括式肯定+列举式否定”后，人们本可以企求不待《行政诉讼法》的修改即可凭借这一司法解释解决这一问题。只是由于司法实践中阻力巨大，致使执行力一向很高的最高人民法院司法解释，在这个问题上未能很好发挥在适用法律过程中对具体应用法律问题的解释效力。

---

① 从世界范围看，随着民主和法治的发展，行政拥有的终局裁决权在逐步缩小和萎缩。

三、司法环境缺陷

不久前,在网上读到一篇写在《行政诉讼法》实施 20 年之际的文章。文章写道:《行政诉讼法》虽然实施 20 年,但是它的现实地位却很尴尬,因为它并没有成为公民解决权利与权力冲突的首选渠道与终局渠道。公民宁信访不信法,这与司法作为社会纠纷解决的最后一道防线很不符合。作者根据自己的一些听闻以及接触的一些案例,认为行政诉讼的公信力远没有信访高。他分析道,行政诉讼本身口径比较小、科层制度使得行政庭在法院地位较低、法院在国家机关的排序里地位较低、法院要配合经济建设为中心的地方目标以及缺乏上级和人大的监督等等因素,使得行政庭成了公器里的花瓶,久而久之,造成了人们对于行政诉讼的不信任,原本可以通过行政诉讼解决的问题也改由信访来解决。信访的作用远远高于行政诉讼解决纠纷的功能,这无疑是我们的无奈。问题出在《行政诉讼法》本身吗,作者认为未必,至少主要矛盾不是。[①] 这篇文章写得有点尖锐,甚至有点率性,但在一定程度上,确实也反映了当下中国百姓对行政诉讼制度运行的评价以及中国大陆行政诉讼制度运行存在的突出问题,并触及到了法律本身以外的“主要”原因。

(一)制度执行问题

改革开放以来,我国政治稳定,经济快速发展。同时也必须看到,在经济社会发展中也出现了一些新的情况和新的矛盾,有些转化成了行政纠纷案件。

正如官方所言,行政诉讼制度是处理行政案件、解决“官民纠纷”的法律途径,是保障最广大人民群众利益最有效、最直接的法律制度之一,是维护社会和谐稳定的重要手段。行政诉讼受理渠道是否畅通,是这一优良司法制度能否有效发挥功能和作用的前提。只有畅通行政诉讼渠道,才能引导

---

① 参见曾凡证:《〈行政诉讼法〉实施 20 年的碎碎念》,载中国选举与治理网,http://www.chinaelections.org/newsinfo.asp? newsid = 187163,2011 年 9 月 16 日访问。由于同名同姓者较多,且该文未交代该作者除姓名之外的其他个人信息,所以,作者的身份无从考证。

人民群众以理性合法的方式表达利益诉求，最大限度地减少社会不和谐因素，增进人民群众与政府之间的理解与信任。[①]

《行政诉讼法》施行二十余年来，总体上说，我国行政诉讼制度在化解行政纠纷、维护人民群众合法权益、促进行政机关依法行政、维护社会稳定等方面发挥了积极作用。但是，实践中确实还存在一些当前人民群众反映强烈的突出问题。一些行政机关不能正确认识行政诉讼制度作为一项文明、理性、合法、有序、有效的制度在解决官民矛盾中的重要作用，而是从自己的"脸面"出发，一方面，千方百计阻挠公民、法人和其他组织走上诉讼之路，甚至在案件审结后对公民、法人和其他组织进行或明或暗的报复，导致公民、法人和其他组织不能诉、不敢诉；另一方面，积极私下与有管辖权的法院"沟通"，干扰法院工作，争取法院对该受理的案件不予立案、对该救济的权利不予救济，借司法权力限制诉权，导致公民行政诉讼立案难、胜诉更难。行政诉讼渠道严重不畅，导致信访满天飞，突发性、群体性、极端性事件频发。这种状况，虽然个案中维护了一家行政机关的"脸面"，但却严重损害党和政府的整体形象，破坏党和政府与人民群众的血肉关系，削弱司法公信力，影响社会和谐稳定，也侵害了公民、法人和其他组织的合法权利。同时，"官官相护"导致公共权力的非正当、非规范行使，潜伏权权交易、权钱交易的风险，极易引发腐败案件。

笔者在长期的行政法学研究和行政诉讼实务中观察发现，当前行政诉讼中权力（形式是司法权，实质则是行政权与司法权的结合）限制权利（诉权）的常见做法，归纳起来主要有如下几种：一是把外部行政行为曲解为内部行政行为；二是把具体行政行为忽悠成抽象行政行为；三是以"刑事侦查行为"掩盖公安行政行为；四是将《行政诉讼法》及《若干问题的解释》规定的可诉权利限制性解释成仅限于人身权、财产权，把公民的其他权利救济请求挡在诉讼"大门"之外；五是以"不是独立的行政行为"为由，把实际上独立的行政行为排除在受案范围之外；六是以涉及公共利益为由，对原告的权利不予救济；七是以涉及国家机密、影响社会稳定等为由，对政府信息公开义务引起的案件不予受理；八是曲解《行政诉讼法》和相关司法解释关于起诉条件、诉讼主体资格、起诉期限的规定，对当事人的起诉不予受理；九是混

① 参见2009年11月9日最高人民法院印发的《关于依法保护行政诉讼当事人诉权的意见》。

淆起诉权和胜诉权概念，以当事人的诉讼请求明显不成立为由限制或者剥夺当事人的诉权；十是以具体法律、法规未规定诉权为由，限制诉权；十一是以否定利害关系为手段，限制第三人诉权；十二是以服务地方中心工作等为借口，在法律规定之外另行规定限制当事人诉权的“土政策”，拒绝受理某些依法应当受理的行政案件。上述问题，不仅引起了社会的普遍关注，而且也引起了中央的高度重视。中央领导同志多次就依法行政、行政审判和化解行政争议等问题作出一系列重要批示，中共中央办公厅、国务院办公厅也发出了《关于预防和化解行政争议，健全行政争议解决机制的意见》，最高人民法院在2009年连续出台了两个有关保护行政诉讼当事人诉权的规范性文件，即最高人民法院《关于当前形势下做好行政审判工作的若干意见》和最高人民法院《关于依法保护行政诉讼当事人诉权的意见》。这从一个角度反映了行政诉讼制度，尤其是受案范围制度执行中确实存在着严重的执行偏差，急需解决。分析导致执行偏差的原因，固然有司法公正、司法体制、司法理念的原因，也有行政法学与行政诉讼法学理论的原因。如果我们的行政法学与行政诉讼法学理论能够做到科学严密，那么就可以堵塞行政诉讼受案范围制度容易被曲解、忽悠、掩盖、混淆的漏洞以及随意找借口堵塞行政诉讼通道的漏洞。这也说明，司法环境的改善，不仅有赖于司法体制、机制、理念的改革，而且有赖于行政法学与行政诉讼法学理论的发展和完善。

（二）诉讼资源问题

任何制度的运行，都需要有充分的资源。对人民法院而言，行政诉讼制度的运行，不仅需要物质资源、人力资源和权力资源，而且需要社会信任资源。

就物质资源而言，表面上看，行政诉讼所需的物质资源并不匮乏。但由于法院系统并没有独立的财力来源，各级法院的资金均依赖于各级政府财政，靠各级政府财政“喂养”，因而，法院财政资源的“阀门”实际上掌握在政府手中。政府对法院既可以“开源”，也可以“节流”；既可以按常规拨付，也可以额外追加或对特定项目给予特别财政支持，因而，法院从自身利益出发，势必不敢得罪政府这个财神。俗话说，“拿人家的手短，吃人家的嘴软”，这种政府“喂养”法院的物质资源供给模式，必然导致法院在行政诉讼中，容易陷入究竟以法律为准绳判案还是看政府的脸色判案的痛苦纠结之中，而最终的结果经常是"物质决定意识"，一些法院放弃法律原则和司法信仰，把本该监督行政权的行政审判权作为为违法行政行为正名的工具，或者干脆编造不符合法院受理条件的理由，把起诉挡在法院"大门"之外，对诉讼之"火"进行釜底抽薪式的扑灭。由于法院"一锤定音"，本想通过行政诉讼"讨说法"的行政相对人，通过行政诉讼反而被法院"封住了嘴"。因而，"学乖"了的行政相对方对行政诉讼就不再信任，宁愿选择直接通过信访等途径反映问题，以免不利的行政诉讼判决反而导致其他形式的救济可能性完全丧失。这是法院对行政案件不肯受理以及当事人不愿提起或不敢提起行政诉讼的重要原因。

就人力资源而言，行政庭法官数量的绝对值虽然较低，但在目前行政案件不多的情况下，相对其他审判庭来说，各级法院行政庭人手的数量其实并不紧张。因而，行政诉讼人力资源存在的问题主要是我国当前行政庭法官的法律信仰和专业素养尚有待提高。一方面，在不良的司法环境下，法官很难坚守司法良知和法律信仰，久而久之，一些法官就成了法院行政性权力之下的驯服工具。另一方面，与其他部门法学相比，行政法学具有更加特殊的专业知识和原理，而现今行政庭法官队伍中专修行政法出身的人数比例并不高，中老年行政庭法官大多只有本科文凭，没有机会受到专门的行政法学科训练，加之很多行政庭法官是从别的审判庭调动过来的，因此，行政庭法官目前的专业素养总体上是不够的。几年前，河南洛阳由种子案①引发的那

① 2003年来，河南洛阳中院审理了一宗"种子案"。该案中，甲公司委托乙公司培育种子，双方约定了数量、质量、价款、交货时间等。乙公司培养完种子后，没有依约将良种卖给甲公司，而是高价卖向市场，给甲公司造成了经济损失。甲公司依法将乙公司告到法院。法官在确定乙公司的赔偿基准时，遇到了法律难题：依据河南人大常委会制定的种子条例，乙公司应依国家指导价，赔偿甲公司经济损失7万元；而依据全国人大常委会制定的种子法，乙公司则应依市场自由价，赔偿甲公司经济损失约70万元。最后，法院以河南人大常委会制定的种子条例与全国人大常委会制定的种子法不一致、下位法自然无效为由，判决乙公司赔偿甲公司经济损失70万元。本案虽然不是一个行政案件，法官内心的法律推理无疑也没有问题，但其在判决书中却犯了一个稍懂宪法和行政法规则即可避免的低级错误，从而引起了一场轩然大波。判决书写道："《种子法》实施后，玉米种子的价格已由市场调节，《河南省农作物种子管理条例》作为法律位阶较低的地方性法规，其与《种子法》相冲突的条文自然无效……"。河南省人大常委会正式发文指出：该判决书"是对省人大常委会通过的地方性法规的违法审查，违背了我国的人民代表大会制度，侵犯了权力机关的职权，是严重违法行为"。本案的关键在于判案法官宣布地方性法规的无效，构成了越权行为。在当前我国的政治体制和司法制度下，该法官当时能做的只是在相互抵触的法律与地方性法规之间选择作为本案判决的依据，但无权通过判决书宣布地方性法规无效。也就是说，法院有权根据上位法作出判决，但无权对地方性法规进行审查及以判决书的形式作出司法判定。这无疑是一个宪法和行政法常识。

场轩然大波，与主审法官行政法专业素养不够有密切关系。如果不是这样，这个案件或许可以处理得比较好，更不会引发那场轩然大波。这些存在的问题，当然不仅会影响行政案件的公正审理，而且还会影响行政案件的正确受理。

就权力资源而言，虽然《行政诉讼法》赋予人民法院行政审判权，在法律上，人民法院不乏对行政进行司法监督的权力，但由于法院在权力系统中的政治地位不高、法院负责人的行政级别低于同级政府的负责人、受案范围有限、法院对行政机关缺乏执行力以及来自案外的各种权力压力的影响等，法院行政审判的权力资源实际上并不充足，导致行政案件的处理大案讲政治（往往是听领导、听上级的代名词）、中案讲社会效益（往往是政府利益或政府脸面的代名词）、小案才讲法律。行政案件的最后处理结果，常常不是从事实出发、通过法律逻辑推理、正确适用法律作出，而是先定下“基调”（拟作出的最后处理结果），然后带着这种“预判”去采信证据、认定事实、寻找能够通过法院的话语权自圆其说、甚至可以进行曲解的法律依据。不仅如此，如若可能作出对行政机关不利的判决，一般必须要通过法院审判委员会决定，行政庭法官并无独立判决权。行政审判权力资源的不足，自然也会涉及法院对案件的受理，导致相当数量符合受理条件的案件，被法院以种种理由拒之门外。

（三）权力限制诉权的危害

（1）诉讼渠道不畅，直接侵害了公民的法定权利。行政诉讼制度是法治社会为公民设置的一条以理性方式和法律途径维护行政权作用下的自身合法权利的渠道。诉讼渠道不畅，直接侵害了公民的法定权利。

（2）诉讼渠道不畅，严重影响社会和谐稳定。诉讼渠道不畅，就会导致公民通过理性方式和法律途径维护自己合法权利的渠道的堵塞，把矛盾推向法院之外，导致上访增多、非理性行为加剧、“官民”关系紧张，严重影响社会和谐稳定。

（3）诉讼渠道不畅，严重影响司法公信力。有案不收、有诉不理、应救（济）不救（济），严重背离司法权源于人民、属于人民、服务人民、受人民监督的根本属性，削弱人民法院行政审判“为大局服务，为人民司法”的职能作用，影响司法公信力。

（4）诉讼渠道不畅，严重影响党和政府形象。有案不收、有诉不理、应救（济）不救（济），只考虑维护一家行政机关的“脸面”，不注意维护党和政府整体形象，导致公民、法人和其他组织将对一家行政机关的意见转向对党和政府的不满，损害党和国家在人民群众中的崇高形象和威信。

司法环境虽然对行政行为可诉性的实现具有外部影响，是实现行政行为可诉性的外在保障性条件，但其毕竟不是行政行为可诉“性”本身的问题，也不属于本书从“理论重构与制度重构的对接”角度开展“行政行为可诉性研究”这一课题研究的范围。为不至于偏题，本书对于司法环境问题，不打算如同理论重构和制度重构两块内容那样安排专章展开研究，而只是考虑在结语部分概要提出见解，以对本部分“司法环境缺陷”的内容做一概要性呼应。

第六章　中国大陆实现行政行为可诉性的路径(一):理论重构

根据我国《行政诉讼法》的概括规定,行政行为是可诉的。在国外,无论是大陆法系国家还是英美法系国家,除法律特别规定的情形外,行政行为(或行政处分)也都是可诉的。[①] 从法治国家的要求讲,行政行为应当被纳入司法审查的范围。这是因为,第一,在法治国家,行政权是国家宪法、法律赋予行政机关执行法律、实施行政管理活动的权力。作为执行法律、实施行政管理活动的行政行为,自然应当受到法律监督,且除了行政机关自我纠正外,唯有通过法律监督,才能裁断是非,纠正、制止和追究违法的行政行为。第二,行政权来源于公民权利,并被要求以维护、发展公民权利为己任。因而,当公民权利受到行政行为侵害时,公民自然应当拥有排除侵害、维护自身权益的请求权。第三,现代行政权存在于民主和法治的环境之中,受到行政诉讼或司法审查制度的约束。民主和法治赋予公民对行政行为有通过行政诉讼或司法审查进行监督的权利。如果公民面临能够对其法律上的权利义务产生影响的行政行为却没有救济的司法途径,或者法院面临一个违法的行政行为却没有司法监督的权力,这样的国家就谈不上是一个法治国家。因此,从应然

---

① 在法国,行政行为作为行政诉讼的“通道”,属于行政诉讼受案范围。在德国和其他一些大陆法系国家和地区,可诉行为除了行政处分外,还包括一切除法律特别规定外的非宪法性公法争议。英美法系国家虽然没有像大陆法系国家行政法学那样严格的行政行为概念,但原则上,行政机关的行为也是可诉的。

性角度说,在行政法治条件下,可诉性是行政行为的法治属性,原则上,行政行为应当是可诉的。这本来是一个不需要讨论的问题。但在我国《行政诉讼法》及其司法解释关于行政诉讼受案范围的具体条款中,一些行政行为被排除出了行政诉讼受案范围之外。实践中更有大量行政行为被法院以不属于人民法院受案范围为由不予立案。加之我国行政行为概念狭窄,通说认为仅限于行政法律行为,导致大量行政机关法律行为之外的能够对公民、法人和其他组织的合法权益产生实际影响的"'行政'行为"(行政之行为)不能进入行政诉讼范围。在理论界,甚至把行政行为划分为"可诉行政行为"与"不可诉行政行为"一对"基本范畴"。[①] 因此,从实然性角度说,在中国大陆,行政行为可诉性的属性是受到压制的,即行政行为不一定都是可诉的,甚至相当多的行政行为不可诉。大量行政行为和其他"'行政'行为"游离于司法审查之外,既有行政诉讼制度和司法环境的原因,也有行政行为理论的原因。行政行为可诉应然性与实然性的分离,使得大量行政行为和"'行政'行为"游离于司法审查之外,迫使公民、法人和其他组织不得不试图通过信访等法治化程度不高的行政救济途径寻求救济,造成信访满天飞,司法难以成为监督行政的主要法治渠道,行政的法律监督弱化,对行政法治原则构成了现实威胁。因而,解决行政行为的可诉性问题,已经成为中国大陆走向社会主义法治国家进程中亟待破解的一个理论问题和亟待解决的一个实际问题。

目前中国大陆学术界对拓展行政诉讼受案范围的研究,主要侧重于行政诉讼制度的重构和行政诉讼司法环境的改善,较少从行政行为理论重构的角度入手,更缺乏从这几个方面的相互对接、相互协调和相互支持的角度综合展开研究。由于研究方法存在缺陷,所以提出的对策建议尚不能成为解决行政行为可诉性的妥善方案。笔者认为,在我国这样一个行政行为可诉性程度不高的国家,要充分实现行政行为可诉性,需要既从制度层面和司法环境层面展开研究,又从行政行为理论层面展开研究,探寻解决路径,通过行政行为理论重构、行政诉讼制度重构、行政诉讼司法环境的改善以及这几个方面的相互对接、相互协调和相互支持才能解决。这是本书解决行政

---

① 参见胡建淼主编:《行政行为基本范畴研究》,浙江大学出版社 2005 年版,第 253—267 页。

行为可诉性的基本思路。本章从行政行为理论重构的角度,探求实现行政行为可诉性的路径。

一、行政行为的诉讼制度功能

行政行为概念在行政法上具有多重功能:在实体法上,行政行为具有确定国家与人民权利义务关系的功能;在执行法上,行政行为具有充当执行依据的功能;在程序法上,行政行为具有决定具体行政程序种类的功能(不同的行政行为适用不同的程序规则);在诉讼法上,行政行为概念的产生、存在和发展,更是与行政诉讼实践密切配合,以适应一国行政诉讼制度的实际,服务于行政诉讼制度的运行,满足对公民、法人和其他组织权利救济的需要。从大陆法系国家和地区看,行政行为何以可诉的法律规定虽有三种不同的模式,但每一种模式在本质上都能反映一切行政行为均可诉的属性。

第一种模式是法律对行政审判的权限并不作出普遍性的规定,但规定由权限争议法庭来解决普通法院和行政法院之间的权限争议,确定行政审判的权限。采取这一模式的代表性国家是法国。20 世纪中叶开始,综合机关标准和实质标准的“多元标准说”成为法国确定行政审判权限的标准。而“多元标准说”的核心实际上在于如何识别行政行为,其不仅涉及某“行政”行为是否属于行政审判范围,而且涉及该“行政”行为可以适用何种行政诉讼类型。只要是行政行为(包括具体的行政处理、普遍性的行政条例和行政合同)都属于行政法院审判权限范围。这个行政法院审判权限的界限虽然不是法律直接划定的,但却是法律通过权限争议法庭的判决和行政法院的判决间接认可的。在这种模式下,行政行为实际上担负着行政诉讼“通道”的制度功能。在当今法国,行政机关以及受法律或行政机关授权执行公务的其他团体和私人为公共利益、不受私法调整、不属于普通法院通过司法审判管辖的公法行为,都属于行政法院的审判权限。由于法国的行政诉讼构建有多元的、精细的行政诉讼类型,因而上述“公法行为”视不同的行为类型可适用不同的行政诉讼类型。另外,由行政行为打开的行政诉讼“通道”实际上并不限于行政行为,其可诉的“公法行为”包括但不限于行政行为。例如,“完全管辖权之诉”既可以审判行政机关的单方行为、双方行为,也可审判行政机关的事实行为。而在“处罚之诉”中,行政法官有权对破坏不动产公产保管规则的行为(包括事实行为)直接进行处罚。行政法院审查行政行为主要是为了解决其效力问题,审查事实行为主要是为了解决行为主体的责任问题。

第二种模式是法律规定除“法律特别规定外的一切非宪法性公法争议”都属于行政审判范围。也就是说,该种模式下,行政诉讼“通道”的制度功能是由“法律特别规定外的一切非宪法性公法争议”这个概念担负的,而不是由行政行为(行政处分)担负的。但由于公法争议包括行政行为引起的公法争议,因而只要行政行为(行政处分)引起的公法争议不是宪法性质的,都属于行政审判范围,即行政行为自然成为行政诉讼的受案范围。由于行政行为引起宪法性质的公法争议之情形较少,因此可以被作为例外情形。故该种模式下,行政行为原则上具有行政诉讼之可诉性。采取这一模式的代表性国家是德国。德国《行政法院法》第 40 条第 1 款规定:“一切未被联邦法律划归为属其他法院管辖的非宪法性质的公法上争议,对之均可提起行政诉讼。”在当今德国,根据 1976 年联邦德国《行政程序法》第 35 条关于“行政行为”是“行政机关为规范公法领域的个别情况采取的具有直接对外效力的处分、决定或其他官方措施”[①]的法律定义,行政行为是行政机关在公法领域为规范个别情况而作出的具有直接对外效力的行为。该概念超越“处分”,比德国传统的行政处分概念更大,与中国大陆的外部单方行政行为相近。规范普遍情况的行政法规(规章)、行政机关针对内部事务所采取的措施、行政合同以及行政事实行为被排除在行政行为的概念之外。虽然,德国式的行政行为理论十分精细,内涵和外延狭小,但由于引起非宪法性质的公法争议之行为非常宽泛,并不限于行政行为,因此,该种模式确定的行政审判范围是十分宽阔的。现今,在“司法国”理论的推动下,德国已形成“完全审查”制度,即一切行政权行使的活动均被纳入司法审查之下,即使是行政机关制定的法规、规章、属于传统“特别权力关系理论”之下的行政行为、行

---

① 应松年主编:《外国行政程序法汇编》,中国法制出版社 2004 年版,第 95 页。

政合同也不例外。[①] 行政事实行为违法侵害了公民的合法权益,受害人也享有后果清除请求权和损害赔偿请求权,可以向行政法院提起一般的给付之诉、确认之诉,或者通过国家赔偿的程序获得救济。[②] 我国台湾地区对"行政诉讼"受案范围的规定,类似地采取这一模式,其"行政诉讼法"规定:"公法上之争议,除法律别有规定外,得依本法提起行政诉讼。"

第三种模式是法律概括性规定行政主体行使公权力的行为都属于法院受理行政案件的范围,无须法律列举。由于行政处分或行政行为属于行政主体行使公权力的行为,因而,行政处分或行政行为的可诉性也就得到了法律的确认。采取这一模式的代表性国家是日本。在当今日本,根据现行《行政案件诉讼法》的规定,国民对于行政主体行使公权力的行为不服,都可提起"关于对行政机关行使公权力不服"的抗告诉讼(包括撤销诉讼[③]以及确认之诉[④]、履行之诉[⑤]、禁止之诉[⑥]等其他抗告诉讼),无须法律列举。从该法的规定看,"对行政机关行使公权力不服"均可提起抗告诉讼,而"行政机关行使公权力"的行为包括行政机关的处分、裁决、决定等行使公权力行为。因此,只要行政机关行使公权力的行为引起行政争议、构成法律上的争讼,都属于法院受理行政案件的范围。当然,日本司法法院审理行政案件的范围也不是无所不包,其不能直接审查法令,不能介入统治行为[⑦],不能干涉行

---

① 江必新主编:《中国行政诉讼制度的完善》,法律出版社 2005 年版,第 18—19 页;陈新民:《中国行政法学原理》,中国政法大学出版社 2002 年版,第 65 页。

② 参见〔德〕哈特穆特·毛雷尔:《德国行政法总论》,高家伟译,法律出版社 2000 年版,第 391 页以下。

③ 包括请求撤销行政机关的处分及其他行使公权力的行为的"撤销处分之诉";请求撤销行政机关对审查请求、异议申诉及其他不服申诉所作出的裁决、决定等行为的"撤销裁决之诉"。

④ 包括请求确认处分或裁决的存在与否或效力的有无的"确认无效等之诉";请求确认行政机关对依法令提出的申请,应当在相当期间内作出某种处分或裁决而未作出违法的"确认不作为违法之诉"。

⑤ 指在下述情形中,请求判令行政机关应当作出处分或裁决的诉讼:行政机关应当作出一定的处分而不作出的(次项情形除外);基于法令规定提出申请或审查请求,请求行政机关作出一定处分或裁决,该行政机关应作出该处分或裁决而未作出的。

⑥ 指在行政机关不应作出而要作出一定的处分或裁决的情况下,请求责令行政机关不准作出该处分或裁决的诉讼。

⑦ 在日本,关系到国家的存亡及国家统治之根本的、具有高度政治性的国家机关(国会、内阁等)的行为(如条约的缔结、国会的解散等),被称为统治行为。对于统治行为,法院的审查权被排除或者要进行自我抑制。参见〔日〕南博方:《行政法》,杨建顺译,中国人民大学出版社 2009 年版,第 39 页。

政自由裁量行为[①],传统上也不能管辖行政指导行为。[②] 日本在法律上仍保留使用行政处分概念,在学理上则采用行政行为概念。由于其学理上采用最狭义的行政行为的概念,将行政行为限定为行政机关就具体事项所为的公法上的单方行为,不包括行政立法行为[③]、行政契约、行政机关的内部行为和事实行为[④],为适应《行政案件诉讼法》规定的宽泛的法院受理行政案件的范围,日本不得不对作为法律概念的行政处分采用"处分性的扩大论",逐渐将传统上不属于行政处分的行政机关的一些行为纳入行政处分范畴,大力拓展行政处分概念。例如,行政计划和行政指导[⑤]传统上均不属于行政处分,但在"处分性的扩大"下,行政计划和行政指导正在逐渐成为抗告诉讼的对象。行政处分这一法律概念被大大拓展,由此导致法律上的行政处分概念与学理上的行政行为概念曾经的对应性被改变,两者出现了差异性。——现今日本抗告诉讼的对象已经突破了学理上的行政行为的范畴,或者说已经大大超出了传统上作为法律概念的行政处分的范畴,因而得到了显著拓展。不仅如此,日本法院受理行政案件的范围除行政处分外,还包括行政机关作出的裁决、决定以及公法性质的行政契约,甚至在审判具体行政案件时可附带审查相关法律、法规等是否合宪的问题,远远超出行政处分范围。因此,即使采用"处分性的扩大论"也难以容纳可诉行政机关行为的范围,因而"行政处分"已经难以担负法院受理行政案件的"通道"之制度功能,难以承载日本不断发展的行政案件受案范围,日本《行政案件诉讼法》第3条遂采用"行政机关行使公权力"的行为作为"抗告诉讼"的"通道"。这在本质上与德国"法律特别规定外的一切非宪法性公法争议"是一致的,故第三种模式只是在形式上跟第二种模式有所区别,而实质上仅仅是第二种

---

① 日本把行政主体根据是否合乎公益自行判断的事,叫"自由裁量行为"。法院虽然不能干涉行政自由裁量行为,但若行政主体超越裁量权和滥用裁量权,应作违法行为看待,属于行政诉讼范围。

② 参见胡建淼:《比较行政法——20国行政法评述》,法律出版社1998年版,第364—365页。

③ 并非所有具有法律效果的对外行为都具有处分性。具有处分性的行政行为产生的法律效果必须是具体的,而非抽象的、一般的。行政机关制定的政令、府令、省令、外局的规则等具有抽象的、一般的法律效果,但由于并不具体直接地变动国民的权利义务,因此不具有处分性。参见江利红:《日本行政法学基础理论》,知识产权出版社2008年版,第387页。

④ 〔日〕南博方:《行政法》,杨建顺译,中国人民大学出版社2009年版,第37—39页。

⑤ 在日本,行政指导传统上被认为是在取得相对人"同意"或"自愿合作"的基础上实施的,不认为是行政处分,属于不产生法的效果的事实行为。

模式的翻版而已。

我国《行政诉讼法》第 2 条规定："公民、法人或者其他组织认为行政机关和行政机关工作人员的具体行政行为侵犯其合法权益，有权依照本法向人民法院提起诉讼。" 可见，在中国大陆，具体行政行为担负着行政诉讼"通道"的制度功能。或者说，中国大陆创建了由法律明确概括性规定具体行政行为可诉的模式。但是，与上述几种模式相比，这一模式确定的行政诉讼受案范围是最为狭小的。尽管，从最高人民法院《若干问题的解释》第一条"公民、法人或者其他组织对具有国家行政职权的机关和组织及其工作人员的行政行为不服，依法提起诉讼的，属于人民法院行政诉讼的受案范围"的规定看，似乎中国大陆行政诉讼"通道"是由行政行为建构的，但一方面，在效力层级上司法解释不能改变法律的规定，另一方面，由于在我国抽象行政行为和内部行政行为等被法律明确排除在行政诉讼的受案范围之外①，因而，最高人民法院《若干问题的解释》第一条并不能改变具体行政行为担负着我国行政诉讼"通道"的制度功能之法律现状。显而易见，与大陆法系国家相比，由于我国以概念狭小的具体行政行为担负行政诉讼"通道"的制度功能，即使不谈我国《行政诉讼法》对受案范围的"列举式肯定"范围狭小的因素，仅仅从该法关于"具体行政行为可诉"的"概括式肯定"看，我国行政诉讼受案范围也显然狭窄得多。

为拓展行政诉讼受案范围，中国大陆学者在主张采用德国模式、还是采用法国模式修改《行政诉讼法》的问题上展开了热烈讨论。

主张采用德国模式（为方便起见，不妨称其为"德国说"）的学者提出，要放弃行政行为担负行政诉讼"通道"的制度功能，对行政行为概念，应当秉承严格主义的立场，坚持外部法律效果要素，缩减其外延与内涵，将法规命令、行政合同、内部行为、行政指导、行政计划、事实行为作为与其同一位阶

---

① 其中，所谓"内部行政行为不可诉"的观点，既有对我国《行政诉讼法》第 12 条关于人民法院不受理行政机关工作人员对所在行政机关对其奖惩、任免等决定提起的诉讼的规定的不恰当扩大的因素（这种不恰当的扩大，包括学理认识将《行政诉讼法》该条规定不恰当地扩大到行政机关对其工作人员作出的所有行为，以及《若干问题的解释》第 4 条将《行政诉讼法》该条规定不恰当地扩大解释成"是指行政机关作出的涉及该行政机关公务员权利义务的决定"），也有将具体行政行为理解成限于外部行为的因素。

的概念,一道并列融入行政诉讼之中。[①] 这一主张,其实是提出要通过行政诉讼法的修改,规定"除法律另有规定的外,公法上的争议均可提起行政诉讼。""德国说"维护了行政行为理论的精细性,将行政行为定位为外部的、具体的、单方的法律行为,但其提出的如此宽广的行政诉讼受案范围,从中国大陆的政治体制和行政诉讼制度发展的远景看,似难与国情相符。

主张采用法国模式(为方便起见,不妨称其为"法国说")的学者提出,应当坚持行政行为担负行政诉讼"通道"的制度功能,摒弃行政行为的法律效果要素,将其定位为所有行政权作用下的行为[②],并通过行政诉讼法的修改,改"具体行政行为"为"行政行为",由行政行为担负行政诉讼"通道"制度功能。[③] 由于法国人一般理解的行政行为概念是功能意义的行政行为观,即认为行政行为是行政机关用以产生行政法上效果的法律行为,是行政活动的法律手段,因此,"法国说"提出的"摒弃行政行为的法律效果要素,将其定位为所有行政权作用下的行为"的主张,事实上已经偏离甚至超越了法国模式本身。这不仅使行政行为概念过于宽泛,而且也超越我国行政诉讼制度将来可能的发展。

笔者以为,我国 1989 年颁布的《行政诉讼法》业已确立行政行为(严格讲是"具体行政行为")作为行政诉讼"通道"的制度功能,如果仿效德国模式取消行政行为的诉讼制度功能,势必是将中国大陆二十多年来搭建的行政诉讼理论和制度大厦推倒重来,成本太高且脱离国情。而由于中国大陆并不存在如同法国的权限争议法庭,也不实行判例制度,因此,既不可能由类似于法国的权限争议法庭来解决行政诉讼和民事诉讼的权限争议问题,也不可能由行政诉讼判例来确定行政审判的权限,只能由法律对行政审判的权限作出明确规定,所以也不能简单模仿法国模式。笔者的建议是:第一,继续坚持行政行为的诉讼制度功能,但为了适应行政诉讼制度发展的前景,真正发挥行政行为作为行政诉讼"通道"的制度功能,必须对行政行为的

---

① 章志远:《行政行为概念之科学界定》,载《浙江社会科学》2003 年第 1 期。

② 参见叶必丰:《行政行为的分类:概念重构抑或正本清源》,载《政法论坛》2005 年第 5 期;张娟:《窘境与化解:行政行为概念之重构》,载《安徽农业大学学报(社会科学版)》2007 年第 1 期。其中,叶氏以为此乃"正本清源",而张氏认为这是"概念重构"。

③ 所不同的是,法国行政诉讼受案范围并不是由法律直接划定的,而是由法律通过对权限争议法庭的判决和行政法院的判决确定的行政审判权限间接认可的。

概念和范畴进行理论重构。与目前行政行为的概念和范畴相比,这样一个重构的行政行为对目前行政行为的概念和范畴应当有扩有缩,而扩缩的标准就是要使行政行为的概念和范畴能够适应行政诉讼制度发展的前景,真正发挥其作为行政诉讼"通道"的制度功能。第二,为适应行政诉讼受案范围扩大的需要,必须通过《行政诉讼法》的修改,拓展行政诉讼类型[①],同时,在行政行为理论上将行政行为分解出若干行为种类,使行政法律行为和准行政法律行为以及一些特殊类型的行政行为(例如,行政事实行为、行政合同、行政规定[②]等)能够分别适用不同类型的行政诉讼。从而实现除法律明确排除的外、行政公行为均具有可诉性的目标,大大界清和拓展行政诉讼受案范围。[③]

二、行政行为的理论重构

如前所说,在中国大陆行政诉讼受案范围的立法模式下,任何与行政诉讼受案范围相关的问题都与对"行政行为"的学理认识不可分割。因为,法律对受案范围的概括式规定,必然涉及"行政行为"[④];如果不是"行政行为"引起的争议,那就根本不属于行政诉讼的对象,也无法适用法律关于受案范围的概括式规定。"行政行为"的内涵和外延越小,受案范围的概括式规定所能适用的范围也就越小;"行政行为"概念界定不清,受案范围的概括式规定所能适用的范围也就不清;"行政行为"概念不确定,受案范围的概括式规定也就缺乏确定性。因此,即使将来立法对"具体""抽象","内部""外部","人身权、财产权之内""人身权、财产权之外","行政机关""公权力组织","公益""私益","概括""列举"等作出新的认识和规定,最终还得落脚到对是否属于"行政行为"的判断上来。也就是说,即使通过修改《行政诉

---

① 目前我国《行政诉讼法》并未规定行政诉讼类型。我国所谓"行政诉讼类型"是学者通过《行政诉讼法》规定的行政诉讼判决类型倒推回来概括出来的。因而,目前我国的"行政诉讼类型"还只是学理概念。

② 行政法规和行政规章之外的行政规范性文件。

③ 具体设想将在本章第三节展开。

④ 有人建议使用"公权力行为""公务行为""公权力主体的行为"或"公法支配的行为"等。

讼法》进一步“强调”和“明晰”了较宽的行政诉讼受案范围,但如果没有成熟、完善的行政行为理论支撑,对“行政行为”的学理认识混乱、狭窄,就仍然难以摆脱一直以来我国行政诉讼受案范围混乱以及人为缩小行政诉讼受案范围的困境! 因此,要界清和拓展中国大陆行政诉讼受案范围,必须界清和调整作为行政诉讼“通道”的行政行为概念和范畴。离开了行政行为的理论重构,制度重构将难以避免重蹈《司法解释》虽然已经采取“概括式肯定 + 列举式否定”的立法方式规定行政诉讼受案范围、但仍然无法明晰和拓展我国行政诉讼受案范围的覆辙。换言之,概括式肯定的明确性、可适用性和可适用面,与对行政行为的学理认识密切相关。因而,要界清和拓展行政诉讼受案范围,除了需要通过修法采取“概括式肯定 + 列举式否定”的立法方式、以列举式否定明确排除不可诉行政行为、提高行政行为可诉这一概括式肯定的明确性并强化概括式肯定的可适用性外,还必须通过行政行为理论的重构,拓展行政行为的内涵和外延,将“行政行为”拓展至“行政机关(行政主体)基于行政职权通过主观表示作出的直接或间接影响公民、法人和其他组织权利义务的行为,或客观上具有此等影响的行为”,以扩展概括式肯定的可适用面。

从本书第三章介绍的中国大陆行政行为狭义说、广义说和最广义说来看,现今中国大陆行政行为的概念和范畴均难以适应满足界清和拓展行政诉讼受案范围的要求:狭义说将行政行为等同于单方的、外部的、法律意义的具体行政行为,导致行政合同、准行政法律行为和行政事实行为的法外行政,也忽视了对行政机关工作人员行政诉权的保护,受案范围太窄。广义说虽然认为行政行为作为具有法律意义的行为,其不仅包括外部行政行为,而且包括内部行政行为;不仅包括具体行政行为,而且包括抽象行政行为;不仅包括单方行政行为,而且包括双方行政行为。但由于其同时主张内部行政行为的不可诉性、抽象行政行为的不可诉性、行政合同行政法监督的特殊性,以及准行政法律行为和行政事实行为不在行政行为概念之内,不仅在拓展行政诉讼受案范围上并没有比狭义说强多少,反而造成了行政行为并非一定可诉的理论认知。最广义说将行政行为定义为“国家行政机关实施行政管理活动的总称”①,包括行政机关的法律行为与事实行为、抽象行为与

---

① 王岷灿主编:《行政法概要》,法律出版社 1983 年版,第 97—99 页。

具体行为、单方行为与多方行为,但由于其不能与中国大陆行政诉讼制度对接,不仅同样不能解决行政行为可诉性问题(被其纳入行政行为范畴的事实行为、抽象行为不可诉,多方行为的行政法监督难以落实),而且无法实现行政行为理论的精致性。这说明,中国大陆行政行为理论确实需要重构,而行政行为理论的重构必须与行政诉讼制度的重构相对接。

经过二十余年行政诉讼的司法实践,反思我国行政行为理论存在的问题,针对长期以来学界和民众对于扩大行政诉讼受案范围的诉求,直面行政诉讼制度改革的可能前景,借鉴域外行政行为理论和行政诉讼制度,我们现在已经可以对行政行为理论体系进行一个反思性重构了。

笔者在 2010 年 1 月出版《中国行政登记法律制度研究》一书时就曾提出通过行政行为理论重构与行政诉讼制度重构的对接来界清的拓展我国行政诉讼受案范围的思路。在撰写本书时,笔者又重读了德国弗里德赫尔穆·胡芬教授的著作《行政诉讼法》,发现在德国学者中有同样的思路。弗里德赫尔穆·胡芬教授在书中写道:“如果说当今的现代行政法院早已不像以前那样局限于行政行为,那么只需对(行政行为)这个定义的部分因素稍加补充并适用于现在的具体情况,就可以显示出其对于行政诉讼的根本性意义。”①因此,通过行政行为理论重构与行政诉讼制度重构的对接来界清和拓展行政诉讼受案范围的思路应当是可行的。

实际上,大陆法系国家创设行政处分或行政行为概念,也都是基于对本国行政诉讼制度的考量和对行政诉讼个案的分析总结,以使行政处分或行政行为概念满足可诉性要求。其行政诉讼受案范围总是包括一切行政处分或行政行为,而当法治的发展导致行政处分或行政行为的概念难以承受全部可诉行为的时候,则以“一切非宪法性的公权力行为”“除法律别有规定外的一切公法上之争议”或通过行政处分“处分性的扩大论”等拓展行政行为外延的方法来拓宽行政诉讼受案范围。正如翁岳生教授所言:“行政处分“系一‘学术性创作’,也是一种为法治国之建构而提出之‘目的性创设’(Zweckschoepfung),吾人于掌握行政处分之概念时,必须追本溯源以人民权利在个案中是否受到侵害及是否有保护之必要加以决定,而不得降级以文

① 〔德〕弗里德赫尔穆·胡芬:《行政诉讼法》,莫光华译,法律出版社 2003 年版,第 13 页。

义作解释之唯一依据。”[①]英美法系国家虽然没有形成如同大陆法系国家那样成熟、精深的行政行为理论,但其对行政的司法审查范围也覆盖全部行政行为。例如,美国《联邦行政程序法》在“司法审查”一章中规定:“因机关行为而使权利受到侵害的人,或者受到有关法律规定范围之内的机关行为的不利影响或损害的人,均有权要求司法审查。”[②]而机关“系指合众国政府各机关”,机关行为“包括机关的规章制定、裁决、许可、制裁、救济及其他相似行为,或者上述形式的否定行为和不作为”[③]。行政行为系为监督行政的需要而提出的“目的性创设”概念,这一行政行为的重要特征长期被中国大陆行政法学界忽视。例如,在研究行政行为特征时,中国大陆行政法研究者看到了行政行为具有从属法律性、裁量性、单方意志性、效力先定性、强制性等特征,但却忽视了可诉性这一行政行为更具价值意义的特征。[④] 笔者认为,离开行政诉讼实践,行政行为概念作为一个纯粹的学理概念,既不具有实际价值,也失去了它的学术价值。

基于行政行为的“目的性创设”,原则上,一切行政行为都应该具有可诉性。可诉性应当是行政行为的法治属性。但在我国,虽然学界一般把行政行为界定为法律行为,且《行政诉讼法》第 2 条规定“公民、法人或者其他组织认为行政机关和行政机关工作人员的具体行政行为侵犯其合法权益,有权依照本法向人民法院提起诉讼”,《若干问题的解释》第 1 条也规定“公民、法人或者其他组织对具有国家行政职权的机关和组织及其工作人员的行政行为不服,依法提起诉讼的,属于人民法院行政诉讼的受案范围”,但由于法律对可诉行政行为采取列举的方式,同时明确规定了行政机关作出的一些不属于人民法院行政诉讼受案范围的行为,且大量行政行为是否可诉存在“模糊地带”,因而,我国行政法学界并没有普遍认为可诉性是行政行为的法治属性。相反,在研究行政行为时往往把行政行为区分为“可诉行政行

---

① 翁岳生编:《行政法》(上册),中国法制出版社 2009 年版,第 53 页。

② 《美国法典》第 702 条。参见应松年主编:《外国行政程序法汇编》,中国法制出版社 2004 年版,第 46 页。

③ 《美国法典》第 551 条。参见同上书,第 1、3 页。

④ 参见罗豪才主编:《行政法学》,北京大学出版社 2001 年版,第 74—76 页。

为"和"不可诉行政行为"①。

笔者认为,为体现一切行政行为都应该具有可诉性的法治原则,应当通过行政行为概念的重构和行政诉讼制度的重构,一方面,把行政机关作出的一切可诉行为纳入行政行为范畴,另一方面,根据我国行政诉讼制度发展实际,把行政机关作出的不可诉行为排除出行政行为范畴②,以重构的行政诉讼制度确保重构的行政行为之可诉性的实现,适应行政行为一概应受司法监督的法治要求。理论研究的进路,应当是界清和调整行政行为的内涵和外延,使行政行为概念既不失规范性和学理价值,又与行政诉讼制度挂钩,以界清和拓展可诉范围。笔者相信,这样一种符合我国行政诉讼制度发展实际、能够体现一切行政行为都应该具有可诉性的法治原则的行政行为概念重构是可以实现的,并且是可以提供令人信服的理论说明的。

那么,如何重构行政行为呢?是推倒重来还是在现有基础上进行适度调整?鉴于三十多年理论建设形成的理论定势和二十多年行政诉讼制度建设形成的制度框架,在中国大陆已经形成"只有针对行政行为才得以提起行政诉讼"的认识和制度,一旦取消行政行为作为行政诉讼"通道"的制度功能,无疑将颠覆这种已经成型的认识和制度,付出本来可以避免的巨大改革代价,同时也偏离行政行为的"目的性创设"。这是不可取的。相反,我们应当在现今已经形成的理论定势和形成的基本制度框架基础上,从对行政行为实现司法监督的行政法治原则出发,坚持行政行为作为行政诉讼"通道"的制度功能,坚持可诉性是行政行为的本质特征,通过在现有行政行为概念的基础上对行政行为概念及其内涵和外延的适度调整,并结合行政诉讼制度的完善,实现理论重构和制度重构的对接,实现除法律明确排除的外,一切行政行为均可诉的目标。

由于我国缺乏行政诉讼类型制度,过去我们在理解行政行为可诉性时往往把它理解成对行政行为可以提起各种诉讼请求、特别是可以提起解除公定力请求的撤销之诉,因而只承认行政法律行为才是行政行为。这样对行政行为的把握实际上是不全面的,限制了行政行为的可诉性。事实上,现

---

① 例如,江必新法官在其发表在《法律适用》2000年第7期上的《是恢复,不是扩大——谈〈若干解释〉对行政诉讼受案范围的规定》一文中的观点。

② 鉴于此,笔者的观点是,对"不可诉行政行为论"应持否定态度。

今包括德国本身在内的多数国家的“行政行为”,已经跳出了作为撤销之诉主要对象的传统的“行政处分”范畴,可诉行政行为的范围已大大扩大。笔者认为,行政行为的可诉性,并不要求行政行为具备可以提起所有各种行政诉讼之诉的属性。有的行政行为可以适用各种行政诉讼之诉,有的行政行为只能适用部分行政诉讼之诉;有的行政行为可以适用请求解除公定力的撤销之诉[①],有的行政行为不能适用请求解除公定力的撤销之诉[②],但可以在制度上为其设计出可以适用某些特殊的诉讼类型。无论何种情形,都是行政行为可诉性的体现。以这样的视野来把握行政行为范畴,那么,行政行为就可以包括除宪法和法律特别规定外的可以通过行政诉讼审理的行政机关的一切公权力行为。反过来说,行政机关作出的不具备行政诉讼可诉性的行为或“不可诉行为”不是行政行为,包括行政机关的私法行为、行政立法行为、国家行为、“内部管理行为”(行政机关对行政机关工作人员的奖惩、任免、考核、调动及工作中的命令、指示等)、公安、国家安全等机关依照刑事诉讼法的明确授权实施的行为。[③] 这一对行政行为的界定,使行政行为与行政诉讼受案范围得以对接,实现了行政行为的制度功能。在采取“概括式肯定＋列举式否定”的立法模式下,除法律明确规定的“不可诉行为”外,对相对方提起行政诉讼就不能再以不具有可诉性为由不予受理。[④] 这对于界清和拓展可诉行政行为范围、解决司法实践中行政案件受案范围的狭隘和混乱具有关键意义。

尽管当下中国大陆行政行为概念有明显缺陷,但毕竟其已经成了中国大陆学理上认识相对比较统一的一个概念。因此,行政行为理论的重构既要注意克服当下行政行为理论的缺陷,又要注意与中国大陆当下行政行为

---

① 例如行政法律行为。

② 由于行政事实行为不存在行政主体的主观表示,因而不存在通过行政诉讼解除公定力的问题,其在过去一直无法进入中国大陆行政行为的范畴。

③ 在此,有必要作两点说明:第一,终局性行政行为、行政机关作出的驳回当事人对行政行为提起申诉的重复处理行为,本身属于行政行为,只是法律赋予某些行政行为具有终局性或为防止诉权滥用才规定人民法院不予受理。第二,行政指导行为是行政机关观念表示行为,若其对相对方的权利义务有约束力,应当纳入行政行为范畴。目前《若干问题的解释》简单地将其排除在行政行为范畴之外,规定其不属于人民法院行政诉讼的受案范围,对此规定应当予以反思。

④ 余下的只是当事人选择的“诉”是否合适以及法院是否应予支持的问题,从而大大界清和拓展我国行政诉讼受案范围。

理论、行政诉讼制度以及相关政治制度有较好的延续和对接,以利于人们概念更新和制度改革的相对平稳。因此,重新构建的行政行为体系,既不应该是纯法国式的,也不应该是纯德国式的,而应该是一个既具有中国大陆行政行为理论的自洽性、又具备与中国大陆的法律制度和政治制度有较好对接性的行政行为体系。这样一个行政行为体系,是围绕体现可诉性是行政行为的法治属性来构建的行为体系,是一个直面行政诉讼制度改革的可能前景而构建的行为体系,也是一个有利于界清和拓展行政诉讼受案范围的行为体系。这样的一个行政行为体系,加上相应的立法修改,方能实现"除法律明确排除的外,行政行为均可诉"的目标。

鉴于此,笔者将行政行为定义为:行政机关(行政主体)基于行政职权通过主观表示作出的直接或间接影响公民、法人和其他组织权利义务的行为,或客观上具有此等影响的行为。这个定义确立的重构行政行为体系的标准,包括职权标准、主观标准、客观标准和效力标准。根据这四个标准,行政行为是行政机关(行政主体)行使行政职权,通过意思表示或观念表示作出的,客观上(不受行为主体的主观认识或辩解限制)能够直接或间接影响公民、法人和其他组织权利义务的公法行为。相反,行政机关(行政主体)作出的不符合上述四个标准的行为,不属于本书重构的行政行为体系范畴。这样一个行政行为体系具有下列属性:

第一,排除行政机关的私法行为。

行政诉讼的审查对象是行政机关的公法行为而非私法行为,行政机关的私法行为应受私法调整并受民事诉讼的管辖。这一认识和制度在建立行政诉讼制度的国家和地区,包括中国大陆,都不存在问题。

第二,排除行政机关的内部管理行为。

外部行政行为与内部行政行为,是中国大陆行政行为的一个分类,也是中国大陆行政法学研究的一个比较热烈的领域。现今,中国大陆占主导地位的划分外部行政行为与内部行政行为的标准,还是停留在"适用范围标准"和"效力范围标准"上。"行政行为以其适用与效力作用的对象的范围为标准,可分为内部行政行为与外部行政行为。所谓内部行政行为,是指行政主体在内部行政组织管理过程中所作的只对行政组织内部产生法律效力的行政行为,……所谓外部行政行为,是指行政主体在对社会实施行政管理过程中针对公民、法人或其他组织所作的行政行为……”[①]内部行政行为与外部行政行为“是基于行为的效力范围对行政行为的一种划分”,“是人们根据法律所设定的行政职权所涉及的效力范围所作的一种理论判断”。“如果说内部行政行为发生于行政主体之间、行政人之间以及行政主体与行政人之间,那么外部行政行为则发生在行政主体与行政相对人之间。”“外部行政行为不能直接对内部相对人发生法律效果,同样,内部行政行为也不能直接对外部相对人发生法律效果。”[②]在德国,“在当代的民主与法治国秩序中,对于前立宪时期的各种残余思想和任何‘特别权力关系’(besonderes Gewaltverhältnis)都没有留下任何余地。”“以往那种‘特别权力关系’(besonderes Gewaltverhältnis)”已经“结束”。[③] 与现今德国行政法学以“权利标准”作为划分是否属于行政处分的标准相比,以“适用范围标准”和“效力范围标准”作为划分外部行政行为与内部行政行为标准的分类方法,内部行政行为的范围十分宽泛,忽视了对行政机关公务员基本人权的关注,在“内部行政行为不可诉”之下,行政机关公务员即使作为普通公民应该享有的权利如果受到行政机关的侵害,也无法得到法院的救济。

我国《宪法》在“公民的基本权利和义务”一章第 41 条规定:“中华人民共和国公民对于任何国家机关和国家工作人员,有提出批评和建议的权利;对于任何国家机关和国家工作人员的违法失职行为,有向有关国家机关提出申诉、控告或者检举的权利……”因而,根据我国《宪法》,任何中国公民,包括我国行政机关的工作人员,若其权利受到行政机关的侵害,均享有提出控告(包括向人民法院提起诉讼)的权利。虽然,我国《行政诉讼法》第 12 条第 3 项将“行政机关对行政机关工作人员的奖惩、任免等决定”排除在行政诉讼受案范围之外,但对该项规定细加分析,“奖惩、任免”应属于“管理关系”而非涉及公民基本权利的“基础关系”,只要将该项中的“等”理解成“等内等”或“管理关系”范围内的“等外等”(如还可包括对公务员人事管理中的考核、调动及工作中的命令、指示等),从权利标准看,就不会涉及公务员受法律保护的基本权利,因而该项规定的合宪性并不存在问题,与法治原则没有抵触。

---

① 罗豪才主编:《行政法学》,北京大学出版社 2001 年版,第 80 页。

② 胡建淼:《行政法学》,法律出版社 2010 年版,第 152—153 页。

③ 〔德〕弗里德赫尔穆·胡芬:《行政诉讼法》,莫光华译,法律出版社 2003 年版,第 143 页。

根据我国《公务员法》第13条,“公务员享有下列权利:(一)获得履行职责应当具有的工作条件;(二)非因法定事由、非经法定程序,不被免职、降职、辞退或者处分;(三)获得工资报酬,享受福利、保险待遇;(四)参加培训;(五)对机关工作和领导人员提出批评和建议;(六)提出申诉和控告;(七)申请辞职;(八)法律规定的其他权利。”可见,我国公务员的权利既包括“管理关系”中的权利,也包括“基础关系”中的权利,后者是受法律保护的权利。但由于受在我国行政法学理论中盛行的“适用范围标准”和“效力范围标准”的影响,最高人民法院《若干问题的解释》第4条却将《行政诉讼法》第12条第3项规定的“对行政机关工作人员的奖惩、任免等决定”,扩大解释成“是指行政机关作出的涉及该行政机关公务员权利义务的决定”。这种“等外等”的解释,没有明确将这里的“权利义务”限定在“管理关系”范围内,为将这里的“权利义务”无限制扩大到法律保护的权利留下了不应有的空间,势必导致公务员“基础关系”范围的权利救济缺失。

遗憾的是,我国行政法学界不仅基本上没有对《若干问题的解释》第4条进行质疑,反而从该条出发,对《行政诉讼法》第12条第3项作了更加宽泛的学理解释。其中有较大影响的学理解释是:“行政机关对其工作人员的奖惩、任免等决定并不仅指奖惩、任免两项,而是统称行政机关作出的涉及该行政机关公务员权利义务的各类规定”[①];“内部行政行为不得适用行政复议程序和行政诉讼程序”[②]。尽管有学者注意到,不可诉的内部行政行为应限于“内部人事管理关系”和“工作关系”,所涉及的权利义务是“基于公务员身份而产生的权利义务”,即“公务员法律关系上的权利义务”,“与公务员作为公民的权利义务无关”,即不包括行政机关对其工作人员作出的涉及“行政机关工作人员作为普通公民所具有的权利义务”的行为,甚至还试图用“‘部分内部行政行为’不可诉”的观点来修正“内部行政行为不可诉”的观点[③],但由于“内部行政行为不可诉”的观点在我国行政法学界几成通

① 应松年主编:《行政诉讼法学》,中国政法大学出版社2007年版,第75页。

② 罗豪才主编:《行政法学》,北京大学出版社2001年版,第80页。

③ 不过,事实上,这些观点在举例具体框定内部行政行为时,仍显得过于宽泛,把行政机关对其工作人员作出的有关工资、休假、辞退、退休等涉及公务员作为普通公民也应享有的权利的决定也纳入内部行政行为范围。参见应松年主编:《行政诉讼法学》,中国政法大学出版社2007年版,第75—76页;胡建淼主编:《行政诉讼法学》,复旦大学出版社2003年版,第35—36页;胡建淼主编:《行政诉讼法学》,高等教育出版社2003年版,第37页。

说,不甚严谨的《若干问题的解释》第 4 条在不够理想的行政诉讼制度环境下又很容易被用来作为规避司法监督的依据,所以,这些学者的这部分有价值的观点并不能起到振聋发聩的作用,没有引起人们的足够重视。迄今,“内部行政行为不可诉”的观点在行政法理论和司法实践中仍然大行其道,许多诸如涉及公务员录用的案件①,上级机关就直接涉及外部相对方权利义务的事项向下级机关作出批准、批复、认定并送达当事人的行为,行政主体转送、转发其他行政机关但又告知当事人的处理当事人权利义务的决定或认定②,甚至行政机关作出的直接涉及公务员的公务员身份、财产权利、迁徙自由的行为,均被以“内部行政行为不可诉”为由挡在行政诉讼的“大门”之外。学界对一些高校学生就受教育权向人民法院提起行政诉讼被受理的案件的学理价值,一般仅从此类案件说明了“行政主体不仅包括行政机关,而且包括法律法规授权的组织”“行政诉讼受案范围不仅限于人身权、财产权,而且包括人身权、财产权之外的受教育权等权利”的角度去认识,鲜有从受教育权不属于内部管理关系、而属于涉及公民权利的基础关系的角度去认识。

随着法治的发展,我国公务员权利保护存在的问题越显突出。笔者以为,现在是对“内部行政行为”理论进行认真反思的时候了。

大陆法系国家,无论是法国还是德国,并无“内部行政行为”之说,其行政处分或行政行为并不包括中国大陆意义的内部行政行为。德国行政法教科书指出:“行政内部行为,尤其对下级官员和士兵的内部职务命令以及行

---

① 其实,公务员录用案件的当事人因没有被行政机关录用,与行政机关并不存在内部公务员法律关系,而是外部相对方与行政机关的关系。即使按照“适用范围标准”和“效力范围标准”,行政机关不录用的决定也不是内部行政行为。笔者欣喜地看到,已有少数这类案件被人民法院受理,例如,2003 年“张先著诉芜湖市人事局公务员招考行政录用决定纠纷案”和 2005 年“杨世建起诉人事部案”等行政案件。

② 例如,2000 年北京市第一中级人民法院以中国证监会《关于海南凯立公司上市问题有关情况的报告》[证监发(1999)39 号文](此报告不仅转送国务院有关部门,转发海南省政府办公厅,而且经海南省政府办公厅又转告了海南凯立公司)属于内部行政行为,裁定不予受理凯立公司对中国证监会(1999)39 号文的起诉。参见新浪网“海南凯立案”:《起诉证监会一波三折　“凯立案”幕后大追踪》,http://finance.sina.com.cn/2000-12-01/25898.html.,2011 年 8 月 18 日访问。笔者认为,这种所谓的内部行政行为,其效力并非限于行政机关内部,而是直接影响了外部相对人的权利义务,应作为外部行政行为,具有可诉性。否则,行政机关就可能利用这一点,把外部行政行为故意通过上级机关“做成”所谓的内部行政行为,以规避法院的监督。

政内部的同意、责难,均不是行政行为。”[①]德国用“特别权力关系”来描述行政机关对其公务员的管理关系,并不使用“内部行政行为”的概念。基于对行政处分是对外部相对方法律上的权利义务的处分、或者行政行为是对相对方基于公民的法律上的权利义务作出的行为之限定,在大陆法系国家看来,中国大陆意义的内部行政行为其实并不属于行政处分或行政行为,在行政处分或行政行为的范畴中并无立足之地。正如胡建淼教授所言,“内部行政行为”与“特别权力关系”其实并没有关系。[②] 由此看来,“内部行政行为”其实是一个伪概念,其指向的“行政机关对行政机关工作人员的奖惩、任免决定”并非行政处分或行政行为。因为一旦行政机关对其公务员作出影响公务员作为普通公民应该享有或承担的法律上的权利义务的行为,受其影响的公务员与行政机关的关系在实质上就已经是外部管理关系了,该行为也就与一般的行政行为无异,因此,并不存在所谓的“内部行政行为”。行政机关对其工作人员的奖惩、任免决定宜作为行政机关的内部管理行为看待。同时,所谓“内部行政行为理论”的渊源是“特别权力关系理论”,也是一个伪命题。取消“内部行政行为”概念,或者说停止使用自 1989 年 7 月《行政法学原理》首次提出、至今已经在中国大陆使用二十余年的“内部行政行为”概念,以“内部管理行为”指称行政机关对行政机关工作人员的奖惩、任免、考核、调动及工作中的命令、指示等,将行政机关对其公务员作出影响公务员作为普通公民应该享有或承担的法律上的权利义务的行为视为一般行政行为,有利于保护公务员的法律权利,也有利于实现除法律明确排除的外、行政公行为均具有可诉性的目标。这与大陆法系国家和地区对行政处分和特别权力关系、行政处分与机关内指示的区分是一致的。在现今德国,已经确立以是否“涉及相对人个人地位(特别是基本权利)”为判断行政处分和特别权力关系的标准。在我国台湾地区,亦以是否“足以改变(消灭)公务员身份”[例如,依“公务员考绩法”或相关法规对公务员所为免职处分(相当于中国大陆的开除公职处分)、公务员经人事主管机关任用审查认为“不合格”]、是否“对公务员权利有重大影响”(例如,公务员申请核发服务

---

① 〔德〕平特纳:《德国普通行政法》,朱林译,中国政法大学出版社 1999 年版,第 119 页。

② 参见胡建淼:《“特别权力关系”理论与中国的行政立法——以〈行政诉讼法〉、〈国家公务员法〉为例》,载《中国法学》2005 年第 5 期。

年资或未领退休金之证明遭拒绝、对公务员公法上财产之请求的拒绝、对公务员级俸的审定、公务员经人事主管机关任用审查认为应"降低原拟任之官等")作为区分行政处分与机关内指示的判断标准。[①]

在行政管理实践中,行政机关还经常作出形式上仅对行政系统内部组织(通常是下级机关),而实质上影响公民、法人和其他组织权利义务的某种行政决定、通知或答复。这类行为往往被冠以内部行政行为而规避司法审查。"内部行政行为"概念的排除,可以使此类行为脱去内部行政行为的外衣,从而作为普通行政行为置于司法审查之下,有利于强化对公民、法人和其他组织的司法救济。

第三,排除行政机关制定行政法规和行政规章的行政立法行为。

一方面,将行政立法行为从行政公行为中排除出去,具有合理性。因为,行政立法不是直接基于行政职权,而是立法机关委任行政机关进行立法,在本质上是立法权的行使,而不是行政权的行使。法国一些法学家(如狄骥、热兹等)也曾主张,行政法规在客观上应被认为是立法行为。[②] 在我国,其与立法机关的行为一道均受《立法法》规范,因而,其不该由行政法规范,自然不适用《行政诉讼法》。[③] 这也同时解决了多年来社会要求将抽象行政行为纳入行政诉讼受案范围、但又面临我国的政治体制无法通过行政诉讼对行政法规和行政规章进行审查的矛盾。另一方面,行政机关制定的法律文件能否受法院审查,与一国的政治体制和法律传统均有密切关系。法国行政法院的前身是拿破仑设立的国家参事院,其本身具有草拟法律草案和公共行政条例的职能。在国家参事院发展成为行政法院后,对行政条例的草拟和咨询职能也就自然发展成为审查职能。因此,把作为"普遍性规则"的行政条例包括在行政行为内,作为行政诉讼的审查对象也就成为自然而然的事情了。德国"行政处分"的概念虽然并不包括行政机关制定的法

---

① 参见翁岳生编:《行政法》(上册),中国法制出版社 2009 年版,第 622—627 页。

② 参见〔法〕古斯塔夫·佩泽尔:《法国行政法》,廖坤明、周洁译,国家行政学院出版社 2002 年版,第 27 页。

③ 正如胡建淼教授所言,制定行政法规和行政规章的行为属于"由《立法法》调整的'立法行为'",而"立法行为不属于行政行为","将不属于行政法调整的立法行为置于'抽象行政行为'概念之中,事实的结果是导致不适当地扩大了行政法的调整范围"。参见胡建淼:《行政法学》,法律出版社 2010 年版,第 199 页。

规、规章,但其实行以议会为中心的一元立法体制和全面的司法监督体制,行政机关制定法规、规章必须有法律的委任,并受司法监督。当事人若认为行政机关的法规、规章违宪,可通过宪法法院制度直接诉至宪法法院,由宪法法院对其是否违宪进行审查;当事人若在具体的行政纠纷中认为行政机关的法规、规章越权,则可根据《行政法院法》第40条第1款"一切未被联邦法律划归为属其他法院管辖的非宪法性质的公法上争议,对之均可提起行政诉讼"的规定,向行政法院附带提出审查请求,由行政法院对其是否越权进行审查。美国实行严格的"三权分立"制度,自马伯里诉麦迪逊案确立了法院对立法的合法性审查判例之后,法院对行政机关制定的法规条例的审查权自然得以确立。根据美国《联邦行政程序法》(《美国法典》第551条和第702条),司法审查及于行政机关的规章制定。① 而现今中国大陆既不存在对行政法规、行政规章进行司法审查的政治体制安排,也缺乏对行政法规、行政规章进行司法审查的法律传统,因而,将行政立法行为排除出行政行为之外,与立法机关的行为一道均受《立法法》而非行政法规范,更符合中国国情。

将行政立法行为从行政公行为中排除出去后,在以前所谓的"抽象行政行为"的概念中就只剩下了行政法规和行政规章之外的行政规范性文件。对于此类规范性文件,可以采用我国《行政复议法》的提法,将其称为"行政规定"。于是,将来《行政诉讼法》的修改需要解决人民法院对行政机关规范性文件的审查权时,只需解决对行政规定的审查权问题。

中国大陆抽象行政行为的概念,人们普遍认为是王名扬教授于1983年在王岷灿主编的《行政法概要》中最早从法国行政法学中引进来的。但事实上,在法国,对于行政机关制定的具有普遍效力的规范性文件通常叫做普遍性规则,而不是抽象行政行为。近年来,"抽象行政行为"这个提法在中国大陆越来越受到学界的质疑,甚至有被摒弃的趋势。其主要原因在于这一概念缺乏科学性,同时,这一概念对突破抽象行政行为不可诉的时代要求构成

---

① 该两条的内容分别是:机关行为"包括机关的规章制定、裁决、许可、制裁、救济及其他相似行为,或者上述形式的否定行为和不作为的全部或一部";"因机关行为而使权利受到侵害的人,或者受到有关法律规定范围之内的机关行为的不利影响或损害的人,均有权要求司法审查"。参见应松年主编:《外国行政程序法汇编》,中国法制出版社2004年版,第46、3页。

了障碍。"抽象行政行为(的概念)导致立法行为与行政行为不分,并将立法行为混同行政行为,从而超越了行政法的调整范围。""世界上只有抽象的规则,不可能有抽象的行为。""一切行为都是具体的;'具体行政行为'的提法是'画蛇添足'。"[①]因此,自王岷灿主编的《行政法概要》首次使用以来已经被中国大陆使用了三十年的"抽象行政行为"和"具体行政行为"的概念应当停止使用。这一行政行为的分类取消之后,可以避免判断这对深奥、有时候又模棱两可的概念的困难,从而使当事人提起诉讼和法院受理案件无须首先判断被诉行为属于哪一类行为,有利于行政行为可诉性的实现。

第四,行政行为包括普通行政行为和特殊行政行为。

其中,普通行政行为包括行政法律行为和准行政法律行为,特殊行政行为包括行政事实行为、行政合同、行政规定、行政规划和行政计划。普通行政行为可以适用以前的诉讼形式、诉讼规则和判决[②],将准行政法律行为与行政法律行为一并作为普通行政行为,是由于将准行政法律行为纳入行政诉讼受案范围是行政法治建设和发展的客观需要和必然趋势,且准行政法律行为完全可以适用与行政法律行为相同的诉讼类型;而构建特殊行政行为的概念,则是为了使应该受到司法监督的一切行政公行为不仅都能够被纳入行政诉讼的受案范围,而且可以构建一些针对其特点的特殊诉讼类型,以适应公民权利保障的需要。由此,既可以实现除法律明确排除的外、行政行为均具有可诉性的目标,又可以针对不同的行政行为类型构建不同的诉讼形式、诉讼规则和判决类型,实现行政诉讼的针对性和有效性。

第五,将准行政法律行为纳入普通行政行为范畴。

虽然准行政法律行为不能直接产生法律效果,但却可以借助"介质"间接产生法律效果,从而也会对公民、法人和其他组织的合法权利产生影响。因而,把准行政法律行为排除在受案范围之外,不符合行政法治的要求。准行政法律行为应当并且可以被中国大陆的行政诉讼制度所接受,其在当下处于"不可诉"地位或处于可诉性的"模糊地带",并非制度使然,而是当下行政行为理论使然,即行政行为被限定为行政法律行为,间接产生行政法律效果的准行政法律行为被排除在了行政行为之外。于是,准行政法律行为

---

① 参见胡建淼:《行政法学》,法律出版社2010年版,第199—200页。

② 在建立起完整的行政诉讼类型之后,还可以适当增加针对行政行为的诉讼类型。

就无法进入由行政行为打开的行政诉讼“通道”。一旦我们在理论上将准行政法律行为作为普通行政行为的一种形式,其可诉性自然就可以得到解决。因准行政法律行为的纳入而导致的普通行政行为内涵和外延的扩大,以及可诉性“模糊地带”的消除,有利于提高《行政诉讼法》关于受案范围的概括式肯定的明确性,强化概括式肯定的可适用性,扩展概括式肯定的可适用面。这样,结合将来《行政诉讼法》对行政诉讼受案范围采取“概括式肯定+列举式否定”的立法方式,即可实现除法律列举排除的外、其余的行政行为(包括行政法律行为和准行政法律行为等等)均可诉的目标,不再存在可诉性的“模糊地带”。同时,也可以从源头上约束人为地对可诉行政行为的范围任意缩小的裁量空间,以保护公民、法人和其他组织的诉权。把间接产生法律效果的准行政法律行为纳入行政行为的范畴,不仅有利于界清和拓展中国大陆行政诉讼受案范围,而且可以解决由于目前中国大陆准行政法律行为可诉性不明确而产生的受案范围的模糊性问题。

在我国,其实早有学者主张,行政行为既应包括直接产生法律效果的公务行为,也应包括间接产生法律效果的公务行为,认为行政行为是行政主体“基于行政职权作出的,能直接或间接引起法律效果的公务行为”。不过,其当时只关注到能间接引起法律效果的抽象行政行为,而没有更多地关注到也能间接引起法律效果的准行政法律行为。“一般来说,抽象行政行为只间接地引起法律效果,具体行政行为方能直接地引起法律效果。”[①]尽管如此,这种对行政行为的学理认识仍给我们有益的启发:既然间接引起法律效果的抽象行政行为可以被认为是行政行为的一种形式,即“间接引起法律效果”并不为“行政行为”所排斥,那么,把也能间接引起法律效果的准行政法律行为纳入行政行为的范畴,似也不应存在理论上的障碍。

如果我们只将“主观表示”作为普通行政行为与行政事实行为在主观要件上的区别,而不论这种“主观表示”是“意思表示”还是“观念表示”,那么,综合主观和客观两个方面的要件,我们可以对普通行政行为作如下新的认识:普通行政行为是行政主体基于行政职权,通过“主观表示”(“意思表示”或“观念表示”)作出的,能直接或间接引起法律效果的公务行为。这种

① 胡建淼:《行政法学》(第二版),法律出版社 2003 年版,第 192 页。

新定义的普通行政行为,不仅包括行政法律行为,而且包括准行政法律行为[①],并且与我国目前《行政诉讼法》对行政行为的认识没有任何冲突。据笔者了解,其实已有行政法学界同仁具有相同的观点。例如,杨解君教授在其所著《行政行为初论》中也曾认为:“行政主体所为的直接产生法律效果和间接产生法律效果的行为皆可属于行政行为。”[②]许多行政法学教科书也将行政机关诸如行政登记、行政监督等具有行政机关的观念表示、并间接产生法律效果的行为纳入行政行为体系[③],自觉或不自觉地将准行政法律行为纳入行政行为范畴。这些对行政行为的认识与笔者提出的普通行政行为概念是一致的。以普通行政行为取代目前内涵和外延狭小的行政行为,就可以将准行政法律行为从“不可诉”地位或受案范围的“模糊地带”带入行政诉讼受案范围,不仅可以回应要求将准行政法律行为纳入行政诉讼受案范围的呼声,大大拓展行政诉讼的受案范围,促进行政法治原则在更广范围内实现,而且也直接有利于解决目前由于准行政法律行为属于行政诉讼的“模糊地带”而引起的认识上和实践上的混乱,避免司法实践中一些准行政法律行为实现了可诉性、而另一些准行政法律行为被排除在行政诉讼受案范围之外或者可诉性不清的混乱局面;避免对同一准行政法律行为引起的行政诉讼,有的法院受理、有的法院不受理的尴尬局面。从而不仅使中国大陆准行政法律行为的可诉性实现了与国际的接轨,而且使中国大陆对准行政法律行为的研究也可实现与国际接轨:研究准行政法律行为,只是为了更加精致地分析行政机关各类具有不同学理特征的行为,观察它们的不同特点、效力和法治要求,与行政诉讼受案范围不再有直接联系。

第六,将行政事实行为、行政合同、行政规定、行政规划和行政计划纳入可以提起某些特殊类型的行政诉讼的特殊行政行为范畴。

(1) 将行政事实行为纳入特殊行政行为范畴。如前面的章节所述,当下中国大陆行政诉讼制度对行政行为监督的主要功能是解除行政行为的效

---

① 笔者在本书第四章已经提出主张:由于行政指导存在行政机关的观念表示,且具有间接法律效果,因而其应当被归入准行政法律行为范畴。

② 转引自孔繁华:《准行政行为》,载《郧阳师范高等专科学校学报》2000 年第 2 期。

③ 据笔者研究,在作为跨类别的行政公务行为这样一个行政登记的行为类型中,学理上属于准行政法律行为的行政登记不在少数。参见茅铭晨:《中国行政登记法律制度研究》,上海财经大学出版社 2010 年版。

力或法律效果,行政赔偿制度的功能是对相对方受行政机关的职务行为或与职务相关的行为的损害进行补救。由于行政事实行为在过去一般被认为是行政机关作出的不具有法律效果、只具有事实效果但有可能产生侵权法律后果的行为,因此,在制度安排上,行政事实行为已被纳入国家赔偿诉讼的范围,但不属于行政诉讼的受案范围。

一方面,随着行政法学理论研究的深入和对行政执法实践的深入考察,人们逐渐认识到,行政事实行为虽然不具有行政机关的主观表示,但却不仅可能产生侵权的法律后果(例如,行政机关的工作人员在执行公务过程中殴打行政相对人的行为会产生侵权的法律后果),而且有的行政事实行为还有可能直接依据法律的规定或外界的事实状态产生法律效果(例如,行政执行行为会对相对方人身权、财产权产生法律影响)。不仅如此,大量的行政事实行为虽不直接发生法律效果,然其与行政行为的产生过程和实施过程存在密切关系,往往构成行政行为的一种程序、手段或基础条件,与行政行为的作出、行政行为的内容和行政行为的过程有密切关系,也与行政相对人的合法权利有密切关系。另一方面,行政诉讼制度作为一项法律救济制度,其功能也不应该仅仅限于解除行政行为的效力或法律效果,同时也应该具有对行政公行为(包括行政事实行为)是否合法进行确认、判决行政机关为或不为一定行政公行为(包括行政事实行为)等功能。因此,行政事实行为客观上可能对相对方权利义务产生影响,将其纳入一定类型的行政诉讼监督之下,是保护公民、法人和其他组织合法权利的要求,也是行政法治的要求,将行政事实行为纳入承担行政诉讼“通道”制度功能的行政行为范畴、置于行政审判权之下是完全必要的。

(2)将行政规划和行政计划纳入特殊行政行为范畴。行政规划和行政计划是行政机关基于行政职权,为实现特定的行政目的,对今后拟采取的行动和措施作出的设计、安排、部署。虽然,在表述上有“行政规划”和“行政计划”之分,但实际上两者在概念上很难找到不同的要素进行界分。在中国大陆,行政规划和行政计划这种行政类型是否属于行政行为,迄今尚缺乏深入的讨论。在我国台湾地区,根据其“行政程序法”第 2 条,订定行政规划、确定行政计划属于行政行为。在日本,行政计划传统上不属于构成抗告诉讼对象的行政处分,但随着行政法治的推进,最高法院的判例已经将行政计划视为可以提起抗告诉讼对象的行政处分。在欧陆国家,行政计划在行政法总论教科书及相关法典中与法规命令、行政规则、自治法规、行政处分、行政契约、行政指导等行为方式一起,属于行政行为的一种形式。

根据本书构建新行政行为概念时提出的职权标准、主观标准、客观标准和效力标准,由于行政规划和行政计划是行政机关基于行政职权作出的,因而符合行政行为的职权标准;由于行政规划和行政计划是行政机关通过意思表示作出的,因而符合行政行为的主观标准;由于行政规划和行政计划客观上能够影响公民、法人和其他组织的权利义务(只不过往往通过"介质"才能间接产生影响。例如,建设规划需要通过具体的拆迁、建设行为才能对一定主体的权利义务产生影响),因而符合行政行为的客观标准和效力标准,因此,应将行政规划和行政计划纳入重构的行政行为体系。从权利救济的需要看,将行政规划和行政计划纳入行政行为范畴、从而受到行政诉讼制度的监督,也是必要的。

但是,与普通行政行为相比,行政规划和行政计划具有特殊性。首先,行政规划和行政计划具有对象普遍性、效力间接性的特点,但其不是规则行为(行政机关制定非法源性文件);其次,行政规划和行政计划的内容是对计划或规划内的事务作出处理性的安排,但这种处理性的安排对象又是普遍的、甚至是不特定的,因而也与传统概念上的具体行政行为不同;最后,行政规划和行政计划虽然不能直接对特定相对方的权利义务产生影响,但通过"介质"却可以对特定相对方的权利义务产生影响。鉴于行政规划和行政计划具有上述与普通行政行为不同的特点,宜将其纳入特殊行政行为范畴。由于行政规划和行政计划对特定相对方效力的间接性,人们容易认为其是一种中间行为、过程行为、不成熟行为,欠缺诉的成熟性,以为只要对规划和计划执行中的处分起诉就可以了。笔者认为,不是对规划和计划执行中的处分起诉,而是对规划和计划本身起诉,这样更有利于纠纷的解决和权利的救济,尤其是"从根本上"解决纠纷。因此,有必要将行政规划和行政计划纳入行政行为体系和行政法的救济范围,并为其设置特殊行政诉讼类型。

(3) 将行政合同纳入特殊行政行为范畴。行政合同是通过行政机关的意思表示而达成的,只不过与单方行政行为不同,其不能仅凭行政机关单方面的意思而成立,而需要通过与合同相对方的合意而达成。由于行政合同直接涉及合同相对方的权利义务,因而其应受司法审查为现代司法制度所确定。只不过,在英美法系国家,并无严格的行政合同概念,我们所说的行政合同争议被视为与一般合同争议并无实质区别的争议,由普通法院管辖;而在大陆法系国家,行政合同争议则通过行政诉讼解决。

与一般行政行为相比,行政合同具有显著的特点,因而,宜将其适用不同于针对一般行政行为的诉讼类型。因此,笔者主张:将行政合同排除出普通行政行为的范畴,将其作为特殊行政行为,适用与普通行政行为不同的诉讼类型。

这一建议之合理性的解释有二:一是大陆法系国家普遍将行政合同纳入行政诉讼受案范围,并适用特殊的诉讼规则。法国将其纳入宽泛的行政行为范畴(视为与单方行政行为相对的一种双方行政行为,但其不适用针对单方行政行为的越权之诉,而只适用特定的行政合同的诉讼)。虽然德国、日本和我国台湾地区均将行政合同排除在行政处分范畴之外,但却都承认行政合同(行政契约)的公权力因素,认为行政合同争议属于公法争议,因而都将其纳入行政诉讼审查范围,同时对行政合同的审查适用不同于对行政处分审查的规则。二是在中国大陆,1991 年 5 月最高人民法院《若干问题的意见(试行)》曾将可诉的具体行政行为限定为单方行为,行政合同被排除在行政诉讼受案范围之外。但 1999 年 11 月最高人民法院《若干问题的解释》出台后[①],行政合同作为双方行政行为在学理上的地位确立了起来,在行政诉讼实践中也正在突破受案范围,并形成了一些针对行政合同的具体司法规则。因此,将行政合同作为特殊行政行为纳入行政诉讼受案范围,在中国大陆是有理论和实践根基的。只要确立相应的诉讼类型,对行政合同的行政法监督不仅是必要的,而且也是完全可行的。

(4) 将行政规定纳入特殊行政行为范畴。行政规定作为各级各类行政机关制定非法源性文件的行为,与享有准立法权的行政机关制定行政法规和行政规章的行为虽然有一定的相似性,都是行政机关制定规范性文件的行为,但在性质上还是有根本性的区别:前者完全属于行政权的范畴,属于

---

① 《若干问题的解释》以"行政行为"替代《若干问题的意见(试行)》中的"具体行政行为",并删除了《若干问题的意见(试行)》对具体行政行为的定义。

行政之行为,由行政法规范;后者归根结底属于立法权的范畴(只不过是立法机关将其权力委任给一定级别的行政机关行使),属于立法行为,应当由立法法调整。行政规定虽然不直接对特定的公民、法人和其他组织的权利义务产生影响,但一旦以一定的事实或适用条件为“介质”适用于特定的公民、法人和其他组织,即可对特定的公民、法人和其他组织的权利义务产生影响。这种影响虽然是通过“介质”间接影响公民、法人和其他组织的权利义务的,但却是真实发生的。即使特定的公民、法人和其他组织因缺乏“介质”未受到行政规定的具体、现实的影响,从维护公共利益的角度将行政规定纳入行政诉讼受案范围,也具有合理性和必要性。总之,基于行政应受司法监督的法治原则,应当将行政规定纳入行政诉讼受案范围。鉴于行政规定与一般行政行为存在显著差异,宜将其纳入适用特殊行政诉讼规则的特殊行政行为范畴。

三、理论重构后的行政行为体系

理论重构后的行政行为体系如图 6-1 所示:

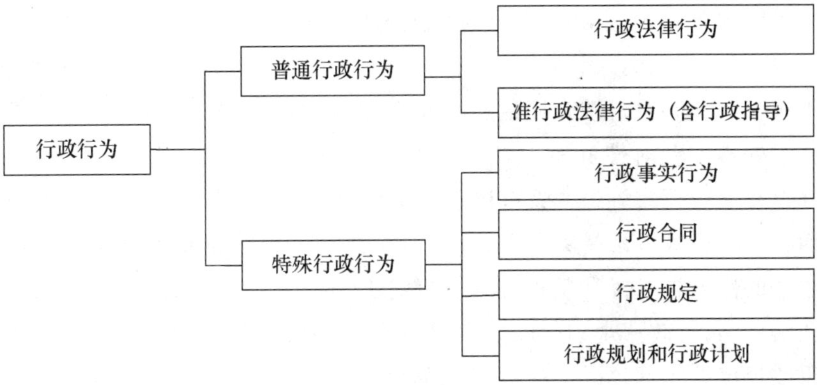

图 6-1

与现今中国大陆行政行为通说相比,这一行政行为体系通过对主观标准的扩大(把“观念表示”纳入主观标准)和效力标准的扩大(把间接影响公民、法人和其他组织权利义务的效力纳入效力标准),将准行政法律行为(含行政指导)纳入了普通行政行为范畴;通过对效力标准的扩大(把间接影响公民、法人和其他组织权利义务的效力纳入效力标准),将行政事实行为和行政规定纳入了特殊行政行为范畴;通过对职权标准的强调(视行政机关制定行政法规和行政规章的行为为立法行为),将行政立法排除出了行政行为范畴,但却有利于把行政规定纳入行政行为的范畴之内;通过对"内部管理行为"的排除,将行政机关对其公务员作出的涉及公务员作为普通公民应该享有或承担的法律上的权利义务的行为纳入了普通行政行为范畴;通过对行政合同、行政规划和行政计划特殊性的分析,将行政合同、行政规划和行政计划纳入了特殊行政行为范畴。这一行政行为体系包括普通行政行为和特殊行政行为两个部分,但均属于行政诉讼受案范围,只不过对不同类型的行政行为应当构建不同的诉讼类型,如此,既可以扩大行政诉讼受案范围,又能够针对不同的行政行为适用适当的诉讼规则,从而有利于加强司法对行政公行为的监督。具体来说,第一,重新构建的行政行为不再是行政法律行为的简称,即使是普通行政行为也包括准行政法律行为(含行政指导①)。将目前处于可诉性"模糊地带"或不可诉领域的准行政法律行为纳入到行政行为的范畴之中,扩大了行政诉讼监督的范围。第二,全新构建的特殊行政行为把当前不可诉的行政事实行为、行政规定,以及迄今行为性质不清、可诉性不明的行政规划和行政计划纳入其中,也扩大了行政诉讼受案范围。第三,将行政合同纳入特殊行政行为范畴,使其适用特殊的行政诉讼类型。这不仅没有放弃对行政合同的行政法监督,而且有利于行政诉讼对行政合同纠纷处理的针对性和有效性。第四,行政立法被排除出行政行为范畴。这并没有缩小行政诉讼受案范围(因为当下行政立法行为也是不可诉的),反而扩大了行政诉讼受案范围,而且这一排除实际上是把本来搞乱了的行政立法的性质得以拨乱反正,同时也解决了过去由于考虑到鉴于中国大陆的政治体制,行政法规和行政规章无法被纳入行政诉讼受案范围、进而影响将行政规定纳入行政诉讼受案范围的困境。第五,在行政行为体系中不承认所谓的"内部行政行为"的存在,将行政机关对其公务员的奖惩、任免、考核、调动及工作中的命令、指示等作为"内部管理行为"排除出行政行为之

① 如果经审查,某行政指导行为对公民、法人或者其他组织的权利义务不直接或间接产生实际影响,则可以作为"对公民、法人或者其他组织权利义务不产生实际影响的行为"驳回起诉。

外,通过行政机关内部机制解决公务员对“内部管理行为”的申诉,而将行政机关对其公务员作出的涉及公务员作为普通公民应该享有或承担的法律上的权利义务的行为视为一般行政行为。前者不可诉,但后者却可诉,从而有效保障了公务员的行政诉权,扩大了行政诉讼受案范围。因此,理论重构后的行政行为体系可以有效实现界清和拓展行政诉讼受案范围的目的。

第七章　中国大陆实现行政行为可诉性的路径(二):制度重构

从制度重构的角度讨论中国大陆实现行政行为可诉性的路径,主要涉及受案范围立法模式的改革、行政诉讼类型的构建、对滥用自由裁量权审查的拓展、可诉权利的扩张这四个问题。除行政诉讼类型的构建外,其他三个问题在前面有关章节中已有所涉及,所以本章将在行政诉讼类型的构建上花费相对较多的笔墨。

一、受案范围立法模式的改革

行政诉讼受案范围是法院受理行政案件的范围。它不仅涉及法院与其他国家机关在监督行政机关方面的权限分工,而且涉及行政诉讼与其他诉讼(例如宪法诉讼、民事诉讼)职能的分工。因此,世界各国鉴于各自不同的政治体制、法律体系、法治发展水平、司法制度等,均有各自大小不一的行政诉讼受案范围。同时,行政诉讼受案范围也是公民、法人和其他组织提起行政诉讼的范围,决定了公民、法人和其他组织针对行政权力的司法救济权的大小,是衡量一国行政法治发展水平和成熟程度的重要标志。因此,行政诉讼受案范围问题是各国推动行政法治发展所需要不断推进的一项重要司法制度改革问题,也是需要深入研究的一个重要行政法学议题。

在英美法系国家,由于实行由普通法院对行政机关的行为进行司法审查的制度,因而没有严格的行政诉讼受案范围概念。原则上,在公法领域,所有公法领域的案件,法院都是可以审查的。但并不等于说这些国家对行政机关行为的司法审查没有边界。英国是一个实行判例法的国家,因而并无制定法规定哪些行政行为属于司法审查的范围,其根据越权无效和自然公正的行政法原则,确立了所有公法领域的案件法院都可以审查的制度。但是,依据其法律传统,国家行为不受法院管辖;法院不审查不具有司法性的行政争议;法院对英王特权行为、行政自由裁量权也不具有实质审查权;在当事人的申请有不合理的迟延、当事人本身有过失、当事人另有其他救济手段、当事人知道公共机构作出决定时存在偏私情况而不提出异议、当事人对自己的防卫权利受到妨碍而不提出异议、法院认为救济手段不能达到目的等情形下,法院可以拒绝司法审查。对于具有军事性质的机构的内部纪律处分,纯属团体内部的事务,法院也可以拒绝司法审查。除此之外,一些法律也有排除司法审查的具体条款,例如,"最后决定条款""最后证明条款或部长认为满意条款""如同本法的规定条款"①"排除提审令条款""排除任何司法审查条款""法定的救济手段""行政裁判所和调查法对于排除司法审查的限制"等。美国根据可审查假定原则,并通过《联邦行政程序法》"司法审查"一章对司法审查范围的概括式肯定的方式,确立了法院对政府机关作出的行政行为原则上都可以进行司法审查的制度。该法规定:"因机关行为而使权利受到侵害的人,或者受到有关法律规定范围之内的机关行为的不利影响或损害的人,均有权要求司法审查。"②同时,法律也明确排除了一些不受司法审查的行政机关的行为。对于法律明确排除在司法审查范围之外的行政机关的行为、属于法律赋予行政机关自由裁量权的行为(除非行政机关滥用自由裁量权)、外交和国防行为、总统任命高级助手和顾问的行为,以及涉及国家安全的行为等,法院无权进行司法审查。

① 在议会委任立法的授权中,有时规定行政机关根据授权法所制定的行政法规的效力"同本法中的规定一样"。这样的条款,表示议会把它的最高立法权力委托于受委任立法的机关。法院不能对议会的法律实施审查,那当然也不能对同议会法律具有同等效力的行政法规实施审查。但法院认为,这种条款不能用来保护违反授权法的委任立法,法院仍可审查它是否超越授权法范围,也可审查它是否遵守必要的程序规则。

② 《美国法典》第五编第702条。参见应松年主编:《外国行政程序法汇编》,中国法制出版社2004年版,第46页。

换言之，英国和美国虽然没有严格的行政诉讼受案范围概念，但实际上也存在对行政机关行为的司法审查范围问题。

在大陆法系国家，由于需要确定行政诉讼与其他诉讼（例如宪法诉讼、民事诉讼）、行政法院与普通法院的权限范围，因而形成了行政诉讼受案范围的概念。确定行政诉讼受案范围的方式主要有两种：一种是判例式，即行政诉讼受案范围是通过判例确定的，代表性国家是法国。法国行政诉讼受案范围实际上是一个划分行政法院与普通法院之间管辖权限的问题。虽然法国是成文法国家，但一般而言，法律并没有规定什么事项属于行政法院的管辖范围，什么事项属于普通法院的管辖范围，其行政法院的管辖范围与普通法院的管辖范围之界限，一般是由行政法院和权限争议法庭通过判例解决的。另一种是法定式，即行政诉讼受案范围是由制定法确定的。代表性国家是德国和日本。我国台湾地区也采用这种模式。由制定法确定行政诉讼受案范围又有不同的具体方式，主要有概括式、列举式和混合式等几种方式。所谓概括式，就是由法律概括性规定行政机关的行为或非宪法性质的公法上的争议，属于行政诉讼受案范围或行政法院管辖范围。所谓列举式，就是由法律列举什么样的行政机关的行为或公法上的争议属于行政诉讼受案范围或行政法院管辖范围；什么样的或者在什么情形下的行政机关的行为或公法上的争议，不属于行政诉讼受案范围或行政法院管辖范围。前者称为肯定式列举，后者称为否定式列举。瑞士和第二次世界大战前的日本等国家对行政诉讼受案范围均实行肯定式列举的立法模式。瑞士《联邦宪法》第 114 条规定："联邦行政法院受理联邦法律所规定的联邦行政诉讼。"1890 年，日本根据《宪法》颁布了《行政裁判法》，正式确立了近代日本行政诉讼制度。该法第 15 条规定："行政裁判所，审判依法律敕令所许可出诉于行政裁判所之事件。"①同年《行政厅违法处分之行政裁判事件》则明确列举了这些事件，即"海关税以外关于租税及手续赋课之事件；关于租税滞纳处分事件；关于营业兑许之拒否或取消事件；关于水利及土木事件；关于土地

① 日本 1890 年《行政裁判法》的全文，可参见《东方杂志》1907 年第 3 期，第 136—142 页；1916 年日本修改了《行政裁判法》，修改后重新颁布的《行政裁判法》的全文，可查见〔日〕美浓部达吉：《行政裁判法》，邓定人译，商务印书馆 1933 年版，第 269—276 页。

官有民有区分之查定事件”。[①] 可见,瑞士和第二次世界大战前的日本,法律对行政诉讼管辖的范围均采取肯定式列举主义,行政诉讼仅审理法律有明文规定的行政案件,范围非常有限。所谓混合式,是指一个国家通过概括式和列举式结合的方式确立行政诉讼受案范围。其中又包括“概括式肯定+列举式肯定”“概括式肯定+列举式否定”“概括式肯定+列举式肯定+列举式否定”等模式。现今,德国、日本和我国台湾地区,均采取“概括式肯定+列举式否定”模式。在德国,为贯彻宪法所要求的对人民实施有效法律保护,已拒绝传统的列举(指列举式肯定)原则[②],“一切未被联邦法律划归为属其他法院管辖的非宪法性质的公法上争议,对之均可提起行政诉讼。”[③]在当今日本,根据现行《行政案件诉讼法》的规定,国民对于行政主体行使公权力的行为不服的诉讼范围,也无须法律肯定式列举,除法律明确列举排除的外,国民均可提起抗告诉讼。与德、日类似,目前中国台湾地区的“法律”对行政诉讼之可诉行为也不采取列举式规定,而是采取概括式规定,除“法律”另有规定外,举凡公法上之争议,原则上也均可提起行政诉讼。

“概括式肯定的优点是简单、全面、不致发生遗漏。但可能出现规定过于宽泛和不易掌握的问题。……列举式的优点是具体、细致,受案或不受案的界限分明,易于掌握。但是,却有繁琐且又难以列举全面的弱点。……混合式是将上述两种方式混合使用,以发挥各种方式的长处,避免各自的不足,相互互补。因此,混合式不失为确定行政诉讼受案范围的较好方式……”[④]我国现今采取“概括式肯定+列举式肯定+列举式否定”,这种确定行政诉讼受案范围的方式曾被认为是“显然既明确又不失全面,而且照顾到了今后逐步扩大受案范围的问题,因此是较为科学而且符合我国实际情况的受案范围的规定”[⑤]。但实际上,这种确定行政诉讼受案范围的方式是很不科学的。多年来我国行政诉讼的实践说明,这种立法方式削弱了概括式

---

① 关于该法全文,可查见〔日〕美浓部达吉:《行政裁判法》,邓定人译,商务印书馆 1933 年版,第 276—277 页。

② 参见〔德〕弗里德赫尔穆·胡芬:《行政诉讼法》,莫光华译,法律出版社 2003 年版,第 203 页。

③ 德国《行政法院法》第 40 条第 1 款。转引自〔德〕平特纳:《德国普通行政法》,朱林译,中国政法大学出版社 1999 年版,第 267—268 页。

④ 应松年主编:《行政诉讼法学》,中国政法大学出版社 2002 年版,第 53—54 页。

⑤ 同上书,第 54 页。

肯定的执行力，在受案范围上强化了列举式肯定划定的边界，同时，在列举肯定和列举否定之外存在巨大的模糊空间，导致中国现今行政诉讼受案范围的狭小、混乱，其结果与单纯采取列举式肯定的方式确定行政诉讼受案范围基本相当。

确立行政诉讼受案范围，既要考虑行政法治发展水平的因素和发展的要求，也要考虑法院与其他国家机关在监督行政上的权限分工以及行政诉讼与民事诉讼权限的分工。基于法律体系、法律传统、法治发展水平和行政诉讼的历史基础，我国宜采取法定式的方式确定行政诉讼受案范围。同时，在确定行政诉讼受案范围的具体立法模式上，宜采取德国、日本和我国台湾地区所采取的“概括式肯定 + 列举式否定”的模式，这有利于强化概括式肯定的执行力，实现除法律明确列举排除的外、其他行政行为均属于行政诉讼受案范围的目标。这是我国行政诉讼受案范围立法模式改革的必然取向。一旦这种立法模式得以确立，同时通过行政行为理论的重构确立内涵和外延大大拓展的行政行为概念、并最大限度地压缩列举式否定的空间（仅限于涉及国家机密，以及行政立法、行政机关内部管理行为等极少数情形）以及诉讼类型的细化等，就可以实现界清和拓展我国行政诉讼受案范围的目标。

在我国《行政诉讼法》修改之前，为保护公民、法人和其他组织的诉权，当前要着力解决我国法院受理行政案件基本上限于行政诉讼法列举的可诉具体行政行为（有时甚至对此也制造借口不予受理）、行政诉讼法“概括式肯定”形同虚设、单行法律法规的可诉规定对法院受理案件缺乏约束力的问题。一是要进一步强调“列举式肯定”对人民法院受理行政案件的约束刚性，坚决纠正一些法院对即使属于行政诉讼法明确规定的可诉事项有时也制造借口或制定地方“土政策”不予受理的错误，做到：凡是行政诉讼法明确规定的可诉事项，不得擅自加以排除；二是要强化《行政诉讼法》第 11 条第 2 款“人民法院受理法律法规规定可以起诉的其他行政案件”的适用刚性，做到：行政诉讼法没有明确规定但有单行法律、法规规定的，也要受理；三是要强化“具体行政行为可诉”这一“概括式肯定”的适用刚性，增强“概括式肯定”对人民法院受理行政案件的约束性，做到：除法律明确排除的外，其他行政行为都应属于人民法院行政诉讼受案范围。

二、行政诉讼类型的构建

(一)构建行政诉讼类型的意义

行政诉讼类型是指根据一定的标准划分的行政诉讼起诉人可以提起行政诉讼诉请的种类(诉的种类或诉种)。由于行政纠纷有不同的内容和性质,当事人提起行政诉讼也有不同的目的,因而,为有效解决行政纠纷,需要建立适当而完善的行政诉讼类型。行政诉讼类型的划分通常是以行政诉讼起诉人诉讼请求的目的或诉的标的(被诉行为的类别)为标准的。

行政诉讼类型与行政诉讼受案范围、行政诉讼判决类型是不同的概念,但又有密切关系。

就行政诉讼类型与行政诉讼受案范围的关系看,一方面,行政诉讼受案范围是行政诉讼类型的前提,只有在行政诉讼受案范围内选择行政诉讼类型,才能够被法院受理。但是,由于行政诉讼类型通常是为行政诉讼起诉人的诉讼请求设定适当的救济方法而设置的,因此,当事人的起诉即使在行政诉讼受案范围内,若不当选择行政诉讼类型,也可能得不到法院的支持或被法院驳回诉讼请求。另一方面,行政诉讼类型又往往是为对不同的行政活动方式即诉的标的提供适当的法律监督方法而设置的,因此,行政诉讼类型的丰富或扩大,也往往导致诉的标的的增加,因而行政诉讼受案范围随之扩大。换言之,正如南博方教授所言,即使行政诉讼受案范围采取了概括主义,如果诉讼方法受到限制的话,那么国民的权利救济也得不到全面保护。①

就行政诉讼类型与行政诉讼判决类型的关系看,不告不理的诉讼制度和尊重当事人处分权的正当程序原则,决定了没有行政诉讼诉请就不可能有行政诉讼审判,行政诉讼审判活动应当围绕行政诉讼诉请展开。从这个意义上说,法院的审判权限、审理规则、判决类型均受制于行政诉讼类型,一般来说,行政诉讼判决形式与行政诉讼类型是相呼应的(诉判一致)。但是,基于对公共利益、被诉行政行为的内容和效力状况、判决效果等因素的考

---

① 参见〔日〕南博方:《行政法》,杨建顺译,中国人民大学出版社2009年版,第177页。

量,法院也可根据法律的规定和司法权的能动性作出与行政诉讼类型不相对应的行政诉讼判决(诉判不一致。例如《若干问题的解释》第57、58条[①]规定的确认判决和情况判决)。

从上述几个关系看,影响公民针对行政权力的救济权之制度因素,不仅包括行政诉讼受案范围和行政审判权限,而且还包括行政诉讼类型。一般来说,行政诉讼类型越丰富,可诉行为的类型就越多,当事人提起行政诉讼诉请的选择余地就越大,法院可以选择的判决种类就越多,审判权限也越宽泛,有利于法院对当事人的诉讼请求作出积极回应。反过来说,行政诉讼类型单一,行政诉讼受案范围、法院的审判权限、判决形式及原告的权利救济都会受到制约和限制。因此,行政诉讼种类的多寡,影响着行政权作用下公民权利保护的机会,也影响着法院司法监督权的行使。如果法院不能及时有效地对行政活动进行监督,公民权利就难以得到保障。行政诉讼类型化有利于从广度上和深度上周全和完善对公民、法人和其他组织的行政诉讼权利的保护,既是行政诉权发展的内在需要,也是行政诉权实现的保障,并且有利于行政诉讼结构和程序的完善,有利于推进国家的行政法治。因而,随着行政法治的发展,行政诉讼的类型化成为20世纪以来行政诉讼制度发展的重要趋势之一。各法治发达国家和地区,无论属于大陆法系还是英美法系,虽社会背景、法律传统、司法体制各异,但大都通过法律直接或间接的规定,或者通过判例或学说的认可,形成了较为丰富的行政诉讼类型或对行政的司法审查类型。日本和我国台湾地区,更是在世纪之交的行政诉讼法典修订中着力增加行政诉讼类型。例如,我国台湾地区新"行政诉讼法"在旧"法"规定的撤销诉讼基础上,增加了给付诉讼和确认诉讼等新型诉讼类型;2004年公布的日本《行政案件诉讼法修正案》则增加了履行之诉和禁止诉讼等两类新型抗告诉讼。

---

① 《若干问题的解释》第57条规定:"人民法院认为被诉具体行政行为合法,但不适宜判决维持或者驳回诉讼请求的,可以作出确认其合法或者有效的判决。有下列情形之一的,人民法院应当作出确认被诉具体行政行为违法或者无效的判决:(一)被告不履行法定职责,但判决责令其履行法定职责已无实际意义的;(二)被诉具体行政行为违法,但不具有可撤销内容的;(三)被诉具体行政行为依法不成立或者无效的。"第58条规定:"被诉具体行政行为违法,但撤销该具体行政行为将会给国家利益或者公共利益造成重大损失的,人民法院应当作出确认被诉具体行政行为违法的判决,并责令被诉行政机关采取相应的补救措施;造成损害的,依法判决承担赔偿责任。"

长期以来,中国大陆在研究扩大公民行政诉讼救济权的问题上,基本上着眼于直接通过修改有关行政诉讼受案范围的条款来拓展行政诉讼受案范围,从构建较为丰富多样的行政诉讼类型的角度来研究拓展行政诉讼受案范围较少。据学者考证,国内行政诉讼法学界在1990年才有研究者涉及行政诉讼类型问题的研究,当时胡俊在《河北法学》1990年第5期上发表了《行政诉讼分类初探》一文。① 其后,陆续有学者开始关注该问题的研究,并开展了专题或非专题的研究。比较有影响的研究成果有:应松年主编的"高等政法院校规划教材"《行政诉讼法学》(中国政法大学出版社1994年版。该教材涉及行政诉讼类型的内容不多,集中在该教材第189—191页),薛刚凌的专著《行政诉权研究》(华文出版社1999年版),章志远的论文《重构我国行政诉讼类型之设想》(载《河南省政法管理干部学院学报》2004年第6期)、《行政诉讼类型化模式比较与选择》(载《比较法研究》2006年第5期)和著作《行政诉讼类型构造研究》(法律出版社2007年版),刘东亮的论文《行政诉讼类型法定化及其消极作用的克服》[载樊崇义主编:《诉讼法学研究》(第8卷),中国检察出版社2005年版],杨建顺的论文《行政诉讼的类型与我国行政诉讼制度改革的视角》(载《河南省政法管理干部学院学报》2005年第4期),刘飞的论文《行政诉讼类型制度探析——德国法的视角》(载《法学》2004年第3期),马怀德、吴华的论文《对我国行政诉讼类型的反思与重构》(载《政法论坛》2001年第5期)和马怀德、张红的论文《试论行政诉讼的种类》(载《天津行政学院学报》2002年第1期),李红枫的论文《行政诉讼类型论纲》(载《研究生法学》2003年第1期)等。另外还有数十篇以行政诉讼类型问题为题的行政法专业硕士、博士学位论文。但总体上说,相比于其他研究领域,国内学者对行政诉讼类型的研究明显薄弱,对构建较为丰富多样的行政诉讼类型对于扩大公民行政诉讼救济权的意义认识不够,至今尚未形成相对成熟的理论框架和制度建议。②

目前中国大陆《行政诉讼法》只对行政诉讼判决的类型作了规定,而并

① 参见章志远:《行政诉讼类型构造研究》,法律出版社2007年版,第8页。

② 一个具有说服力的例证是,《行政诉讼法修改意见稿》(该建议稿系马怀德教授主持完成)并未涉及行政诉讼类型。

未规定行政诉讼类型。从《行政诉讼法》第 54 条[①]看,中国大陆行政诉讼的判决分为维持判决、撤销判决、履行判决、变更判决。《若干问题的解释》第 56 条[②]、第 57 条和第 58 条增加了驳回诉讼请求判决和确认判决两种判决形式。迄今有关中国大陆所谓“行政诉讼类型”的提法,是学者通过《行政诉讼法》规定的行政诉讼判决倒推回来、概括出来的。与行政诉讼判决类型相对应,学者通常将中国大陆所谓的“行政诉讼类型”概括为撤销之诉、履行之诉、变更之诉、确认之诉等几类。[③] 当然,赔偿之诉是《行政诉讼法》第 67 条直接规定的。因而,目前中国大陆的“行政诉讼类型”基本上只是学理概念,而不是法律概念。不过,这种学理概念却也普遍被人们接受,并常常被人们使用,因为其能够直观地反映原告的诉讼请求,并在多数情况下与判决类型相对应。由于目前中国大陆的“行政诉讼类型”基本上只是学理概念,因而行政诉讼法或相关司法解释不可能对学理上概括出来的行政诉讼类型在诉讼标的、法院审理规则、权限和对诉讼请求的实体审查以及判决形式等方面分别作出不同的具体规定,即中国大陆行政诉讼中实质上并未对不同种类的诉予以明确分类。再者,中国大陆行政诉讼是建立在以撤销具体行政行为之诉为主的基础之上的,既不能适用行政事实行为、行政规定,也不能有效适用行政合同,且无法针对特殊情形下的具体的诉讼请求和新型案件分别设置特定的审理规则、判决形式等。从行政法治较为健全的国家看,行政诉讼受案范围已经不限于具体行政行为,事实行为、行政条例、行政合同等均已进入行政诉讼受案范围。例如,德国行政诉讼的一般条款(《行政法院法》第 40 条)表明,在德国,针对国家的行为或者停止作为所提供的法

---

① 我国《行政诉讼法》第 54 条规定:“人民法院经过审理,根据不同情况,分别作出以下判决:(一)具体行政行为证据确凿,适用法律、法规正确,符合法定程序的,判决维持。(二)具体行政行为有下列情形之一的,判决撤销或者部分撤销,并可以判决被告重新作出具体行政行为:1. 主要证据不足的;2. 适用法律、法规错误的;3. 违反法定程序的;4. 超越职权的;5. 滥用职权的。(三)被告不履行或者拖延履行法定职责的,判决其在一定期限内履行。(四)行政处罚显失公正的,可以判决变更。”

② 《若干问题的解释》第 56 条:“有下列情形之一的,人民法院应当判决驳回原告的诉讼请求:(一)起诉被告不作为理由不能成立的;(二)被诉具体行政行为合法但存在合理性问题的;(三)被诉具体行政行为合法,但因法律、政策变化需要变更或者废止的;(四)其他应当判决驳回诉讼请求的情形。”

③ 这种做法被有的学者批评为是“倒果为因的做法”。参见马怀德、张红:《试论行政诉讼的种类》,载《天津行政学院学报》2002 年第 1 期。

律保护,原则上不依赖于该行为的法律形式(unabhängig von der Rechtsfprm)。为了将过去属于行政诉讼"边缘地带"的行政机关的事实行为和日常的公法上的法律关系纳入行政诉讼受案范围,德国改变了撤销之诉和义务之诉在行政诉讼中的优势地位,建立了丰富的行政诉讼类型,以适应公民对各种法律形式的行政机关行为提起诉讼的需要。也就是说,一个行为被划归为行政行为,这种归类本身已不再具有开启法律保护的作用,而是仅仅具有确定诉讼种类(klageartbestimmend)的作用。[①] 因此,中国大陆如果要将行政事实行为、行政规定等纳入行政诉讼受案范围,并使行政合同能够有效适用行政诉讼,或者要使行政诉讼能够更好地适应特殊情形下的具体的诉讼请求和新型案件,也必须在法律上设置相应的诉讼类型,以适应拓展行政诉讼受案范围的需要。

(二)中国大陆外行政诉讼类型的考察

不同国家和地区的行政诉讼类型,有的是由法律明文直接规定的,如日本和我国台湾地区等[②];有的是由法律明文规定与行政法院法官对法定外诉讼类型的类推适用相结合形成的,如德国等;有的法律对诉讼类型并无明文规定,但学术界对此则有理论上的划分且理论上的划分在诉讼实践中具有操作意义,如法国等。[③] 下面,在这三种模式中各选取一个国家——法国、德国和日本——进行考察。

1. 法国的行政诉讼类型

在法国各式各样的行政诉讼中,当事人的资格、请求的内容、法官的权力、诉讼的程序、判决的效果,不完全相同。为了实用和研究起见,必须进行分类。不同种类的诉讼有不同的法律制度。当事人提起诉讼,必须归属于一个类型,受适用于该类型诉讼法的支配。但是,其诉讼类型又是由学术界而非由法律分类的。学者之间关于分类的方法,观点不一致,主要有两种方法:其一,以法官判决案件权力的大小作为分类标准的传统的分类方法;其

---

① 参见〔德〕弗里德赫尔穆·胡芬:《行政诉讼法》,莫光华译,法律出版社 2003 年版,第 203—204 页。

② 日本的诉讼类型基本上是由法律明文规定的,但也存在由学说和判例发展出的所谓"法定外抗告诉讼"。

③ 参见马怀德主编:《行政诉讼原理》,法律出版社 2003 年版,第 109—167 页。

二,以诉讼标的的性质作为分类标准的分类方法。

(1) 以法官判决案件权力的大小作为分类标准的传统的分类方法。这是一种至今仍为行政法院和许多学者所采用的分类方法。这种分类方法认为,由于当事人的诉讼请求和诉讼理由不同,因而法官判决案件的权力大小不一样。有时法官必须决定案件的实质,具有对案件的法律问题和事实问题完全裁决的权力;有时法官只有撤销的权力,不能决定案件的实质;有时法官只对其他法官受理的诉讼中的行政行为的意义和合法性作出判断,除此以外,没有其他权力;有时法官具有对破坏不动产公产的行为处罚的权力。因而,这种分类方法把行政诉讼分为"完全管辖权之诉""撤销之诉""解释及审查行政决定的意义和合法性之诉""处罚之诉"等四种类型。

所谓完全管辖权之诉,是指行政法院享有完整审判权的诉讼,行政法院有权撤销、变更或重作被诉行政行为,也可以判决行政主体赔偿损失。这类诉讼所包括的事项很广,性质很不一致,越权之诉以外的行政诉讼大部分属于完全管辖之诉,主要包括:关于行政主体的损害赔偿的诉讼,关于行政合同的诉讼,关于行政性选举的诉讼,关于直接税的诉讼,关于拆除或修理有倒塌危险的建筑物的命令的诉讼,关于对不讲卫生、产生公害的工商企业的监督的诉讼等。在完全管辖权之诉中,行政法院可以审判行政机关的单方面行为、双方面行为、法律行为和事实行为。这些诉讼之所以属于完全管辖权之诉,有的是因为依法律之规定,有的则是因为其性质,法官必须具有广泛的权力,否则诉讼不能解决争议。

所谓撤销之诉,是指当事人请求法官撤销一个损害他的利益的违法决定的诉讼。在撤销之诉中,法官不能变更或重作被诉行政行为,也不能判决行政主体赔偿损失。最重要的撤销之诉是越权之诉,即行政法院撤销违法的行政行为的诉讼。越权之诉被审查的行为是行政机关单方面的决定,不是行政合同和行政法院的判决,也不是行政机关的事实行为,但可以包括公务员及一切公职人员对薪酬、津贴甚至薪酬、津贴以外的其他金钱争议的诉讼。①

---

① 关于完全管辖权之诉与越权之诉的区别和接近,有兴趣的读者可以参阅王名扬:《法国行政法》,中国政法大学出版社 1988 年版,第 668—671 页。

所谓解释及审查行政决定的意义和合法性之诉,顾名思义,就是行政法院对行政决定的意义和合法性进行解释和审查的诉讼。在这类诉讼中,行政法院除解释及审查行政决定的意义和合法性外,没有任何其他权力,既不能变更或撤销这个行政决定,也不能宣告行政主体的赔偿责任。其作用是为其他法官的判决提供基础,或者对自己先前的判决确定范围。

所谓处罚之诉,是指行政法官在诉讼中具有处罚权力、有权对破坏不动产公产保管规则的行为直接进行处罚的诉讼。

按照此类标准对行政诉讼类型的划分如表 7-1 所示。

表 7-1　法国以法官判决案件权力的大小作为分类标准的行政诉讼类型系统

完全管辖权之诉(行政法院享有完整的审判权的诉讼。行政法院可以审判行政机关的单方面行为、双方面行为、法律行为和事实行为,有权撤销、变更或重作被诉行政行为,也可以判决行政主体赔偿损失)	撤销之诉(请求法官撤销行政主体损害利益的违法决定。被审查的行为是行政机关单方面的决定,不是行政合同和行政机关的事实行为,但可以包括公务员及一切公职人员对薪酬、津贴甚至薪酬、津贴以外的其他金钱争议的诉讼。)	解释及审查行政决定的意义和合法性之诉(行政法院对行政决定的意义和合法性进行解释和审查的诉讼)	处罚之诉(行政法官对破坏不动产公产保管规则的行为直接进行处罚的诉讼)
主要包括:关于行政主体的损害赔偿的诉讼,关于行政合同的诉讼,关于行政性选举的诉讼,关于直接税的诉讼,关于拆除或修理有倒塌危险的建筑物的命令的诉讼,关于对不讲卫生、产生公害的工商企业的监督的诉讼等。	最重要的撤销之诉是越权之诉,即行政法院撤销违法的单方面的行政行为的诉讼。	行政法院除解释及审查行政决定的意义和合法性外,没有任何其他权力,既不能变更或撤销这个行政决定,也不能宣告行政主体的赔偿责任。其作用是为其他法官的判决提供基础,或者对自己先前的判决确定范围。	行政法官在诉讼中具有处罚权力、有权对破坏不动产公产保管规则的行为直接进行处罚。

(2) 以诉讼标的的性质作为分类标准的分类方法。法国近代一些学者,特别是波尔多学派认为,以法官作出判决的权力作为分类标准的传统的分类方法存在缺陷,因为诉讼的性质主要决定于法官所要解决的问题的性

质，因此，最合理的分类方法是以诉讼标的的性质作为行政诉讼分类的标准。因而，他们以诉讼标的的性质作为分类标准，主张把行政诉讼分为客观的行政诉讼和主观的行政诉讼两大类。[①] 对行政机关违反客观的法律规则和法律地位所提起的诉讼是客观的行政诉讼，包括撤销违法的行政行为、审查行政行为的合法性、复核专门行政法庭的终审判决、处罚违反不动产公产保管规则的行为、决定行政性选举的合法性、解释条例的意义等诉讼。对行政机关违反主观的法律规则和法律地位所提起的诉讼是主观的行政诉讼，包括关于行政合同的诉讼、行政主体赔偿责任的诉讼、解释行政合同的意义的诉讼等。

法国按诉讼标的的性质划分行政诉讼为客观的行政诉讼和主观的行政诉讼，优点在于能够明白表示两种诉讼的当事人资格和判决的效果不一样。[②] 但同时存在诸多缺陷，其不能够划分全部行政诉讼，而且由于对"客观"和"主观"的认识不可能完全一致，可能导致对具体案件归属于何种诉讼类别的观点不一致[③]，进而导致诉讼程序规则适用的混乱[④]。由于这一分类存在上述明显缺陷，因而法国行政法院和大部分学者认为以法官判决案件权力的大小作为分类标准的传统的分类方法更加符合法国实际，仍然主

---

① 法国学者莱昂·狄骥认为，如果行政行为所产生的法律状态是主观性的，那么行政诉讼就必须是个别性的。只有当行为本身具有客观性的特点的时候，才可能提出客观性的行政诉讼（参见〔法〕莱昂·狄骥：《公法的变迁、法律与国家》，郑戈、冷静译，辽海出版社、春风文艺出版社 1999 年版，第 153 页）。根据该见解，行政行为违反了客观的法律规则不仅侵害了当事人的某项具体权利、而且侵犯了公共利益和客观法律秩序时，提起的诉讼为客观诉讼；而行政行为仅仅侵犯了原告所独享的权利，此时提起的诉讼为主观诉讼，例如行政赔偿诉讼。

② 在客观诉讼中，"任何利害关系人，哪怕只是同这种行为之间有一种道德的、间接的关系，都可以向行政法院提出起诉。这种诉讼的目的也不再（只）是保护公民的主观权利"（参见同上书，第 151 页），而主要在于保证行政行为的合法性，其判决效果具有绝对效力，及于任何人；而主观诉讼只有受害人才可以向行政法院提出起诉，其目的仅仅在于保护受害人的权利，其判决效果具有相对性，仅在当事人之间产生约束力。

③ 例如，解释行政行为的意义的诉讼，有时是客观诉讼，有时是主观诉讼。关于直接税的诉讼也有同样的情况。审查课税的合法性是客观诉讼，决定纳税人金额属于主观诉讼。损害赔偿诉讼一般认为是主观诉讼，但狄骥认为是客观诉讼，因为这个诉讼的标的是审查是否违反禁止损害他人这一不成文规则。越权之诉一般认为是客观诉讼，但波纳尔认为是主观诉讼，因为请求法院判决行政机关遵守法律是当事人的主观权利。

④ 主观诉讼与客观诉讼的程序规则存在差异。例如，主观诉讼通常适用律师强制代理制度，并按正常的收费标准缴纳费用；而客观诉讼可以免除律师代理，且起诉时不用预缴诉讼费用，等等。参见马立群：《主观诉讼与客观诉讼辨析——以法国、日本行政诉讼为中心的考察》，载《中山大学法律评论》2010 年第 8 卷第 2 辑，法律出版社 2010 年版。

张采用传统的分类方法。[①]

由于法国构建了多元的、精细的行政诉讼类型,使不同类型的行政行为及情形有对应的诉讼规则,以满足行政法院对不同行政行为和行政机关的其他职务行为(如事实行为)审查、处理的需要,因而,在法国,行政诉讼的范围很广,行政法院原则上对行政机关的全部行政活动均有权进行审查,包括行政机关具体的行政处理、普遍性的行政条例、行政合同、公务员对于薪俸和法定津贴金额的争议(此类行为在我国常常被理解成属于内部行政行为)[②]和事实行为[③]等。

2. 德国的行政诉讼类型

行政诉讼类型既是德国行政诉讼法学研究的重点之一,也是德国《行政法院法》的重要内容之一。联邦德国《基本法》第 19 条第 4 款第 1 句规定:"无论何人,其权利受到公共权力侵害的,均可提起诉讼。"[④]《行政法院法》第 40 条第 1 款第 1 句规定:"一切未被联邦法律划归为属其他法院管辖的非宪法性质的公法上争议,对之均可提起行政诉讼。"为避免立法对诉讼类型的明文规定造成对公民诉讼权利限制的负面效应,德国除由《行政法院法》明文规定(包括《行政法院法》直接规定和指示参照《民事诉讼法》间接规定)行政诉讼类型外,还实行行政法院法官对法定外诉讼类型的类推适用。换言之,德国行政诉讼类型是由法律明文规定与行政法院法官对法定外诉讼类型的类推适用相结合形成的。德国的行政诉讼类型虽然大多有《行政法院法》的依据,但也有《民事诉讼法》的准用或宪法(《基本法》)的背景,有的甚至是在学界的推动下被行政法院的判例逐渐肯定下来的。[⑤] 德国《行政法院法》明文直接规定的诉讼类型虽然只有撤销之诉(Anfechtungsklage)、义务之诉(Verpflichtungsklage)、确认之诉(Feststellungsklage)和规范审查(Normenkontrolle),但人们普遍认为,《基本法》第 19 条第 4 款和《行

---

① 参见王名扬:《法国行政法》,中国政法大学出版社 1988 年版,第 664—668 页。

② 参见同上书,第 670 页。

③ 参见同上书,第 706 页。

④ 《联邦德国基本法》,载 http://www.doc88.com/p-372433287353.html,2012 年 2 月 20 日访问。

⑤ 参见〔德〕平特纳:《德国普通行政法》,朱林译,中国政法大学出版社 1999 年版,第 267—268 页。

政法院法》第40条第1款具有防止行政诉讼中对诉讼种类实行"数量限制"的效力,从而确保对于侵犯公民权利的每一种国家权力行为,都必须有一个相应的诉讼种类可供利用。因而,德国行政诉讼类型并不是封闭的。虽然,《行政法院法》对于一般给付之诉(allgemeine Leistungsklage)、停止作为之诉(Unterlassungklage)等都没有明文直接规定,但在行政诉讼实践中,行政法院常常将其作为《行政法院法》未作规定的"假定前提"而予以承认。尤其是一般给付之诉,在实务上逐渐成为"诉讼上的多用途武器"(prozessuale Mehrzweckwaffe),而发展为一种"兜底性诉讼"(Auffangklage)。行政法院法官对法定外诉讼类型的类推适用,使《行政法院法》关于诉讼类型体系的规定避免了形式上的封闭性。① 至于属于形成之诉(Gestaltungsklage)②的变更之诉(Abänderungsklage)③、执行防御之诉(Vollstreckungsabwehrklage)④、第三人异议之诉(Drittwiderspruchsklage)⑤等亚诉讼类型,以及再审之诉(Wiederaufnahmeklage)⑥,则分别是《行政法院法》第173条、第167条和第153条第1款指示适用民事诉讼法的相关条款间接规定的。⑦

撤销之诉是《行政法院法》第42条第1款第1种情形规定的诉讼类型⑧,是德国行政诉讼的"经典"诉讼种类,其目的是通过诉讼撤销为原告设定负担的行政行为,消除行政行为的效力。

义务之诉是德国《行政法院法》第42条第1款第2句规定的诉讼类型,其目的是请求法院判决行政机关作出被拒绝的、或者停止作为的行政行为。

---

① 参见刘东亮:《行政诉讼类型法定化及其消极作用的克服》,载樊崇义主编:《诉讼法学研究》(第8卷),中国检察出版社2005年版。

② 形成之诉的目的是通过判决直接形成权利,亦即创设、变更或者撤销一种法律关系。

③ 变更之诉是当事人请求法院作出变更一个将来到期的定期给付(例如特定补助金、社会救助金)之判决的诉讼。

④ 执行防御之诉是反对强制执行的诉讼。

⑤ 第三人异议之诉是由对于强制执行的标的拥有阻止转让权利的第三人提起的诉讼。

⑥ 再审之诉是请求法院撤销一个侵害原告权利的判决的诉讼。

⑦ 德国《行政法院法》第173条、第167条和第153条第1款的内容分别是:"只要本法未就诉讼程序作出特别规定的,准用法院组织法与民事诉讼法的规定,但这两者明文排除该适用的除外";"只要本法未另有规定,准用民事诉讼法第八章的有关规定";"对于已确定的具有既判力的判决,可根据民事诉讼法第四编提起再审"。参见〔德〕平特纳:《德国普通行政法》,朱林译,中国政法大学出版社1999年版,第311、309页。

⑧ 德国《行政法院法》第42条第1款的内容是:"通过诉讼,可以导致撤销或废止一行政行为(确认无效之诉)或判决有义务作出一个被拒绝的或不作为的行政行为(负义务之诉)。"参见同上书,第268页。

针对行政机关已经通过否定性决定拒绝作出行政行为的情形提起的诉讼为否定决定之诉,尽管该类诉讼形式上往往是对否定决定的撤销,但本质上其实并不是针对行政机关的否定决定本身,而是要求行政机关履行某种义务,故该类诉讼不宜归入撤销之诉,而应视为义务之诉。针对有管辖权的机关既没有拒绝、也没有作出被申请的行政行为的情形,如果原告请求法院判令行政机关作出授益性行政行为,提起的诉讼为不作为之诉;如果原告的诉讼目的并不是要实现对授益本身的判决,而是请求法院判令行政机关履行对自己提交的申请作出答复的义务,提起的诉讼则为答复之诉。

确认之诉包括一般确认之诉、预防性确认之诉、确认无效之诉、继续确认之诉、中间确认之诉等,除了预防性确认之诉是由行政法院的判例肯定下来的、中间确认之诉是德国《行政法院法》第 173 条[①]结合《民事诉讼法》第 256 条第 2 款间接规定的外,其他确认之诉都是由《行政法院法》直接规定的。一般确认之诉是最基本的确认之诉,它是《行政法院法》第 43 条第 1 款第 1 种情形规定的诉讼类型[②],包括积极的确认之诉和消极的确认之诉。积极的确认之诉是请求法院确认某种法律关系的存在,消极的确认之诉是请求法院确认某种法律关系的不存在。预防性确认之诉可见诸于大量行政案例,其目的是请求法院制止一个具有威胁性的行政行为,使原告得以避免必须等到行政行为实际为其设定负担后才寻求救济。确认无效之诉是《行政法院法》第 43 条第 1 款第 2 种情形规定的诉讼类型,其目的是请求法院确认某个行政行为自始无效。与撤销之诉相同的是,确认无效之诉也是围绕行政行为之效力的争议发生的,因此,较之一般确认之诉,确认无效之诉更接近于撤销之诉。不过,由于自始无效的行政行为法律本来就不承认其存在效力,当然也就无所谓撤销,故撤销之诉不宜针对自始无效的行政行为。可见,确认无效之诉起着填补撤销之诉漏洞的作用。但是,由于不能苛求原告在起诉时就能准确判明侵害自己权利的行政行为究竟是一个自始无效的

---

① 德国《行政法院法》第 173 条的内容是:“只要本法未就诉讼程序作出特别规定的,准用法院组织法与民事诉讼法的规定,但这两者明文排除该适用的除外。”参见〔德〕平特纳:《德国普通行政法》,朱林译,中国政法大学出版社 1999 年版,第 311 页。

② 德国《行政法院法》第 43 条第 1 款的内容是:“通过诉讼,可以要求确认一法律关系的存在或不存在,或一个行政行为的无效。只要原告对及时确认拥有合法的利益(确认之诉)。”参见同上书,第 268 页。

行政行为、还是一个“仅仅”违法的行政行为，故而，即使原告对一个自始无效的行政行为提起撤销之诉，法院也不会予以拒绝，而是将其转换为确认无效之诉。继续确认之诉是《行政法院法》第 113 条第 1 款第 4 句规定的诉讼类型[①]，其目的是请求法院对已通过撤回或其他方式得到处理的行政行为判决确认其曾经违法——如果这种判决对维护原告的正当利益必要的话。由于继续确认之诉也是围绕行政行为之效力的争议发生的，因此，较之一般确认之诉，其也更接近于撤销之诉。中间确认之诉的目的是请求法院确认在诉讼中成为争执对象的一个法律关系，而此关系对本案裁判具有重要影响。

规范审查，顾名思义就是法院对有关法律规范（低于法律的规范）进行审查，它是《行政法院法》第 47 条规定的诉讼类型。[②] 因为规范审查中不存在被告，从而“规范审查之诉”（Normenkontrollklage）这一提法就是不恰当的。故这里的提法是“规范审查”，没有“诉讼”之名。[③] 申请规范审查的目的是请求法院宣布规范无效。

一般给付之诉这一诉讼类型并不是《行政法院法》明文规定的，而是行政法院判例确定的，其目的是请求法院判决行政机关作出除行政行为之外的其他所有行为。这类诉讼大多数情况涉及的是行政事实行为，但有时也涉及其他非行政行为的行政活动，甚至包括要求颁布规范的给付之诉。行政判例经常涉及的诉讼标的包括信息行为（如答复、咨询、信息公开）、生存照顾和基础设施的给付、金钱给付等。由于义务之诉的诉讼标的是行政行

---

① 德国《行政法院法》第 113 条第 1 款第 4 句是：“行政行为已因行政机关撤回或其他方式而得到处理的，根据请求，法院仍可在其判决中宣布该行政行为曾经违法，只要原告对该确认拥有正当利益。”参见〔德〕平特纳：《德国普通行政法》，朱林译，中国政法大学出版社 1999 年版，第 293 页。

② 德国《行政法院法》第 47 条是：“1. 高等行政法院在其审判管辖权范围内根据申请，对下列事宜的有效性作出判决：(1) 按照建筑法典的规定颁布的规章，以及根据建筑法典第 246 条第 2 款规定颁布的法规；(2) 其他在阶位上属于法律以下的法规，只要该法规是由州法律予以规定。2. 任何自然人、法人因法规或其适用而遭受损害，或在可预见时间将受到损害，可提起针对法规的审查申请，……3. 法律明文规定法规专门由州宪法法院审查的，高等行政法院不得审查法规是否与州法律保持一致……5. ……高等行政法院认为法规不具有效性的，应宣布法规无效；在此情况下，判决具有普遍约束力，……6. 防止出现严重不利或基于其他紧急需要，高等行政法院可以根据申请作出暂时命令”。

③ 参见〔德〕弗里德赫尔穆·胡芬：《行政诉讼法》，莫光华译，法律出版社 2003 年版，第 206 页。

为,而一般给付之诉的诉讼标的是行政机关行政行为之外的其他所有行为,故一般给付之诉相对于义务之诉是补充性的。

停止作为之诉是原告请求法院判令行政机关停止作出或者中止一个对他不利的权力行为的诉讼,而该行为并非行政行为。这一诉讼类型也不是《行政法院法》明文规定的,而是被认为具有"宪法背景"的诉讼类型——因为,根据联邦德国《基本法》第 19 条第 4 款第 1 句,公民行使行政诉权并不需要考虑被诉行为是否是行政行为。如果把一般给付之诉理解成积极(作为)的给付之诉的话,那么停止作为之诉就是消极(不作为)的给付之诉。如果行政机关的权力行为已经作出,可以提起请求停止作为的给付之诉;反之,则可以提起预防性停止作为之诉。针对行政管理的事实行为的停止作为之诉,其标的主要有信息活动、警告、污染物排放、无须审批而建立或运营的公共设施、其他事实行为。

从上面介绍的诉讼类型可以看到,德国对行政机关除规范外的每一种公权力形式(行政行为和事实行为)都设置了防御性之诉(撤销、停止作为)和给付性之诉(负担义务、一般给付),但由于行政法院法没有设置规范颁布之诉,因而对行政法律规范只有防御性之诉(请求宣布无效),而没有给付性之诉(请求颁布规范)。而公民和社会团体的权利不仅会由于行政机关的具体决定受到侵害,而且也越来越多地由于行政机关未颁布相应的规范而受到侵害。因此,长期以来德国行政法学界一直在讨论是否可以在行政诉讼中引入规范颁布之诉来弥补这一漏洞。由于公民和社会团体的权利因行政机关未颁布相应的规范而受到侵害,也属于联邦德国《基本法》第 19 条第 4 款第 1 句规定的"受到公共权力侵害",故确立规范颁布之诉有宪法依据。因而,尽管还存在争议,但现今联邦行政法院和部分其他行政法院的判例,已经倾向于肯定规范颁布之诉的适法性。申请人在规范颁布之诉中可以请求法院判令行政机关颁布一个低于法律的规范。[①]

德国行政法教科书根据行政机关公权力行为的法律形式,将上述行政

---

① 参见〔德〕弗里德赫尔穆·胡芬:《行政诉讼法》,莫光华译,法律出版社 2003 年版,第 203—382 页。

诉讼主要类型整理成如表 7-1 所示。①

表 7-2 德国行政诉讼类型系统

	拒绝	负担、义务、给付
行政行为	撤销之诉 (也包括继续确认之诉、确认无效之诉)	义务之诉 否定决定之诉(也包括答复之诉、不作为之诉)
一般给付之诉	公权范围内的事实行政行为	停止作为之诉 (包括请求停止作为的给付之诉,也包括预防性停止作为之诉)
法律规范	规范审查	规范颁布之诉(有争议)
有争议的法律关系	消极的确认之诉	积极的确认之诉

可见,德国行政诉讼类型与行政活动的法律形式密切相关,或者说,德国行政诉讼类型基本上是按照诉的标的(被诉行为的形式)结合原告的诉讼目的这样一种交叉性的标准划分的。换言之,在德国,行政活动的方式决定了法律保护的方式;是否适当采用某一种诉讼种类,取决于原告想要拒绝或者实现的行为之种类。②

3. 日本的行政诉讼类型

日本是实行诉讼类型法定化的典型国家。其《行政案件诉讼法》以诉讼类型为纲、以各类型的诉讼程序规则为目,构建了日本行政诉讼法的结构体系。其特点是,由各种诉讼类型的系统整合确定行政诉讼的受案范围,并对不同诉讼类型设置了有所区别的诉讼程序规则。正因为此,《行政案件诉讼法》的每次修改几乎都涉及对诉讼类型的改进。正如盐野宏教授所言:"行政诉讼法制的完备过程,也就是诉讼类型的完备过程。"③同时,行政诉讼类型研究也是日本行政法学研究的重要领域。例如,盐野宏教授所著的《行政法》和南博方教授所著的《行政法》在"行政案件诉讼"部分,或以行政诉讼类型为结构展开,或专门介绍行政案件诉讼的类型。④

---

① 参见〔德〕弗里德赫尔穆·胡芬:《行政诉讼法》,莫光华译,法律出版社 2003 年版,第 634 页。

② 参见同上书,第 206 页。

③ 参见〔日〕盐野宏:《行政法》第 4 版,日本有斐阁 2005 年版。

④ 参见〔日〕盐野宏:《行政法》,杨建顺译,法律出版社 1999 年版,第 269—442 页;〔日〕南博方:《行政法》,杨建顺译,中国人民大学出版社 2009 年版,第 177—191 页。

根据《行政案件诉讼法》,日本法定的行政案件诉讼类型分为抗告诉讼以及与抗告诉讼并列的当事人诉讼、民众诉讼和机关诉讼。[①] 抗告诉讼和当事人诉讼是以保护国民个人利益为目的的主观诉讼,民众诉讼和机关诉讼是以维持客观的法秩序为目的的客观诉讼。

抗告诉讼分为法定抗告诉讼和法定外抗告诉讼。根据《行政案件诉讼法》,法定"抗告诉讼"是指关于对行政机关行使公权力不服的诉讼,包括撤销诉讼和其他抗告诉讼。其中,撤销诉讼是最重要的诉讼类型。《行政案件诉讼法》第 38 条第 1 款规定,关于撤销诉讼的有关条款,准用于有关撤销诉讼以外的抗告诉讼。从《行政案件诉讼法》的内容看,正如盐野宏教授所言,日本行政诉讼类型是以撤销诉讼为中心构建的,"其他法定抗告诉讼,除了原告资格的规定外,只限于有关撤销诉讼规定的若干部分的援用。"抗告诉讼之外的当事人诉讼等,其内容基本上也是撤销诉讼规定的援用。[②] "撤销诉讼"包括撤销处分之诉和撤销裁决之诉。"撤销处分之诉"是指请求撤销行政机关的处分及其他行使公权力的行为(不包括行政机关对审查请求、异议申诉及其他不服申诉所作出的裁决、决定等行为)的诉讼。"撤销裁决之诉"是指请求撤销行政机关对审查请求、异议申诉及其他不服申诉所作出的裁决、决定等行为的诉讼。"其他抗告诉讼"包括确认无效等之诉、确认不作为违法之诉、履行之诉、禁止之诉。"确认无效等之诉"是指请求确认处分或裁决、决定等行为的存在与否或效力的有无的诉讼。"确认不作为违法之诉"是指行政机关对依法令提出的申请,应当在相当期间内作出某种处分或裁决而未作出的,请求确认其违法的诉讼。"履行之诉"是指行政机关应当作出一定的处分而不作出,或者基于法令规定提出申请或审查请求、请求行政机关作出一定处分或裁决,而该行政机关应作出该处分或裁决而未作出的,请求判令行政机关应当作出处分或裁决的诉讼。"禁止之诉"是指在行政机关不应作出而要作出一定的处分或裁决的情况下,请求责令行政机关不准作出该处分或裁决的诉讼。[③] 与此同时,学说和判例又发展出法定外抗告诉讼,并将其按功能区分为赋予义务诉讼、预防性不作为诉讼、抽象性规

---

① 参见日本《行政案件诉讼法》第 2 条。
② 参见〔日〕盐野宏:《行政法》,杨建顺译,法律出版社 1999 年版,第 304 页。
③ 参见日本《行政案件诉讼法》第 3 条。

范统制诉讼和排除不利诉讼等。“赋予义务诉讼”是请求行政厅行使公权力(不限于处分)的诉讼,包括直接请求行政厅行使公权力义务的给付诉讼和请求确认行政厅存在行使公权力义务的确认诉讼。“预防性不作为诉讼”与“赋予义务诉讼”相反,是请求行政厅不行使公权力(不限于处分)的诉讼,包括直接请求行政厅不行使公权力的给付诉讼和请求确认行政厅不具有实施一定公权力行为的权限的确认诉讼。“抽象性规范统制诉讼”是指没有具体的案件性而请求审查法令的宪法合适性的诉讼。“排除不利诉讼”是请求排除因公权力的行使而造成的不利的其他诉讼的总称。[①] “法定外抗告诉讼”存在的依据是《日本国宪法》关于接受裁判的权利应当得到保障的规定,故其被认为具有宪法上的容许性。其审理方式,被解释为依《行政案件诉讼法》第 38 条第 1 款的规定可以适用关于撤销诉讼的有关条款。日本法定外抗告诉讼与德国行政法院对法定外诉讼类型的类推适用在避免行政诉讼类型的封闭性方面具有异曲同工之处。

“当事人诉讼”是指根据法令规定以法律关系的一方当事人为被告的、关于确认或者形成当事人之间该法律关系的处分或者裁决的诉讼,以及关于公法上的法律关系的确认诉讼及其他关于公法上的法律关系的诉讼。[②]前者是与确认或者形成当事人之间民事法律关系的行政处分或者裁决有关、但根据法令规定以该法律关系中的一方当事人为被告的诉讼,后者是以公法上的法律关系为对象的诉讼(主要是确认诉讼)。在学术上,前者称为“形式当事人诉讼”,后者称为“实质当事人诉讼”。“形式当事人诉讼”这一学术称谓,意指尽管该类诉讼形式上是以民事法律关系的一方当事人为被告的、解决当事人之间民事法律纠纷的诉讼,但实质上却是针对确认或者形成当事人之间民事法律关系的行政处分或者裁决的行政案件诉讼。因此,“形式当事人诉讼”并非“形式性”的当事人诉讼,而是“真正的”当事人诉讼。反之,“实质当事人诉讼”这一学术称谓,并非是指该类诉讼才是“实质性的”或“真正的”当事人诉讼,而是强调该类诉讼是一种与传统的以公法上的法律关系的一方当事人(行政机关)为被告、解决公法上的法律纠纷的行政案件诉讼相类似的诉讼。总之,无论是“形式当事人诉讼”,还是“实质

① 〔日〕盐野宏:《行政法》,杨建顺译,法律出版社 1999 年版,第 412—414 页。
② 参见日本《行政案件诉讼法》第 4 条。

当事人诉讼”,都体现了《行政案件诉讼法》的立法者将与公法相关的案件作为行政案件来把握的立法精神。[①]

“民众诉讼”是指以选举人资格或其他与自己法律上的利益无关者的资格,提起的请求纠正国家或公共团体机关的不合法行为的诉讼。[②]

“机关诉讼”是指关于国家或公共团体的机关相互之间权限存在与否及有关权限行使纷争的诉讼。[③]

日本的行政诉讼类型见表 7-3。

表 7-3　日本行政诉讼类型系统

<table>
<tr><th colspan="4">抗告诉讼</th><th>当事人诉讼</th><th>民众诉讼</th><th>机关诉讼</th></tr>
<tr><td rowspan="10">对行政机关行使公权力不服的诉讼</td><td rowspan="6">法定抗告诉讼</td><td rowspan="2">撤销诉讼</td><td>撤销处分之诉</td><td rowspan="10">根据法令规定以法律关系的一方当事人为被告的、关于确认或者形成当事人之间该法律关系的处分或者裁决的诉讼,以及关于公法上的法律关系的确认诉讼及其他关于公法上的法律关系的诉讼。</td><td rowspan="10">以选举人资格或其他与自己法律上的利益无关者的资格提起的请求纠正国家或公共团体机关的不合法行为的诉讼。</td><td rowspan="10">关于国家或公共团体的机关相互之间权限存在与否及有关权限行使纷争的诉讼。</td></tr>
<tr><td>撤销裁决之诉</td></tr>
<tr><td rowspan="4">其他抗告诉讼</td><td>确认无效等之诉</td></tr>
<tr><td>确认不作为违法之诉</td></tr>
<tr><td>履行之诉</td></tr>
<tr><td>禁止之诉</td></tr>
<tr><td rowspan="4">法定外抗告诉讼</td><td colspan="2">赋予义务诉讼</td></tr>
<tr><td colspan="2">预防性不作为诉讼</td></tr>
<tr><td colspan="2">抽象性规范统制诉讼</td></tr>
<tr><td colspan="2">排除不利诉讼</td></tr>
</table>

(三)中国大陆行政诉讼类型的构建

实现行政行为可诉性的现实需要及酝酿修改《行政诉讼法》的契机,足以促使让我们认真研究中国大陆行政诉讼类型的构建问题。

至今为止,中国大陆行政法学界对构建行政诉讼类型虽然尚未形成相对成熟的理论框架和制度建议,但已经初步涉及了一些与此相关的下列

① 参见〔日〕盐野宏:《行政法》,杨建顺译,法律出版社 1999 年版,第 422—428 页。
② 参见日本《行政案件诉讼法》第 5 条。有关民众诉讼的详细介绍,请见下文。
③ 参见日本《行政案件诉讼法》第 6 条。

问题:

第一,关于构建行政诉讼类型的积极作用和消极作用。虽然,在总体上说,中国大陆学界对构建较为丰富多样的行政诉讼类型对于扩大公民行政诉讼救济权的意义认识不够,且一些学者对行政诉讼类型化的意义仍持怀疑态度①,但已有一些研究已经认识到行政诉讼类型化的重大意义,如认为我国行政诉讼类型少,不利于行政相对人权益的全面保护,而行政诉讼类型化能够为公民行政诉权提供全方位的保护,能够保障行政审判权的有效运作,能够实现行政诉讼程序和审判规则的科学设计等。② 有的研究者旗帜鲜明地提出:"修改和完善行政诉讼法,必须走类型化的道路。"③与此同时,一些研究在肯定行政诉讼类型化积极作用的同时,也对因诉讼类型的法定化可能造成诉讼类型体系上的封闭性从而造成对诉权的限制、诉讼类型的复杂化可能造成起诉人选择诉讼类型困难等问题进行了较为深入的研究。④ 笔者认为,构建行政诉讼类型利大于弊,对于构建行政诉讼类型可能产生的消极作用是可以通过科学的制度设计加以解决的。

第二,关于划分行政诉讼类型的标准。学者们倾向性认为,应当以当事人的诉讼请求作为唯一标准或核心标准,至少也应当将其作为首要标准,同时适当考虑诉讼标的、行政争议性质、法官审查权力等其他辅助性标准。⑤ 笔者以为,单纯以当事人的诉讼请求作为主要标准,虽然能够反映原告的诉讼请求,但不利于根据不同行政行为类型来设计相应的诉讼类型,不利于人们理解行政诉讼类型与行政行为类型的关系,从而也不利于人们结合不同行政行为类型来把握合适的行政诉讼类型,容易造成行政诉讼请求与行政行为类型的脱钩,造成原告选择行政诉讼类型的错误和法官在个案中判断行政诉讼类型适当性的困难。因而,我国构建行政诉讼类型宜参考德国模

---

① 参见杨建顺:《行政诉讼的类型与我国行政诉讼制度改革的视角》,载《河南省政法管理干部学院学报》2005 年第 4 期。

② 参见章志远:《重构我国行政诉讼类型之设想》,载《河南省政法管理干部学院学报》2004 年第 6 期。

③ 江必新:《论行政诉讼十大关系——兼议行政诉讼法的修改》,载《行政执法与行政审判》2006 年第 3 集。

④ 参见刘东亮:《行政诉讼类型法定化及其消极作用的克服》,载樊崇义主编:《诉讼法学研究》(第 8 卷),中国检察出版社 2005 年版。

⑤ 参见马怀德主编:《行政诉讼原理》,法律出版社 2003 年版,第 119 页。

式,以“诉的标的(被诉行为的形式)结合原告的诉讼目的”这样一种交叉性的标准为划分行政诉讼类型的标准,使行政诉讼类型与行政活动的法律形式挂钩,使不同行政活动方式下的公民、法人和其他组织拥有对应的法律保护的方式,通过某一种诉讼类型去实现想要拒绝或者实现某种行政机关行为的目的,从而实现诉讼类型法定化符合“法律纠纷的性质和类型决定诉讼类型”的诉讼原理。同时,鉴于涉及民事纠纷的行政案件的司法处理和公益诉讼的需要,我国在以“诉讼标的结合原告的诉讼目的”为主的标准构建行政诉讼类型的同时,应辅以以诉讼性质为标准构建涉民之诉和公益之诉两类行政诉讼类型。

第三,关于将来中国大陆行政诉讼类型的具体构建建议。由于对构建行政诉讼类型的价值目标和划分标准缺乏足够深入的研究,各种研究对中国大陆未来行政诉讼应该有哪些类型各说纷纭,莫衷一是。有的提出“8 + X”说,即主张中国大陆未来行政诉讼应该包括确认之诉、撤销之诉、履行之诉、变更之诉、行政赔偿之诉、行政附带民事诉讼、抽象规范的审查和公益诉讼等八种类型。另外,为了使行政诉讼类型在具有包容性的同时也具有开放性,可以在上述诉讼类型之外再规定无名诉讼,以满足社会形势不断发展产生的现实需要的可能性。① 有的提出“七类说”,即主张中国大陆未来行政诉讼应该包括撤销诉讼、课予义务诉讼、给付诉讼、确认诉讼、公益诉讼、机关诉讼、当事人诉讼等七种类型。② 有的提出“五类说”,即主张中国大陆未来行政诉讼应该包括确认之诉、撤销之诉、变更之诉、履行之诉和赔偿之诉等五种类型。③ 有的主张“四类说”,即主张中国大陆未来行政诉讼应该包括撤销诉讼、确认诉讼、课予义务诉讼和给付诉讼等四种类型。④ 还有的提出“两类七种说”,即主张中国大陆未来行政诉讼应该包括纠正违法行为诉讼和公法秩序诉讼两个大类,而第一个大类又包括撤销诉讼、变更诉讼、履行诉讼及确认诉讼等四种,第二个大类则包括公民监督诉讼、国家监督诉

---

① 参见刘东亮:《行政诉讼类型法定化及其消极作用的克服》,载樊崇义主编:《诉讼法学研究》(第 8 卷),中国检察出版社 2005 年版。

② 参见马怀德、张红:《试论行政诉讼的种类》,载《天津行政学院学报》2002 年第 1 期。

③ 参见刘飞:《行政诉讼类型制度探析——德国法的视角》,载《法学》2004 年第 3 期。

④ 参见李红枫:《行政诉讼类型论纲》,载《研究生法学》2003 年第 1 期。

讼及执行诉讼等三种。[①] 笔者认为,中国大陆构建行政诉讼类型,必须充分考量我国的法律文化和法制基础、构建行政诉讼类型的目标、与我国行政诉讼现实基础的衔接和稳妥过渡、国外构建行政诉讼类型的经验等因素。只有对这些因素有了充分考量并统一认识,才能对将来中国大陆行政诉讼类型具体构建形成科学的统一认识。

法、德、日诸国行政诉讼类型可以在我国构建行政诉讼类型时借鉴,但我国构建行政诉讼类型应当注意自己的国情,与我国行政诉讼制度发展的前景相适应,考虑以下因素:

第一,我国的法律文化和法制基础。我国是严格实行成文法的国家,不实行判例法制度,因此,行政诉讼类型应当严格由法律明文规定,既不宜像日本那样虽然原则上实行诉讼类型法定化,由学说和判例在法定诉讼类型之外直接构建出法定外诉讼类型,也不能像德国那样由法院在法定诉讼类型之外类推适用其他诉讼类型,更不应照搬法国由学术界而非由法律确定行政诉讼类型的模式。

第二,构建行政诉讼类型的目标及与我国行政诉讼现实基础的衔接和稳妥过渡。我国行政诉讼类型的构建,既要适当保证行政诉讼类型的丰富性,实现对行政机关各类公权力行为法律救济的相互衔接,形成严密的对公民权利保护的网络,又要考虑我国行政诉讼制度的现实基础,尽可能考虑行政诉讼类型的简洁性并最大可能与现今行政诉讼实践中人们熟悉的、行之有效的诉的类型对应,淡化行政诉讼类型的学理色彩,例如,避免采用"形成之诉""给付之诉""义务之诉"等学理上的概念,而直接使用更加直观易懂的"撤销之诉""确认之诉""履行之诉""禁止之诉""变更之诉""赔偿之诉"等概念,以减少公民选择诉讼类型的困难,便于法院的实际操作。

第三,国外经验。在诉讼类型分类的标准上,德国倾向于主要采诉讼标的结合原告的诉讼目的这样一种交叉性的标准,而日本则更加倾向于采诉讼目的和诉讼性质这样一种双重性的标准。笔者认为,"以诉讼标的结合原告的诉讼目的为主、以诉讼性质为辅"构建我国行政诉讼类型比较合理,也比较适合中国实际。

从法国的经验看,正如法国近代一些学者、特别是波尔多学派所指出,

---

① 参见薛刚凌:《行政诉权研究》,华文出版社 1999 年版,第 175 页以下。

法国以法官作出判决的权力大小作为行政诉讼类型分类标准的传统分类方法是存在缺陷的,因为诉讼的性质主要取决于法官所要解决的问题的性质,因此,合理的分类方法应当是以诉讼标的的性质作为行政诉讼类型分类的标准。只是由于波尔多学派提出的以诉讼标的的性质作为行政诉讼分类标准的分类方案不能够划分全部行政诉讼,且因对“客观”和“主观”的认识不可能完全一致,可能导致对具体案件归属于“客观的行政诉讼”还是“主观的行政诉讼”观点不一致,进而导致诉讼程序规则适用的混乱,才导致波尔多学派提出的以诉讼标的的性质作为行政诉讼分类标准的分类方案,未能替代传统的以法官判决案件权力的大小作为分类标准的传统分类方法。

德国主要以诉的标的(被诉行为的形式)结合原告的诉讼目的这样一种交叉性的标准构建行政诉讼类型,使行政诉讼类型条理比较清楚,便于公民通过判断公权力行为的形式选择适当的诉讼类型,但由于其过于严格区分公权力行为的形式,不利于诉讼类型的简化。[①] 相反,日本以诉讼目的和诉讼性质(抗告诉讼以及与抗告诉讼并列的当事人诉讼、民众诉讼和机关诉讼)这样一种双重性的标准为标准构建行政诉讼类型,虽然便于公民根据诉讼目的和诉讼性质选择诉讼类型,但其行政诉讼类型条理不如德国清楚,体系也过于复杂。“以诉讼标的结合原告的诉讼目的为主、以诉讼性质为辅”构建行政诉讼类型,既要突出划分诉讼类型的主要标准,以针对不同类型的行政机关公权力行为有相应的诉讼类型,又要允许一些诉讼类型可以跨诉讼标的的类型构建,以尽可能减少诉讼类型的数量[②];同时,还应该考虑专门根据特定的诉讼目的构建特定的诉讼类型,以适应特定诉讼的需要。这样,既可以精简诉讼类型、使诉讼类型更具有条理性,又能够适应不同权利救济的需要。

根据以上考虑,笔者构想的行政诉讼类型如下:

1. 以“诉讼标的结合原告的诉讼目的”为主标准构建的行政诉讼类型

江必新大法官曾经一针见血地指出:“我国现行的《行政诉讼法》没有

---

① 例如,关于请求判令行政机关履行职责的诉讼,德国分别按照诉讼标的是行政行为还是非行政行为,构建了义务之诉和一般给付之诉。

② 当然,由于适用某种诉讼类型的行政机关公权力行为的性质不同,形式上看似相同的诉讼类型,其具体的诉讼内容和目的应有所差异。

对诉讼进行类型化处理，主要原因是在制定《行政诉讼法》时，行政行为的形式单一。”①因此，随着我国行政行为内涵和外延的扩大，行政行为形式的丰富，构建与行政行为类型相适应的行政诉讼类型，使公民、法人和其他组织对各种类型的行政行为均具有相应的救济形式，构成严密的行政诉讼对权利的保护网，是行政法治发展的必然要求。对应于本书第六章提出的理论重构后的行政行为体系中的不同性质和形式的行政行为，我国行政诉讼类型可以这样构建：

(1) 普通行政行为(行政法律行为和准行政法律行为)的诉讼类型。此类诉讼类型的构建，一是要考虑尽量对应现有行政诉讼判决类型，使制度具有较好的延续性，便于公民正确选择诉讼类型和法院的操作；同时，针对现有制度的不足，也应该考虑适度增加诉讼类型，以满足公民扩大权利救济的需要。二是由于行政法律行为与准行政法律行为存在意思表示和观念表示、直接法效与间接法效的区别，因此，在精细分析行政行为的理论研究中对它们进行分类研究是有意义的。但由于这两类行为都存在行政机关的主观表示，都可以达到一定的行政法上的效果(只不过有直接和间接的区别)，都可以成为行政活动的法律手段，因而在救济制度上把它们区别开来是没有必要的，也是不妥当的。事实上，一些大陆法系国家的行政法学者在传统的将行政机关的公务行为区分为行政行为和行政事实行为的“二分法”基础上，将行政机关的公务行为以“三分法”进一步区分为行政法律行为、准行政法律和行政事实行为，亦完全非为将准行政法律行为从行政法的救济中排除出去、或者单独为其研究特殊的诉讼类型，而纯粹是出于构建精深的行政行为理论的需要。从否定行政机关的主观表示、要求行政机关为或不为主观表示、变更行政机关的主观表示或解除行政机关公权力行为的法律效果的角度看，并无对行政法律行为和准行政法律行为分别构建不同的行政诉讼类型的需要。也就是说，对行政法律行为和准行政法律行为完全可以构建相同的诉讼类型，从而形成包括行政法律行为和准行政法律行为的普通行政行为诉讼类型。这符合行政行为概念应当与行政诉讼实践相衔接，以服

---

① 江必新:《论行政诉讼十大关系——兼议行政诉讼法的修改》,载《行政执法与行政审判》2006 年第 3 集。

务于行政诉讼制度的运行、满足对公民、法人和其他组织权利救济需要的制度设计理念。至于行政事实行为,由于其既不存在行政机关的主观表示,也不产生行政法上的效果,或虽发生行政法上的效果但与行政机关的主观意识无关而完全由于法律的规定或由于外界的自然结果所产生,因而,不存在通过否定行政机关的意思表示或观念表示解除行政机关行为效力的问题。即对行政事实行为的救济制度应该与对行政法律行为和准行政法律行为的救济制度有别(例如,对行政事实行为不存在撤销之诉之说)。故而行政事实行为不应纳入普通行政行为范畴。这也与大陆法系国家行政行为理论一致。

据此,按照原告的诉讼目的,普通行政行为可以有如下诉讼类型:

第一,撤销之诉。撤销之诉是我国行政诉讼实践中的主要诉讼情形,也是我国行政诉讼制度建立以来人们最为熟悉的一类诉讼。针对普通行政行为的撤销之诉,其诉讼目的是请求法院撤销某一普通行政行为,主要是为了实现对其公定力的排除,有时也可以是为对违法状态的排除(例如,行政指导在表面上大多没有拘束力和强制力,从这个意义上说,撤销行政指导很难说是对其公定力或法律效力的排除,但却可以说是对行政指导违法状态的排除)。

第二,确认之诉。确认之诉在现今我国行政诉讼实践中是人们较为熟悉的一类诉讼。通过针对普通行政行为的确认之诉,既可以请求法院确认某种法律关系存在(积极的确认之诉)或不存在(消极的确认之诉),也可以请求法院确认普通行政行为违法、不成立①或无效。其中,确认普通行政行为违法之诉可以适用以下情景:被告不履行法定职责,但判决责令其履行法

① 根据现在法学理论,行政行为的成立是指行政行为的作出或形成。在中国大陆,"行政行为不成立"这个概念还比较生疏、狭窄。有直接法律依据的如《行政处罚法》第 41 条的规定。该条规定:"行政机关及其执法人员在作出行政处罚决定之前,不依照本法第 31 条、第 32 条的规定向当事人告知给予行政处罚的事实、理由和依据,或者拒绝听取当事人的陈述、申辩,行政处罚决定不能成立;当事人放弃陈述或者申辩权利的除外。"笔者就此推演出行政行为不成立的概念,即:行政行为不成立是指行政机关虽然在形式上作出了行政行为,但由于其作出行政行为时没有遵守法律的有关明文规定(特别是程序性规定),可能对公民、法人和其他组织的合法权利造成侵害,由法律预先规定其在法律上视为没有作成。与行政行为形式上的成立不同,行政行为不成立不是事实判断问题,而是法律判断问题,因而应当通过行政诉讼由法院判断其是否不成立。这是当事人可以请求法院确认行政行为不成立的基础。

定职责已无实际意义的；被诉普通行政行为违法，但不具有可撤销内容的。被诉普通行政行为依法不成立或者无效的，由于法律根本不承认其法律效力，因而不存在通过撤销之诉解除其效力之说，所以只能适用确认普通行政行为不成立或无效之诉。

第三，履行之诉。履行之诉也是我国现今行政诉讼实践中人们较为熟悉的一类诉讼，它是一种针对行政不作为或行政懈怠的诉讼。通过针对普通行政行为的履行之诉，可以请求法院判令行政机关作出授益性行政行为、作出答复或判令行政介入（作出普通行政行为）。如果有管辖权的机关既没有拒绝，也没有作出被申请的普通行政行为，起诉人可以请求法院判令行政机关作出授益性行政行为，该诉讼为不作为之诉；如果起诉人的诉讼目的并不是要实现对授益本身的判决，而是请求法院判令行政机关履行对自己提交的申请作出答复的义务，提起的诉讼则为答复之诉。

需要指出的是，针对行政机关已经通过否定性决定拒绝作出普通行政行为的情形提起的诉讼为否定决定之诉，尽管该类诉讼本质上其实并不是针对行政机关的否定决定本身，而是要求行政机关履行某种义务，但形式上往往应该对行政机关的否定决定提起撤销或确认（违法）之诉。与德国相反，在我国司法实践中对此应该提起撤销之诉或确认（违法）之诉，而不应提起履行之诉。因为行政机关已经作出决定，在形式上行政机关已经履行了义务，不应由于其决定的内容是否定性的而要求其重复履行义务。

第四，禁止之诉。为预防行政机关行政行为的侵害，日本设定了“禁止之诉”作为法定抗告诉讼之一。该诉讼类型是指在行政机关不应作出而要作出一定的处分或裁决的情况下，请求法院责令行政机关不准作出该处分或裁决的诉讼。我国现今行政诉讼没有禁止之诉，不利于公民预防可以预见的行政行为的侵害。所以，针对普通行政行为，我国应该借鉴日本的经验构建禁止之诉。

第五，变更之诉。变更之诉尽管也是我国现今人们较为熟悉的一种诉讼，但从行政诉讼法的规定看，其适用面非常狭窄，仅限于针对显失公正的行政处罚。除此之外,只用通过撤销之诉或确认(违法)之诉,解除或否定行政行为的效力,同时由法院责令行政机关重新作出行政行为来实现变更行政行为内容的目的。这种制度安排,无法较好解决行政行为并不违反法律的明文规定、但内容明显不当的问题,不利于加强对行政自由裁量权的规范。为此,我国不仅应当继续保留变更之诉这类诉讼,而且应当扩大其适用情形。鉴于人们对法院直接变更行政行为可能涉嫌司法权侵越行政权、造成法院对行政"越俎代庖"的担忧,笔者建议,针对普通行政行为的变更之诉可以分为直接变更之诉和责令变更之诉。当事人可以通过直接变更之诉,请求法院直接变更显失公正的行政处罚,以实现与我国现今变更之诉的衔接。而对于其他并不违反法律的明文规定、但内容明显不当的普通行政行为,当事人可以通过责令变更之诉,请求法院判令行政机关自行纠正明显不当的普通行政行为,从而实现既对原告给予救济,又能恪守司法权边界的目的。

第六,赔偿之诉。赔偿之诉是我国《行政诉讼法》第 67 条直接规定的一种诉讼类型。受普通行政行为侵害的当事人可以通过赔偿之诉请求法院判令行政机关承担行政赔偿责任。

(2) 特殊行政行为(行政事实行为、行政规划和行政计划、行政合同、行政规定)的诉讼类型。

第一,行政事实行为的诉讼类型。虽然行政事实行为大多不具有法律效果,只具有事实效果,但事实效果的行政事实行为(例如实力性行政事实行为)也可能侵害相对方的人身、财产等权利。不仅如此,有些行政事实行为(例如执行性行政事实行为)甚至可能直接依据法律的规定或外界的事实状态产生法律效果。因而,将行政事实行为排除在行政诉讼受案范围之外,既不符合行政法治原则,也不符合相对方权益保护原则。因此,行政事实行为应受行政法的约束和行政诉讼法的监督。正如王名扬先生所说,事实行为不是法律行为,不直接产生法律效果,但它对法律行为的产生过程和实施过程有关,所以也应受行政法规范。[1] 不同于对法律行为的研究着眼于其效力问题,行政法对事实行为的研究主要着眼于其责任问题。一些行政事实

---

① 参见王名扬:《法国行政法》,中国政法大学出版社 1988 年版,第 136 页。

行为虽然可能产生法律效果，但其系直接依据法律的规定或外界的事实状态、而非根据行政权之心理作用所产生，即不存在行政机关以发生法律效果为目的的意思表示或可以产生法律效果的观念表示，因而通过撤销行政机关的主观表示以否定法律效果的撤销之诉不能适用行政事实行为。但是，不能由于撤销之诉不能适用行政事实行为就将行政事实行为排除在司法监督之外。一般情况下，行政事实行为只适用赔偿之诉。但是，当某行政事实行为对相对方造成侵害、限制或负担，已不能视其为无法律效果之事实行为。例如，在我国台湾地区，此等情况下的行政事实行为被视为“诉愿法”上的行政处分，即将因其而发生的争议视为可以提起行政诉讼的“公法上的争议”，为排除或赔偿损害、除去义务，将其纳入行政诉讼受案范围，允许相对人提起救济。[①] 虽然，此等情况下撤销之诉仍不能适用行政事实行为，但可以通过确认之诉、履行之诉、禁止之诉、变更之诉等给予相对方救济——或允许当事人提起请求法院确认行政事实行为违法的确认之诉，或允许当事人提起请求法院判令行政机关作出事实行为的履行之诉，或允许当事人提起请求法院判令行政机关停止作出或者中止某行政事实行为的禁止之诉，或允许当事人提起请求法院判令行政机关变更行政事实行为的变更之诉。在我国台湾地区，此等制度安排在学界有广泛的支持。例如，林锡尧认为，行政上的事实行为如系违法，行政机关负有除去因该事实行为所造成之违法状态并回复至合法状态之义务。相对地，人民若因该事实行为遭受权利侵害，应享有结果除去请求权与回复原状请求权，即可通过行政诉讼提起学理上所称的一般给付之诉，或至少可以提起确认之诉。[②] 陈新民也认为，对于违法的行政事实行为，如果无法提起一般给付之诉，至少可以提起确认之诉。[③] 事实上，法国、德国、日本等国也均已在不同程度上将行政事实行为纳入了一定的行政诉讼类型之中。

为减少诉讼类型数量，笔者建议，上述针对普通行政行为构建的诉讼类型，除撤销之诉外原则上都可以适用行政事实行为，只不过由于行政事实行

① 参见翁岳生编：《行政法》（下册），中国法制出版社 2009 年版，第 886—887 页。

② 参见林锡尧：《行政法要义》，台湾三民书局 1998 年版，第 445 页。

③ 参见陈新民：《行政法学总论》，台湾三民书局 1997 年修订六版，第 312 页以下。

为存在与普通行政行为不同的特性,上述针对普通行政行为构建的诉讼类型在转而适用行政事实行为时应有特定的内容。具体来说:

针对行政事实行为的确认之诉是请求法院确认行政事实行为违法的诉讼类型。

针对行政事实行为的履行之诉是请求判令行政机关作出服务型、(授益性)处理型、建设型、维护型、告知型、(授益性)执行型事实行为(例如加强安防措施、实施强制措施、记录事实情况等)的诉讼类型。

针对行政事实行为的禁止之诉是我国不曾有过的一类诉讼。德国和日本都有排除或预防行政机关行政事实行为侵害的诉讼类型。德国有停止作为之诉,即原告请求法院判令行政机关停止作出或者中止一个对他不利的行政事实行为。如果行政机关的行政事实行为已经作出,可以提起请求停止作为的给付之诉[①];反之,则可以提起预防性停止作为之诉。日本有“预防性不作为诉讼”,即请求行政厅不行使公权力(不限于处分)的诉讼。我国迄今没有类似的诉讼类型,当事人无法通过恰当的诉讼类型请求法院判令行政机关停止作出或者中止一个对他不利的行政事实行为。为弥补这一漏洞,我国应该借鉴德国和日本的经验,构建类似的诉讼类型,使当事人面临或即将面临一个对他不利的行政事实行为时,可以通过这一诉讼类型,请求法院判令行政机关停止作出或者中止该行政事实行为。鉴于禁止普通行政行为与禁止行政事实行为的目的都是请求法院判令行政机关停止作出或者中止公权力行为,只是公权力行为是普通行政行为还是行政事实行为存在不同,为减少诉讼类型数量,笔者建议,我国针对行政事实行为的此类诉讼仍然可称为“禁止之诉”,只是此处的禁止之诉不是针对普通行政行为,而是针对(损益性)执行型、暴力型、(损益性)处理型行政事实行为。

针对行政事实行为的变更之诉是请求法院判令行政机关变更行政事实行为(例如变更安防措施、变更强制措施、变更记录的事实内容、变更执行方式等)的诉讼类型。

针对行政事实行为的赔偿之诉是请求法院判令行政机关就其行政事实

---

① 若要中止一个已经作出的普通行政行为,可以通过撤销之诉实现。

行为造成的损害承担行政赔偿责任的诉讼类型。

第二,行政规划和行政计划的诉讼类型。对行政规划和行政计划的诉讼,是指直接针对行政规划和行政计划的诉讼,而非针对行政规划和行政计划执行的诉讼(即针对执行性行政行为的诉讼。例如,土地行政部门和规划行政部门分别作出了土地规划和建设规划,其后,这两个部门又分别作出执行规划的土地行政许可和规划行政许可,相对人或利害关系人对土地行政许可或规划行政许可不服提起诉讼。此类诉讼属于针对普通行政行为的诉讼,前面已经述及)。由于行政规划和行政计划的特殊性,对行政规划和行政计划的诉讼也应有特殊性,针对普通行政行为的各种诉讼类型并不能全部适用对行政规划和行政计划的诉讼。具体来说,对行政规划和行政计划的诉讼可以有请求撤销行政规划和行政计划的撤销之诉、请求确认行政规划和行政计划违法、不成立或无效的确认之诉、请求责令行政机关变更行政规划和行政计划的变更之诉。但由于行政规划和行政计划是对今后拟采取的行动和措施作出的设计、安排、部署,具有对象普遍性、效力间接性的特点,其不适用于履行之诉、禁止之诉和赔偿/补偿之诉。

第三,行政合同的诉讼类型。由于行政合同带有公权力因素,且其可能涉及行政违法,因而将其视为特殊行政行为并纳入行政诉讼受案范围是必要的。但是,行政合同与普通行政行为存在很大差异,其虽然具有在法律上拘束相对人的效果,但并非是行政机关基于行政优越权而单方作出的权力性行为,因而并不具有处分性。因此,在行政诉讼类型的设计上,应将针对行政合同的行政诉讼与针对普通行政行为的行政诉讼相区分,并在审理规则等方面作出不同的规定。由于行政合同虽然也具有一定的单方意志性,但更具有显著的双方意志性,因而,除涉及"单方意志性"的问题外,其他诉讼规则都可以参照民法和合同法的规定。故而,行政合同的诉讼类型可以参照民法和合同法规定的诉讼类型构建。根据行政合同纠纷的不同情形,可以构建请求法院撤销行政合同的撤销之诉、请求法院确认行政合同无效的确认之诉、请求法院判令行政机关履行合同义务的履行之诉、请求法院判决解除行政合同的解除之诉、请求法院判决变更行政合同的变更之诉、请求法院判令行政机关就其违约行为承担赔偿责任的赔偿之诉、请求法院判令行政机关就其行使单方面终止或变更合同权对合同相对方承担补偿责任的补偿之诉以及民法和合同法规定的其他诉讼类型。需要注意的是,虽然行政合同之诉与普通行政行为之诉存在很大差异,但上述针对行政合同的诉讼类型大多有与针对普通行政行为的诉讼类型相同的"外壳",例如,撤销之诉、确认之诉、履行之诉、变更之诉、赔偿之诉,因而,这种诉讼类型名称上的重叠,有利于减少诉讼类型的形式数量。

第四,行政规定的诉讼类型。我国行政规定的诉讼类型,可以参照德国"规范审查"[①]和"规范颁布之诉"[②]构建,前者是请求法院宣布行政规定无效的诉讼[③],后者是请求法院判令行政机关颁布行政规定的诉讼。

通过上述行政诉讼类型的构建,准行政法律行为(含行政指导)和行政机关对其公务员作出的涉及公务员作为普通公民应该享有或承担的法律上的权利义务的行为作为普通行政行为范畴,可以适用与行政法律行为相同的诉讼类型,从而使普通行政诉讼类型的受案范围得到了扩大。与此同时,通过设计相应的特殊行政诉讼类型,将行政事实行为、行政规定、行政合同、行政规划和行政计划作为特殊行政行为纳入特殊行政诉讼类型的受案范围,进一步实现了行政诉讼受案范围的扩大。行政立法被排除出行政行为范畴,虽然从一个方面缩小了行政行为范畴,但却使行政行为概念更加科学,并实现了行政规定的可诉性,从而使行政诉讼受案范围拓展到了对传统上属于抽象行政行为的行政规定的审查。

笔者提出的以诉讼标的为主构建的行政诉讼类型系统的建议,概要整理在下列表 7-4 中。

---

① 由于在规范审查中不存在被诉的一方,所以不宜称"规范审查之诉"。

② 由于公民和社会团体的权利不仅会由于行政机关的具体决定受到侵害,而且也越来越多地由于行政机关应颁布而不颁布相应的规范而受到侵害。因此,在行政诉讼中引入规范颁布之诉是必要和合理的。

③ 无论从司法权与行政权的关系看,还是考虑到"规范审查"不存在被诉的一方,法院宣布行政规定无效比法院撤销行政规定显然更加合适。

表 7-4 我国以诉讼标的为主构建的行政诉讼类型系统(建议)

行政诉讼类型 / 行政行为类型	撤销之诉	确认之诉	履行之诉	禁止之诉	变更之诉	赔偿/补偿之诉
普通行政行为[行政法律行为和准行政法律行为(含行政指导)]	请求撤销普通行政行为(排除公定力或违法状态)	请求确认法律关系存在或不存在,请求确认普通行政行为违法、不成立或无效	请求判令行政机关作出授益性行政行为,或作出答复,或判令行政介入	请求责令行政机关不准作出普通行政行为	包括直接变更之诉(请求直接变更显失公正的行政处罚)和责令变更之诉(请求判令行政机关纠正明显不当的普通行政行为)	请求判令行政机关承担普通行政行为引起的行政赔偿或补偿责任
行政事实行为		请求确认行政事实行为违法	请求判令行政机关作出有利的行政事实行为	请求判令行政机关停止作出或者中止不利的行政事实行为	请求判令行政机关变更行政事实行为	请求判令行政机关承担行政事实行为引起的行政赔偿或补偿责任
行政规划和行政计划	请求撤销行政规划和行政计划	请求确认行政规划和行政计划违法、不成立或无效			请求责令行政机关变更行政规划和行政计划	

行政诉讼类型 / 行政行为类型	撤销之诉	确认之诉	履行之诉	解除之诉	变更之诉	赔偿/补偿之诉
行政合同	请求撤销行政合同	请求确认行政合同无效	请求判令行政机关履行合同义务	请求判决解除行政合同	请求判决变更行政合同	请求判令行政机关就其违约行为承担赔偿责任或就其行使单方面终止或变更合同权承担补偿责任

行政诉讼类型 / 行政行为类型	规范审查	规范颁布之诉
行政规定	请求宣布行政规定无效	请求判令行政机关颁布行政规定

2. 以诉讼性质为辅标准构建的行政诉讼类型

由涉及民事法律关系的行政争议引起的行政诉讼案件(以下简称涉民之诉)如何处理?因公共利益受到行政行为的侵害是否可以提起行政诉讼,如果可以提起行政诉讼,此类案件(以下简称公益之诉)又应当按照怎样的规则进行?是多年来我国行政法学界最热议的话题之一。其之所以成为研究的热点,一是由于涉民之诉涉及民事性质的基础法律关系,"民行交织",处理起来尤为复杂,现实中司法规则不清,程序混杂,需要构建一种规范有效的规则和程序;二是由于为维护公共利益,迫切需要对行政机关因滥用职权等造成公共利益损害的行为进行司法监督,而构建公益之诉需要解决大量的理论和实际问题。

但是,对于这两种案件的审理是否应该成为两种独立的行政诉讼类型,学界存在不同观点。一些学者主张将涉民之诉和公益之诉作为两种独立的新型行政诉讼类型。[①] 但也有学者对此持一定程度的保留意见,认为将公益诉讼、当事人诉讼(涉民之诉)与撤销之诉、给付之诉及确认之诉并列作为我国未来行政诉讼基本类型的设想"显然是欠妥的"[②]。笔者认为,由于涉民之诉和公益之诉具有特殊的诉讼性质,涉及特殊的审理规则,而审理规则与诉讼类型密切相关,因此,构建行政诉讼类型单纯"从诉讼请求的角度"考量、而不顾审理规则等因素,这种观点本身"欠妥",不利于解决这两类诉讼所需要解决的特殊问题。不仅如此,由于这两类案件的诉讼请求亦可能不同于行政诉讼请求,例如,在涉民之诉的诉讼请求中即可包括不同于行政诉讼请求的民事诉讼请求,因此,即使单纯"从诉讼请求的角度"考量行政诉讼类型的构建,这种观点本身也"欠妥"。所以,主张将涉民之诉和公益之诉作为两种独立的新型行政诉讼类型并非是为了"司法抢滩"。同时,笔者也认为,行政诉讼类型的构建应以诉讼标的结合原告的诉讼目的为主标准,而不宜以诉讼性质和审理规则为主标准,因此,尽管可以将涉民之诉和公益之诉作为两种独立的新型行政诉讼类型,但其只是以诉讼性质为辅标准构建的行政诉讼类型。不过,虽然将其作为独立的新型行政诉讼类型的标准是辅

① 例如,马怀德、吴华:《对我国行政诉讼类型的反思与重构》,载《政法论坛》2001 年第 5 期;马怀德、张红:《试论行政诉讼的种类》,载《天津行政学院学报》2002 年第 1 期。

② 参见章志远:《行政诉讼类型化模式比较与选择》,载《比较法研究》2006 年第 5 期。

标准,但这两类诉讼又是独立的诉讼类型,而非从属于其他行政诉讼类型的"亚诉讼类型"。更为重要的是,这两类诉讼类型的构建,可以解决当下我国涉民之诉和公益之诉难受理、甚至不受理的问题,对实现行政行为可诉性具有重要意义。

(1) 涉民之诉。此类诉讼类型是要考察行政主体的行政行为涉及一个基础性的民事法律关系,导致平等主体之间民事法律关系的产生、变更和消灭,从而引发民事当事人之间的争议及行政行为相对人或利害关系人与行政主体之间的争议。在这种情形中,行政行为被当事人认为既侵害了民法上的权利,也侵害了行政法上的权利;发生的争议既有民事争议,又有行政争议;存在的法律关系既有民事法律关系,又有行政法律关系;诉讼的性质既涉及民事侵权之诉,又涉及行政侵权之诉。

一方面,从行政诉讼和民事诉讼各自的功能看,行政诉讼的功能是判明行政行为是否合法,支持或否定原告认为行政行为违法的主张,而不直接审查、判明基础法律关系。因此,如果当事人试图通过普通的行政诉讼途径寻求救济,其实该类"救济"仅仅是行政法上的权利救济,而无力给予民事权利的救济。这是因为,在行政诉讼中,无论是判决维持行政行为还是判决撤销行政行为,都不意味着法院对民事实体争议作出判断。这样,只要当事人坚持自己的民事权利主张,就必定还需要提起一个民事诉讼来诉请法院对民事实体争议进行审查、作出判决。也就是说,仅仅通过行政诉讼,并不能解决民事基础法律关系争议。即所谓"行断民不断"。反之,如果当事人仅仅提起民事诉讼来诉请法院解决民事基础法律关系,虽然民事诉讼具有裁判民事实体权利归属的功能,但一旦法院在民事诉讼中作出与行政行为的内容相反的裁判,就会出现相互冲突、但却均具有法律效力的行政行为与民事裁判并存的局面,解决之道只有希冀通过行政诉讼否定行政行为。但是,行政诉讼又是适用行政法而非民法对行政争议进行裁判,行政裁判的结果也不一定与民事裁判一致,因此会造成法院裁判之间的冲突。即所谓"民断行不断"。从这个意义上说,当下我国司法实践中对此类纠纷无论是大多采取的"先行后民"的做法,还是采取"先民后行""平行诉讼""单一行政诉讼""单一民事诉讼"的方法,都无法解决上述困境。而学界有人提出的"行政附带民事诉讼”“民事附带行政诉讼”[1]的方法,虽然有助于协调民事裁判和行政裁判,但由于涉及民事和行政两类诉讼,由“附带”产生的民事和行政两类诉讼的协调远比诉讼结果——民事裁判和行政裁判的协调困难得多,且迄今为止这两种主张都无法对此类案件中的“民事”与“行政”两类争议之间的关系处理作出合理的解释或说明,这也是在司法制度上至今无法确立“行政附带民事诉讼”和“民事附带行政诉讼”的原因。由此造成此类案件在司法实践中往往无所适从,不同地区、不同法院、不同法官、不同当事人、不同情形下,有不同的处理方法,影响司法的严肃性和统一性。行政相对人或利害关系人还常常会陷入救济无门[2]或深陷诉讼泥沼、受尽诉累而得不到有效救济的困境。

另一方面,随着行政权力在国家管理领域的不断扩张,越来越多的民事活动和民事关系被置于政府监管、调控和约束之中,例如,土地、矿藏、水流、森林、山岭、草原、荒地、滩涂、海域等自然资源所有权或者使用权的纠纷,房屋所有权或者使用权的纠纷,商标、专利等知识产权纠纷,离婚案件,以及其他与行政许可、行政确认、行政裁决、行政登记等相关的民事纠纷,常常与行政权的行使有关。行政机关对民事关系的处理、认定,往往“引火烧身”。这类案件的本质是要寻求民事权利救济,如果都按照传统的行政诉讼方式去解决,不仅无法解决作为基础性的民事法律关系纠纷,而且把没有实质上利益关系的行政机关作为被告,一旦行政机关为避免败诉寻求司法相护就会增加原告胜诉的困难。另外,此类案件数量越来越多,导致行政机关疲于当被告,牵扯了行政机关的很多精力,影响了行政管理的效率,也不利于官民和谐。不仅如此,一个案件既涉及行政诉讼,又涉及民事诉讼,这种诉讼上

---

① 例如,应松年主编的《行政诉讼法学》教材就提出了行政诉讼附带民事诉讼的主张。参见应松年主编:《行政诉讼法学》,中国政法大学出版社 2007 年版,第 207—209 页。

② 公民“起诉无门”的情况常有出现。例如,曾被媒体广为报道的跌进“法律怪圈”的山东省首例行政登记案。2001 年,济南柴油机厂职工刘震因不服企业集体变更劳动合同,将提供变更鉴证的济南市劳动局和所在企业告上法庭,要求撤销鉴证登记。但令他尴尬的是,他提起行政诉讼时,有行政诉讼管辖权的两级法院都说这不是行政案件。到了 2002 年,他无奈向有民事诉讼管辖权的另一法院提起民事诉讼时,法院又说:“劳动局与你不是平等的民事主体,劳动鉴证登记应属行政登记行为。因此,你的起诉不是民事案件,决定不予受理。”刘震满脸狐疑而又不无牢骚地对记者说,他很想知道,既然这个诉讼不属于行政诉讼,又不属于民事诉讼,难道会属于刑事,或是涉外、海商案件?参见《山东首例行政登记案跌进“法律怪圈”》,载《生活日报》2002 年 5 月 14 日。

的循环交织，又增加了司法资源的耗费。总之，无论是“先行后民”“先民后行”，还是“行政附带民事”“民事附带行政”，都无法实现司法公正与效率，因而迫切需要构建相应的诉讼制度。

上述背景使得尽快构建涉民之诉成为必要。

笔者曾在另一本书中就涉及民事纠纷的行政案件的司法处理模式作过研究，当时提出的此类案件的诉讼程序方案是建立在现有行政诉讼制度基础之上的，是可以在现有行政诉讼制度下运行的方案，具有现实的实际价值。与此不同，本书的研究是要面向未来行政诉讼制度发展的前景，在构建我国未来行政诉讼类型的基础上，探讨涉及民事纠纷的行政案件的诉讼模式，其实际价值是前瞻性的。不过，在前本书中，笔者已经有了下面将要表达的涉民之诉的基本思路。① 笔者认为，在前本书中提出的建立在现有行政诉讼类型基础之上的涉及民事纠纷的行政案件的司法处理模式只是权宜之计，最终的解决方案应当建立在构建我国未来行政诉讼类型的基础之上。

对于此类案件，我国至今尚未建立相应的诉讼制度。构建面向未来的此类案件的诉讼类型，可以考虑吸收日本“当事人诉讼”中“形式当事人诉讼”的有益成分。

在日本“形式当事人诉讼”中，确认或者形成民事法律关系的行政处分或者裁决的相对人，可以根据个别法的规定直接就该行政处分或者裁决引起的民事纠纷以另一方当事人为被告起诉，请求法院直接就民事纠纷作出裁判，而不必先以行政诉讼排除该行政处分或者裁决的效力。法院在审理形式当事人诉讼案件时，主要适用民事诉讼法的规定，只在有限的情况下适用抗告诉讼的程序。换言之，“形式当事人诉讼”可以不经行政诉讼程序即可解决受行政权作用下的民事权利义务关系，并且可以以效力高于行政处分或者裁决的司法裁判，避免司法裁判与行政处理的冲突，这就大大简化了解决此类案件的程序，提高了司法效率。

我国可以在借鉴日本“形式当事人诉讼”的基础上，根据我国自己的国情加以完善，构建我国的涉民之诉。涉民之诉的基本原则是，与行政权力相关的民事纠纷或者行政权作用下的民事法律关系的解决，一律作为行政案

---

① 详见茅铭晨：《中国行政登记法律制度研究》，上海财经大学出版社 2010 年版，第 145—167 页。

件来把握,不通过民事诉讼或所谓民事附带行政诉讼的途径解决,而通过本质上属于行政案件、形式上属于民事案件的涉民之诉解决。从而避免“先民后行”“民事附带行政”的困境。由于此类诉讼的真正和最终目的是要解决民事纠纷,因此应当让民事纠纷的一方当事人直接以民事纠纷的另一方当事人为被告提起属于行政案件的涉民之诉,而作出形成或确认当事人之间法律关系的行政行为的行政机关则作为第三人参加诉讼。此类案件的诉讼时效、上诉期限、审理期限、级别管辖和地域管辖等,参照《民事诉讼法》的规定,解决当事人民事纠纷的部分适用民事诉讼法的审理规则。法院对于对民事法律关系具有约束力的行政行为,既可以直接根据行政法判定其合法性或有效性,也可以通过对作为基础法律关系的民事权利义务的判断从事实层面判定其合法性或有效性。但是,这种判定不必以对另一个独立的行政案件的判决或裁定的形式作出。这种判定有可能不需要经过一般的对行政行为的审理程序即可作出,从而大大简化司法程序;也可能需要经过严格的对行政行为的审理程序才能作出,因而在这段程序中需要适用《行政诉讼法》的审理规则。在后一种情况下,适用《行政诉讼法》的审理规则对行政行为的合法性或有效性进行审查,既不是作为一个独立而完整的案件进行的,也不是作为此类案件的主要程序进行的,因而与“先行后民”“行政附带民事”相比,仍然可以避免对一个独立的行政案件的完整审判(行政机关在涉民之诉中仅仅是第三人,而非行政被告),避免行政与民事两种案件的循环交织。在对行政行为合法性或有效性作出判定(而非对一个独立的行政案件的完整审判)的基础上,法院即可直接对民事纠纷作出判决。根据民事司法裁判高于行政确认的法治原则,法院无须作出撤销或确认行政行为无效、违法的裁判,即可以以法院的民事裁判文书否定行政行为的合法性或有效性。这也是司法对行政的监督和纠正形式。因而,当事人可以直接凭法院的民事裁判文书去实现自己的民事权利,而行政机关则应当根据法院民事裁判文书确定的民事法律关系协助当事人实现民事权利。如果出现行政机关不给予相应协助的极端情形,当事人可以以行政不作为为由提起行政诉讼(履行之诉),以实现自己的民事权利。可见,这种涉民之诉与“先行后民”或所谓“行政附带民事”必须先以行政诉讼排除行政行为的效力不同,能够在保证司法公正的同时较好体现司法效率。①

涉民之诉这一诉讼类型的构建，可以终结我国对涉及民事纠纷的行政案件存在“先行后民”“先民后行”“平行诉讼”“行政附带民事”“民事附带行政”“单一行政诉讼”“单一民事诉讼”等不同司法处理模式的乱象和常常面临“行断民不断”的困境，提高司法效率；更可以避免由于民事法庭和行政法庭、甲法院与乙法院相互推诿，或者由于“官官相护”②法院对本该受理的行政案件制造借口故意不受理，造成公民“起诉无门”的情况，保障公民获得司法救济的权利。从这个意义上说，涉民之诉的构建对于是实现行政行为可诉性具有重要意义。不仅如此，由于法院在涉民之诉中的裁判直接针对民事纠纷双方，不同于在行政诉讼抑或在所谓“行政附带民事诉讼”中法院的裁判直接针对行政纠纷双方，从而可以避免由于行政机关为摆脱败诉的结果而增加原告胜诉的困难，对于解决公民行政诉讼“胜诉难”问题也大有裨益。

（2）公益之诉。我国学者一般把公共利益（公益）视为与社会利益、国家利益具有密切关系甚至等同的概念。例如，有学者认为：“公共利益表现为社会利益或国家利益。”③“就国家利益和社会公共利益而言，有时很难找出它们的区别，因为在我国社会主义条件下，国家利益和社会公共利益从根本上来讲是一致的。”④至于社会公共利益，一般被认为是不专属于特定个体、而为社会成员共同享有的利益。

① 我国行政诉讼法并没有对行政附带民事诉讼作出规定。所谓“行政附带民事诉讼”只是学界的一种学术主张。如果要寻找与这种主张最接近的依据的话，那就是最高人民法院《关于执行〈中华人民共和国行政诉讼法〉若干问题的解释》第 61 条。该条规定：“被告对平等主体之间民事争议所作的裁决违法，民事争议当事人要求人民法院一并解决相关民事争议的，人民法院可以一并审理。”这种司法处理方式是在被告对平等主体之间民事争议所作的裁决违法被确认之后，根据民事争议当事人的请求，人民法院随后审理该民事案件（此时，民事诉讼其实已经不是附带进行，而是一个独立的民事纠纷了），在作出行政判决的同时一并作出民事判决。参见应松年主编：《行政诉讼法学》，中国政法大学出版社 2007 年版，第 207—209 页。显然，行政附带民事诉讼本质上仍然必须经过两个完整而独立的诉讼程序。因而，该司法解释条文仅仅实现了由同一审判组织一并审理行政和民事两类案件，而并未实现消解解决民事纠纷需要经过行政和民事两个案件之累。另外，以笔者看来，该司法解释条文虽然仅涉及行政机关对平等主体之间民事争议所作的裁决违法，但类似情形也可以发生在行政许可、行政确认、行政登记等引起民事法律关系产生、变更和消灭的情形。

② 涉民之诉在形式上是“民告民”，有利于避免“官官相护”。

③ 赵震江主编：《法律社会学》，北京大学出版社 1998 年版，第 253 页。

④ 李昌麒主编：《经济法学》，中国政法大学出版社 1999 年版，第 82 页。

公益诉讼,顾名思义就是有关公益的诉讼,即起诉者不是直接为自己的利益、而是为公共利益向法院提起诉讼。如果没有公益诉讼制度,当财政税收、国有资产、国家管理秩序等国家利益受损,或者产品质量安全、环境保护、公共资源、公共资产、市场秩序、公共工程、行政规划、社会福利、公共服务、公共物品的价格、要求政府信息公开、基于对政府的信赖利益等社会公共利益受损,因无人享有诉权,就无法通过司法程序加以预防、排除或保护。因此,在走向法治、关注公益的时代,这种为了公共利益而提起的诉讼有必要由法律加以肯定和保障。理论上,公益诉讼制度在民事、刑事和行政这三大诉讼中都应当建立,以预防和排除来自民事、行政和刑事违法行为对公共利益的损害。例如,非直接受害者对排污企业损害环境的行为提起民事诉讼,检察机关对侵害国家利益或公共利益的犯罪行为提起公诉,非直接受害者对行政机关侵害公共利益或国家利益的行政行为或行政不作为提起行政诉讼。但是,实践中,除检察机关可以对侵害国家利益或公共利益的犯罪行为提起公诉为世界各国普遍接受外,能否为公共利益提起民事或行政诉讼,各国却有不同的法律规定。

在我国现行法律中,公共利益是一个常见的法律范畴。公共利益作为公民的社会公共性权利得到法律肯定,这是公益诉讼的法律基础。例如,《宪法》第10、51条,《民法通则》第7、55、58、150条,《刑法》第20、21条,《行政诉讼法》第44条,最高人民法院《关于执行〈中华人民共和国行政诉讼法〉若干问题的解释》第58、59、60、94条等,都出现了"公共利益"一词。但公民的社会公共性权利在观念上被认为是应当由多数人共同享有并行使的权利,诉讼法默示公民个人对社会公共性权利原则上不具有直接的诉的利益,不承认公民个人具有诉请法院保护公共利益的原告资格。因而,在2012年8月31日第十一届全国人民代表大会常务委员会第二十八次会议《关于修改〈中华人民共和国民事诉讼法〉的决定》对我国《民事诉讼法》第二次修正之前,除在刑事法律中规定检察机关可以对侵害国家利益和社会公共利益的犯罪提起公诉外,在我国非刑事法律中并不存在公益诉讼制度。

根据我国《民事诉讼法》,原告应当"是与本案有直接利害关系的公民、法人和其他组织",人民法院仅受理"公民之间、法人之间、其他组织之间以及他们相互之间因财产关系和人身关系提起的民事诉讼”，当公共利益受到侵害（例如环境受到某企业损害）时，如果试图为维护公共利益向法院起诉者本人没有因此受到损害的话，其与该企业并不存在直接的利害关系或直接的财产关系、人身关系，其起诉并被法院受理就会遇到法律上的障碍；即使其本人受到损害，也只能以维护自己权利的名义、而不能以维护公共利益的名义向法院起诉。尽管在 2012 年 8 月 31 日我国《民事诉讼法》第二次修正之后，对污染环境、侵害众多消费者合法权益等损害社会公共利益的行为，法律规定的机关和有关组织可以向人民法院提起诉讼，但公民个体仍然无权提起公益诉讼。

类似的法律上的障碍在行政诉讼中表现尤甚。根据我国《行政诉讼法》，原告应当“是认为具体行政行为侵犯其合法权益的公民、法人或者其他组织”，“公民、法人或者其他组织认为行政机关和行政机关工作人员的具体行政行为侵犯其合法权益时”，才“有权依照本法向人民法院提起诉讼”，当公共利益受到某行政机关侵害时（例如，出于地方保护主义和地方经济发展的考虑，环保部门对当地企业严重的污染行为不予查处，或者对严重的污染项目给予环境行政许可），如果试图为维护公共利益向法院起诉者其本人没有因此受到损害的话，就不具备“认为具体行政行为侵犯其（本人）合法权益”的起诉条件，因而法院据此就可以不予受理。

就目前被称为公益行政诉讼的案件看，被法院受理的主要是“主观为私益，客观为公益”的案件，例如，2003 年安徽芜湖考生张先著诉芜湖市人事局招录公务员乙肝病歧视案、2000 年 300 名青岛市民诉青岛市规划局规划行政许可撤销案等。该类案件就其性质来讲，并非属于直接为公共利益起诉的案件，而是为本人利益起诉的案件，与一般的行政案件并无区别，被法院受理并不奇怪。虽然有些“主观为公益”的行政诉讼也被法院受理，但原告系通过技术手段，在“公益”与“私益”之间架起沟通的“桥梁”，从公益损害中转换出一份实际的、可以举证证明的私益损害，以本人利益受到侵害或行政行为与本人有利害关系为由才能被法院承认具有原告资格，因而案件才被法院受理。[①] 不过,此类案件最终还是大多以原告败诉为结果。例如,律师乔占祥通过购票取得旅客的身份,才得以获得原告资格起诉铁道部春运涨价的《通知》,但其一审、二审均败诉;律师郝劲松因没有获得铁路部门或其服务窗口的发票,以旅客的身份才得以获得起诉相关部门的原告资格,其系列诉讼也多以败诉而告终。相反,那些没有在"公益"与"私益"之间架起沟通"桥梁"、直接为公共利益而非为自己利益提起的行政诉讼案件,或者没有被法院受理,或者一些法院一开始予以受理(并非是这些法院出于巨大的理论勇气或实践勇气,而是由于受理前没有充分考虑受理此类案件的法律依据),事后发现该案纯系公益诉讼案件,又以各种理由驳回起诉。例如,2003 年杭州农民陈法庆就"东苕溪污染问题"将浙江省人民政府和浙江省环保局告上杭州市中级人民法院,法院以东苕溪污染跟原告没有直接的利害关系、陈法庆不具备原告资格为由裁定不予受理。[②] 2003 年杭州律师金奎喜向杭州市西湖区人民法院提起行政诉讼,要求法院撤销杭州市规划局为浙江省老年大学项目所颁发的项目许可证,保护杭州西湖风景名胜区和社会公共利益,法院认为金奎喜与在建的浙江老年大学没有利害关系,不具有行政诉讼的原告资格,裁定不予立案。2001 年东南大学法律系施建辉、顾大松两教师以紫金山观景台的建设给紫金山的自然风景造成破坏为由,向南京市中级法院提起行政诉讼,要求撤销市规划局对紫金山观景台的规划许可。该院先是受理了案件,但其后就以该案不属于中级法院受理的在本辖区内的重大、复杂行政案件范围为由,裁定驳回原告起诉。不过,与上述情况类似的案件,现今已有个案在制度内取得艰难突破。例如,2009 年,

---

① 仅仅以自己是公众的一分子,主张公益的损害将损害自己的私益,不足以让法院认可具有原告资格。例如,2003 年杭州律师金奎喜向杭州市西湖区人民法院提起行政诉讼,要求法院撤销杭州市规划局为浙江省老年大学项目所颁发的项目许可证,保护杭州西湖风景名胜区和社会公共利益,西湖区人民法院认为金奎喜与在建的浙江老年大学没有利害关系,不具有行政诉讼的原告资格,裁定不予立案。金奎喜不服西湖区人民法院的裁定,认为杭州市规划局下发的规划许可证侵犯了游客和市民的公共利益,而公共利益则是由自己这样的一个个个体利益组成的,因此不能说这件事与自己没有关系,于是又向杭州市中级人民法院提起上诉,杭州市中级人民法院以同样的理由作出了维持一审裁定的裁定。

② 相反,陈法庆 2002 年 6 月诉杭州市余杭区环保局行政不作为案却被余杭区人民法院受理。该案之所以被受理,主要是由于污染发生在陈法庆所在的杭州市余杭区仁和镇,被告行政不作为不仅损害了公共利益,也损害了陈法庆的个人利益,因而法院认为他具有原告资格。虽然法院最后认定了污染存在的事实,但又认为被告已经作出过处理,因此判决驳回陈法庆的诉讼请求。

被称为我国首例由社团作为公益诉讼人的案件——中华环保联合会诉贵州省清镇市国土资源管理局环保行政管理案——被清镇市人民法院立案受理,结果因被告在原告起诉前撤回被诉行政行为,以原告当庭提出撤诉而告终。

限于本书的话题,以下仅对公益行政诉讼展开研究。

按照中国行政法学界的通常理解,公益行政诉讼(以下简称公益诉讼)是指当行政主体的违法行为或不行为对公共利益造成侵害或有侵害之虞时,法律容许无直接利害关系人为维护公共利益而向法院提起行政诉讼的制度。因为受害者是国家或者全体人民,侵害人(行政机关)本身就是这种利益的法定守护人,所以公益诉讼理应主要为制约行政性权力而设。[①] 也有学者认为,公益行政诉讼"是指公民为维护公益,就无关自己权利及法律上利益的事项,对于行政主体的违法行为而提起的行政诉讼"[②]。

我国现行《行政诉讼法》只为公民、法人和其他组织设立了保护其自身合法权利的诉讼制度,而没有专门设立保护公共利益的诉讼制度。也就是说,原告起诉只能以与自己的权利有直接关系为限,不能直接以维护公共利益为由提起行政诉讼。因此,当公共利益因行政主体的违法行为或不行为受到侵害时,由于没有特定的利害关系人,没有适格的原告可以向法院提起诉讼,公共利益不能通过司法途径获得保护,致使大量损害公共利益的行政行为得不到纠正。这种情况在规划、土地、环境、财政、税收、国有资产管理、社会管理、市场管理、产品质量管理、环境保护、公共资源保护、公共服务等行政领域越来越多地发生。显然,如果没有公益行政诉讼制度,在公共利益受到行政机关侵害的情况下,行政行为可诉性就不能实现。说得更明白一点,就是侵害公共利益的行政行为是不可诉的。因此,在行政诉讼制度中构建公益诉讼这一诉讼类型,不仅是维护公共利益的需要,而且也是实现行政行为可诉性的一个重要方面。

据学者考证,古罗马时代就有公益诉讼的说法。在罗马程式诉讼中,有私益诉讼(actiones privatae)和公益诉讼(actiones publicae populares)之分,前者乃保护个人所有权利的诉讼,仅特定人才可提起;后者乃保护社会公共

---

① 蔡虹、梁远:《也论行政公益诉讼》,载《法学评论》2002 年第 3 期。
② 马怀德、张红:《试论行政诉讼的种类》,载《天津行政学院学报》2002 年第 1 期。

利益的诉讼，除法律有特别规定者外，凡市民均可提起。[①] 但是,古罗马时代的公益诉讼,乃至19世纪末20世纪初美国的反垄断诉讼,以及19世纪初法国《民事诉讼法典》确立的检察机关(为公共利益)可以作为当事人提起诉讼的制度,基本上都属于公益民事诉讼。公益行政诉讼只是随着19世纪末、20世纪初欧陆国家行政诉讼制度的产生和发展而逐渐形成的一种行政诉讼类型。尽管各国有关公益行政诉讼的具体诉讼制度及称谓各不相同,但迄今,公益行政诉讼制度在行政法治较为完善的国家和地区已经较为普遍地建立了起来。

虽然英美法系国家没有严格的民事诉讼和行政诉讼之分,但它们也认识到:"法律必须设法给没有利害关系或没有直接利害关系的居民找到一个位置，以便防止政府内部的不法行为，否则没有人能有资格反对这种不法行为。"[②]因此,民众为使公共利益免受行政机关违法行为侵害通过普通法院起诉行政机关亦无法律上的障碍。只不过在英美法系国家,我们所谓的"公益行政诉讼"与其他普通诉讼一样受相同的法律调整,适用相同的诉讼程序。例如,传统上,公益行政诉讼在英国被称为"以公法名义保护私权之诉"。

按照英国的法律,当公民在请求禁止令(injunction)或宣告令(declaration),或者同时请求这两种救济时,检察总长有权代表国王提起诉讼,阻止一切违法行为,包括侵害公共利益的违法行政行为。其也可以为公共利益依职权主动提起诉讼,请求对行政行为进行司法审查。不过,在实践中,检察总长主要是应私人的请求赋予请求人以维护公共利益为目的的起诉资格,让公益诉讼像其他普通私人诉讼一样进行。根据这一传统模式,在英国,私人不能直接提起阻止侵犯公共权利行为的诉讼。1977年上议院的Gburiet v. Union of Post Office Workers案判决改变了这一传统。英国上诉法院院长丹宁(Denning)在该判决上宣告，社会成员可以担任私人检察长那样的角色,申请法院对侵犯公共权利的人发出禁令,其条件为检察长曾拒绝给予个人起诉的权利或不合理地拖延给予许可的决定。[③] 因此,私人直接以

---

① 周枏:《罗马法原论》,商务印书馆1996年版,第886—887页。

② 〔英〕威廉·韦德:《行政法》,徐炳等译,中国大百科全书出版社1997年版,第365页。

③ 沈达明:《比较民事诉讼法初论》,中信出版社1901年版,第159页。

自己的名义提起公益诉讼已经有了突破性发展。任何有责任感的公民，在他认为法律没有得到应有的执行时，都有充分的利益要求法院审理他起诉的案件。[①] 上诉法院法官丹宁指出："如果有充分的证据证明政府机关或权力机关滥用法律，致使数千人的臣民受害，那么最终这些受害人中的任何人都有权诉诸法院要求执行法律，我认为这是一个重要的宪法原则问题。"[②] 下面这个案例充分体现了在英国私人可以直接以自己的名义提起公益诉讼。英国国会议员布莱克本先生一次跑到英国上诉法院说苏和区的许多商店都在出售色情读物，而警察在处理案件中有拖延，出于他对五个孩子的关心，他起诉警察局，要求他们立即采取行动。对此警察局长以布莱克本没有充分的利益为由反对起诉。但上诉法院法官丹宁却说："如果公共权力机构犯了误用权力罪，谁可以来法院起诉？布莱克本先生是伦敦公民，他的妻子是纳税人，他的儿子可能因看色情读物而受不良影响，如果他没有充分的利益，那么伦敦的任何其他公民也就没有这种利益。每个有责任感的公民都有权利确保法律得到实施，这本身就是他为确保法律得到实施而要求法院颁布调卷令、训令时的充分利益。"[③]

在美国，宪法不禁止国会授权任何人，不论是官吏还是非官吏提起公益诉讼。具体来说，为了保护公共利益，国会可以授权一个公共官吏（例如检察总长）主张公共利益，对行政机关的行为申请司法审查，国会也有权通过制定法律，授权私人或团体作为私人检察总长（private attorney-general），为公共利益针对官吏的非法作为或不作为提起诉讼。随着司法实践的发展，美国的立法不断扩大公益行政诉讼原告资格，确认公民和公众团体提起旨在禁止或取缔公益妨害的诉讼资格。根据 1946 年《联邦行政程序法》，"因（本法所称的——笔者加注）机关行为[④]而使其法定权利受到侵害（legal wrong）的人，或者受到有关法律规定范围之内的机关行为（within the mean-

---

① 龚祥瑞：《西方国家司法制度》，北京大学出版社 1993 年版，第 120 页。

② Lord Denning in the Mcwhirter case, supra note 34,「1973」1 All 11E. R. at 699.

③ 参见马怀德：《公益行政诉讼的原告资格及提起条件论析》，载北大法律网 · 法学在线，http://article. chinalawinfo. com/Article_Detail. asp? ArticleId = 34855，2012 年 7 月 15 日访问。

④ 《联邦行政程序法》所称的"机关""系指合众国政府各机关"，"机关行为"包括"机关的规章制定、裁决、许可、制裁、救济及其他相似行为，或者上述形式的否定行为和不作为的全部或一部"。引自应松年主编：《外国行政程序法汇编》，中国法制出版社 2004 年版，第 1、3 页。

ing of a relevant statute)的不利影响或损害(adversely affected or aggrieved)的人,均有权要求司法审查"(《美国法典》第五编第702条)①的规定,原告资格不限于因行政机关的行为"法定权利受到侵害的人"(即特别的、具体的、实际发生的行政侵权受害人,且遭受损害的是法定权利),而且还包括受到"不利影响或损害的人"[该"不利影响或损害的人"与"法定权利受到侵害的人"并列,意指法律规定的权利之外的其他权利或利益受到不利影响或损害的人。并且其既可以是特别的、具体的、已经遭受"损害"的人,也可以是受"不利影响"、但并不是行政机关的行为所特别针对的人。换言之,后者可以是因行政机关的行为致使普遍化的、抽象的、社会公众共同分担的利益(公共利益)受损或即将受损、进而使其个人受不利影响或损害(不必须受到特别的、具体的的行政侵权)的人]。20世纪70年代起,美国法院对美国《联邦行政程序法》关于司法审查起诉资格作了进一步扩展性解释,宣称:只要原告主张被攻击的行政行为对他产生了事实上的损害,不论经济的或其他的损害,其申请司法审查的事项就出现了适宜由法院解决的对抗情况,案件即符合宪法第三条提出的案件或争端标准。最高法院把适宜法院救济的法定权利之外的其他权利或利益称为"可能性地属于法律或宪法保护或调整的利益",其不要求实际上存在于法律或宪法保护或调整的利益范围之内。因此,当事人只要因行政行为受到事实上的损害,而受损害的利益有可能属于法律或宪法保护或调整的利益范围,其即符合美国《联邦行政程序法》规定的司法审查起诉资格。这意味着不仅司法保护的范围从"法定权利"向"有可能属于法律或宪法保护或调整的利益"的发展,而且司法保护的制度也从过去只有个人法定权利受行政侵害才能起诉的封闭制度,向任何权利或利益受行政行为影响或损害的人均可要求司法审查的开放制度的转变。因而,如果公共利益受到行政机关行为的损害、并进而使其个体利益受不利影响或损害,即使该利益不特别属于其法定权利,该个体仍具有原告资格。1973年,5名法学院的学生联名对联邦州际商业委员会起诉,反对该委员会批准铁路部门征收2.5%的附加运费的决定。他们认为,增加运费可能使得一些可以利用但经济价值不大的资源(如小树枝)不能从资源产地运

---

① 原文是:"A person suffering legal wrong because of agency action, or adversely affected or aggrieved by agency action within the meaning of a relevant statute, is entitled to judicial review thereof."

出去,导致浪费,不仅会危害他们享用华盛顿山区自然环境的利益,还会危及国家的环境资源质量。最高法院认为原告受到了“特定和可察觉的损害”,且应把这种损害纳入实际损害之列。从而确认了原告的起诉权。最高法院在该案中宣称:仅仅因为其他许多人均受到损害而否认其中某人的原告资格,将导致那些最具损害性和广泛性的政府行为由于无人能够挑战而无法得到纠正。[①] 换言之,在美国,只要个人在公共利益中享有一份利益,涉及公共利益的行政机关行为使个体利益受到损害或不利影响,个人针对该行政机关的行为提起诉讼已经没有法律上的障碍。[②] 自 20 世纪 70 年代以来,在环境保护等领域,美国有关公益的诉讼甚至有向全民诉讼发展的趋势,其《水污染防治法》《空气清洁法》《噪音管制法》等法律或修正案均明文规定,对公司团体污染环境之行为及行政机关怠于执行非自由裁量之职务行为,个人有权提起诉讼而无须证明其利益受到损害。[③]

在大陆法系国家和地区,对涉及公益的行政案件已经建立了具体的诉讼机制。

在法国,根据诉讼标的的性质是涉及主观的法律规则、法律地位,还是涉及客观的法律规则、法律地位,将行政诉讼划分为主观诉讼与客观诉讼。主观诉讼的诉讼标的是行政机关违反主观的法律规则和法律地位的行为,

---

① United States v. Students Challenging Regulatory Agency Procedures. See Erwin Chemerinsky, *Federal Jurisdiction*, Little. Brown and Company, 1989, p. 78.

② 假设此案放在我国,法院必会以行政机关征收附加运费的行政行为与起诉人没有直接的利害关系为由不予受理。如上所述,我国强调原告需受到行政行为的直接的、实际的侵害。即使因公共利益的损害导致本人利益的损害,也必须在“公益”与“私益”之间架起沟通的“桥梁”,从公益损害中转换出一份实际的、可以举证证明的私益损害,然后以本人利益受到侵害为由提起诉讼,才能被法院承认具有原告资格。而仅仅以自己是不专属于本人的公共利益中的一分子(而不是行政行为直接的利益受害者)的身份,以公益的损害将对自己的私益产生不利影响为由提起诉讼,不足以让法院认可具有原告资格。此外,个人以自己与公共利益损害有利害关系为由提起行政诉讼,在我国现今也缺乏法律根据。根据最高人民法院《关于执行〈中华人民共和国行政诉讼法〉若干问题的解释》,具有原告资格的利害关系人之“利害关系”,只包括与具体行政行为处理的其他个体利益有利害关系,而不包括与行政行为处理或影响的公共利益有利害关系(见该《解释》第 12、13 条)。并且,《行政诉讼法》仅赋予与具体行政行为处理的其他个体利益有利害关系的人以第三人的资格。此类利害关系人系凭《若干问题的解释》对《行政诉讼法》“伟大的篡权”才得以获得原告资格。有学者认为,该《解释》第 13 条直接开启了公益行政诉讼的大门,而第 12 条则解决了公益行政诉讼的原告资格问题(参见黄学贤、陈仪:《行政诉讼若干问题研究》,厦门大学出版社 2008 年版,第 30 页)。这实际上是一种误读。

③ 法治斌:《人权保障与司法审查——宪法专论(二)》,台湾月旦出版有限公司 1994 年版,第 179 页。

当事人为某项具体权利受到侵害的人,目的在于保护受害人的权利,判决效果具有相对性,仅在当事人之间具有约束力;客观诉讼的诉讼标的是行政机关违反客观的法律规则和法律地位的行为,当事人为利益受到影响的人,目的在于保证行政行为的合法性,属于对事不对人的诉讼,判决的效果具有绝对效力,及于任何人。在客观诉讼中,"任何利害关系人,哪怕只是同这种行为之间有一种道德的、间接的关系,都可以向行政法院提出起诉。这种诉讼的目的也不再是保护公民的主观权利。"[①]因此,当行政行为违反了客观的法律规则而侵犯了公共利益和客观法律秩序时,与行政行为具有某种利益关系的人认为利益受到侵害,有权提起客观诉讼,例如越权之诉。[②]

德国重视行政诉讼保护公共利益的功能。为了保障公共利益,德国1960年颁布的德国《行政法院法》专门确立了公益代表人制度,即由联邦最高检察官、高等行政法院设定的公益代表以及初级行政法院内设定的公益代表,分别作为联邦、州和地方的公益代表人以参加人的身份参加联邦最高行政法院、州高等行政法院以及地方行政法院的行政诉讼。[③]

日本的民众诉讼是涉及公共利益的行政诉讼。民众诉讼是指以选举人资格或其他与自己法律上的利益无关者的资格提起的,请求纠正国家或公共团体机关的不合法行为的诉讼。[④] 它是为了确保正确适用法规范的一般性利益而承认的诉讼。[⑤] 或者说,是为了维持客观的法秩序或者保护公共的利益而承认的诉讼。[⑥] 其中包括与公职选举有关的诉讼、与直接请求有关的诉讼、居民诉讼、基于《宪法》第95条的居民投票的诉讼、有关最高法院法官的国民审查的诉讼。最常见的是前三种诉讼。民众诉讼保护的对象并不限于特定的个人,原告资格扩大了。但由于法律规定了民众诉讼下的具体诉

---

① 〔法〕狄骥:《公法的变迁 法律与国家》,郑戈、冷静译,辽海出版社、春风文艺出版社1999年版,第151页。

② 当然,越权之诉的适用不仅可以维护公共利益,"也保护申诉人的利益"即个人利益。参见王名扬:《法国行政法》,中国政法大学出版社1988年版,第676页。

③ 德国《行政法院法》第35条规定:"在联邦行政法院中设一名检察官,为维护公益,该检察官可以参与在联邦行政法院中的任何诉讼。"第36条规定:"根据州政府法规中规定的准则,高等行政法院及初级行政法院内各设一名公益代表。可就一般或特定案件,授权于该代表,代表州或州机关。"见〔德〕平特纳:《德国普通行政法》,朱林译,中国政法大学出版社1999年版,第267页。

④ 参见日本《行政案件诉讼法》第5条。

⑤ 参见〔日〕南博方:《行政法》,杨建顺译,中国人民大学出版社2009年版。第189页。

⑥ 参见〔日〕盐野宏:《行政法》,杨建顺译,法律出版社1999年版,第429页。

讼种类,因此,民众诉讼只有“在法律有规定的情况下,限于法律所规定的人才能够提起”[①]。也就是说,日本的民众诉讼只限于法律规定的上述几个种类,原告也只能是与特定种类的民众诉讼相关的人(例如,居民诉讼的起诉者应当是普通地方公共团体的居民,如果原告在居民诉讼期间失去居民资格,起诉将不被受理[②])。因此,日本的公益行政诉讼范围是有限制的。但其毕竟走出了重要的一步,且其公益行政诉讼的规范化程度比较高。值得关注的是,与直接请求有关的诉讼包括条例的修改废止这一直接请求的诉讼。因而,在日本,抽象行政行为的可诉性从维护公益的角度得到了法律的保障。

我国台湾地区的行政诉讼制度中也有“维护公益之诉”,其“行政诉讼法”第9条规定:“人民为维护公益,就无关自己权利及法律上利益之事项,对于行政主体之违法行为,得提起行政诉讼。但以法有特别规定者为限。”[③]维护公益之诉属典型的客观诉讼,因为该“法”明确规定此类诉讼系“就无关自己权利及法律上利益之事项”而提起,原告起诉或设置该种诉讼的目的,并非如同主观诉讼以保护主观之个人权益为目的,而在公益之维护和行政适法性的控制。不过,台湾地区维护公益之诉是有一定范围的,其以“法”(如“环境基本法”第34条、“空气污染防制法”第74条、“水污染防治法”第72条、和“废弃物清理法”第34条之1等)有特别规定者为限。这种诉讼在我国台湾地区也被称为“民众诉讼”[④]或“公民诉讼”。[⑤]

在中国大陆,无论是公益民事诉讼,还是公益行政诉讼,迄今均还没有真正建立起来。可喜的是,中央政府和国家立法机关已经开始重视公益民事诉讼问题。2006年2月14日,国务院《关于落实科学发展观加强环境保护的决定》指出,要“发挥社会团体的作用,鼓励检举和揭发各种环境违法行为,推动环境公益诉讼”。2012年8月31日,经第十一届全国人民代表大会常务委员会第二十八次会议《关于修改〈中华人民共和国民事诉讼法〉的决定》第二次修正的《中华人民共和国民事诉讼法》第55条规定:“对污染环

---

① 参见日本《行政案件诉讼法》第42条。
② 参见〔日〕盐野宏:《行政法》,杨建顺译,法律出版社1999年版,第433页。
③ 黄荣坚等编纂:《月旦简明六法》,台湾元照出版有限公司2010年版,第贰—47页。
④ 翁岳生编:《行政法》(上、下册),中国法制出版社2009年版,第1349页。
⑤ 吴庚:《行政法之理论与实用》(增订八版),中国人民大学出版社2005年版,第414页。

境、侵害众多消费者合法权益等损害社会公共利益的行为,法律规定的机关和有关组织可以向人民法院提起诉讼。”虽然公民个体仍被排除在公益民事诉讼起诉人之外,而由法律规定的机关和有关组织代表国家和公众提起公益诉讼(这个问题有进一步讨论的必要),且公益诉讼的范围还仅仅被限于环境和消费领域,但相信这一还不够宽泛、全面的公益民事诉讼制度的正式建立,有利于促进公益行政诉讼制度的发展和构建。

公共利益是非专属于个体的利益。经济学研究的“公地悲剧”“搭便车”现象说明,处于无保护状态下的公共利益是最易受到侵害的。因此,个体利益的实现不是现代公平价值的全部内容。加之我们现在所处的时代与自然法激励下以专属于特定个体的权利义务为主的18、19世纪已经完全不同,出现了越来越多的团体的、集体的、社会公共的权利义务。许多损害也不仅仅是专属性的、个人性的,而往往波及广泛的层面。例如,在环境保护、公共资源利用、产品质量安全、公共物品的价格、政府信息公开等领域。如果不构建公益诉讼制度,公共利益就游离在司法保护之外,这对我们这个个体之间的关系日益密切,个体利益与公共利益日益密切,人们越来越多地关注诸如公共福利、公共行政、公共资源、公共秩序、公共安全、环境保护等公共事务的时代来讲,显然是一个重大的制度缺失。因此,法律的公平价值能否实现,不能仅仅看个体利益是否得到法律的保障,还要看公共利益是否得到法律的保障。公共利益的保护必须以切实有效的诉讼手段为依托。建立公益行政诉讼制度,是保护公共利益的需要。换个角度看,公共利益受损害可以诉诸司法救济是法治的应有之义。仅为专属于个体的权益提供司法救济,只是行政诉讼制度初级阶段的产物。公共利益是公民个体利益的集合和延伸。虽然,很多情况下,对公共利益的侵害或损害并不直接造成对公民个体利益的侵害或损害,但无疑最终将由公众“埋单”,有时甚至还将直接侵害或损害身处其中的公民个体的利益。像“清洁空气权”这种既属于每个人、又没有拥有人或权利人的权利,谁来保护呢?传统的专属权利人才享有诉权的概念已经不能适用。固守诉权属于实体权利人的观念,是对新时代价值观的漠视。从这个意义上说,传统的一对一式的救济方式已不足以保护公民权益。没有公益诉讼制度的诉讼制度,并不能对公民的权益提供完备的司法保护。正如英国著名行政法学者威廉·韦德所说:“在公法中,只有(只给有足够资格的诉讼当事人以救济——笔者加注)这个原则还不够,因为它忽略了公共利益的一面。公共当局有许多权力与义务,这些权力与义务与其说是影响特定个人的,不如说是影响一般公众的。如果公共机构不适当地批准计划,或给低俗电影发许可证展览,那它就是对公共利益做了错事,而没有对任何具体个人做了错事。如果没有人有过问这件事的资格,那它就可以无视法律而逍遥法外,这种结果会使法律成为一纸空文。一个有效的行政法体系必须对这个问题找出某种解决办法,否则法治就会垮台。法律制度的智慧足以解决这一问题,法律必须设法给没有利害关系或没有直接利害关系的居民找到一个位置,以便防止政府内部的不法行为,否则没有人能有资格反对这种不法行为。"①

公益行政诉讼制度的构建,也有利于从维护公共利益的角度,为对行政机关制定的非法源性文件这类传统上的抽象行政行为的司法审查,提供制度支持。

近些年来,我国呼吁建立公益诉讼制度的呼声极高,研究也异常热烈。但要解决的理论问题和制度问题也非常复杂,至今仍处于众说纷纭的状态。从加强对行政的监督、维护公共利益的角度说,建立公益行政诉讼制度是完全必要的。问题是公益行政诉讼的运行模式应该如何,并非简单之事。如果我们确信要建立公益行政诉讼这一诉讼类型,并按照这一特殊的诉讼类型来构建具体的诉讼规则,那么就可以形成与其他行政诉讼模式不同的公益行政诉讼模式,从司法机制上解决公益行政诉讼问题。

公益行政诉讼对传统的诉讼理论中诸如当事人、诉权、诉之利益等理论提出了严峻挑战,需要解决一系列理论和制度问题。下面,着重研究公益行政诉讼的原告资格和原告类别这一公益行政诉讼需要解决的最主要问题。

环顾各承认或建有公益行政诉讼制度的国家和地区,有权提起此类诉讼的主体不外乎最高检察官、检察总长、私人检察长、公益代表人、公民和团体等几类。只不过,有的国家和地区主要承认公民和团体公益行政诉讼的诉权,有的国家侧重于承认检察机关公益行政诉讼的诉权,有的国家兼采上述两种诉讼主体类型,有的国家采取公益代表人起诉的模式。笔者认为,采

---

① 〔英〕威廉·韦德:《行政法》,徐炳等译,中国大百科全书出版社 1997 年版,第 364—365 页。

取“兼采模式”即同时规定公民、团体和检察机关(尽管,基于国家体制的不同,我国的检察机关与其他国家的检察机关在组织性质、在国家权力结构中的地位和职能并不完全相同)均享有公益行政诉讼诉权的模式,同时规定检察机关既可以依职权主动提起公益行政诉讼,也可以依申请提起公益行政诉讼,符合公益行政诉讼的发展方向,也符合中国的实际,是一个可行、高效的公益行政诉讼起诉机制。基于这种建议,公益行政诉讼包括公益行政公诉和公益行政私诉。前者由法律授权的检察机关代表国家提起,后者由公民或社会团体(例如公益团体或其他相关团体)提起。

其一,赋予检察机关公益行政公诉权。检察机关充当公益代表并提起公益诉讼,是承认或建有公益诉讼制度的许多国家、尤其是主要英美法系国家的做法。这种制度,其实是传统法律制度发展的必然结果。按照传统的法律观念,私权利由权利主体自行行使,国家和社会的公权利则应由能够代表国家和社会公权利的机关行使。因此,应当由国家机关承担公共利益代表者和维护者的责任。尽管各国检察机关的体制各有差异,但许多国家认为,在国家机关体系中,由检察官承担公共利益代表者和维护者的责任最为合适。因而,英美法系的主要国家,均赋予检察机关代表公共利益或依职权主动提起诉讼、或依申请提起诉讼、或参加其他主体提起的公益诉讼的资格。

在中国,人民检察院是宪法规定的法律监督机关,由检察院以国家利益和社会公共利益代表者的身份提起公益行政公诉,是检察机关履行法律监督职责的应有之意。而且,与公民、社会团体行使公益行政诉讼原告权利相比,检察机关行使公益行政公诉人的权利,有利于改变行政诉讼原告相对于被告的弱势地位,有利于维护公共利益。因而,在公益诉讼的研究中,绝大多数学者将中国公益诉讼起诉者的眼光投向了检察机关。近年来,中国各地检察机关提起公益诉讼的案件逐渐增多,这些诉讼多被法院立案并最后胜诉,取得了良好的社会效果。例如,河南方城县、深圳罗湖区、福建南靖县、浙江桐乡县、浙江嘉善县等地的检察机关提起的旨在维护公共利益的公益诉讼。尽管这些诉讼多为公益民事诉讼,但其毕竟在中国开启了检察机关提起公益诉讼这一历史标志性的“大门”。

有学者认为检察机关不宜提起公益行政诉讼,甚至说检察机关是最不宜提起公益行政诉讼的主体。其主要理由是,检察机关一旦承担起诉权,将与其承担的法律监督权相冲突,丧失法律监督者的超然性,影响审判的公正性。[①] 笔者以为,检察机关在刑事公诉中也同样扮演公诉人和法律监督者的双重身份,说明,在检察机关承担公诉职能的情况下,只要有相应的法律规范,并不必然使其丧失法律监督者的超然性,影响审判的公正性。因而,这些怀疑检察机关扮演公益行政公诉者的"理由"本身,也是值得被人怀疑的。公益行政公诉中检察机关的公诉职能及其在公益行政诉讼中权利,例如抗诉权等,完全可以参照刑事公诉制度构建,从而确保检察机关同时扮演好公诉人和法律监督者的双重角色。当然,基于公民和社会团体常常比检察机关能够更多、更早发现公益损害的实际,法律可以同时赋予检察机关依职权主动提起公益行政公诉和依公民或社会团体的申请或申告提起公益行政公诉两种权利。

其二,赋予公民个人公益行政私诉权。传统的行政诉讼要求原告必须是认为自己的合法权益受到行政行为侵害的公民、法人或者其他组织,即行政相对人或与具体行政行为处理的其他个体利益有直接利害关系的利害关系人。但这里的利害关系人之"利害关系",只包括与具体行政行为处理的其他个体利益有利害关系,而不包括与行政行为处理或影响的公共利益有利害关系(见《若干问题的解释》第 12、13 条)。并且,实际上,《行政诉讼法》仅赋予与具体行政行为处理的其他个体利益有利害关系的人以第三人的资格,并没有赋予其原告资格(见《行政诉讼法》第 27 条)。此类利害关系人系凭《若干问题的解释》才得以获得原告资格。有学者认为,《若干问题的解释》第 13 条直接开启了公益行政诉讼的大门,而第 12 条则解决了公益行政诉讼的原告资格问题。[②] 这实际上是一种误读。如果与行政行为处理或影响的公共利益有利害关系的人已经获得原告资格,那确实可以说我国已经开启了公益行政诉讼的大门,但这既不符合实际,也不符合《若干问题的解释》第 12、13 条条文的原意。在推动公益行政诉讼发展的过程中,这种严格的"直接利害关系标准",即只有具体行政行为的相对方或相关方才享有行政诉权的制度,首当其冲受到人们的质疑和挑战。公益诉讼实际

① 参见章志远:《行政诉讼法前沿问题研究》,山东人民出版社 2008 年版,第 123—127 页。
② 参见黄学贤、陈仪:《行政诉讼若干问题研究》,厦门大学出版社 2008 年版,第 30 页。

上是通过承认公共性的、非专属性、非直接性的诉的利益,拓展了诉权,将与具体行政行为处理的其他个体利益有利害关系者具有原告资格,拓展到了与行政行为(不仅包括具体行政行为,甚至也包括行政机关制定的非法源性文件这类传统上的抽象行政行为)处理或影响的公共利益有利害关系者具有原告资格,大大扩大了原告范围。

之所以应当赋予与(具体的或所谓"抽象"的)行政行为处理或影响的公共利益有利害关系的公民以原告资格,不仅是因为该公民的权利已经或者可能受到行政行为的侵害,而且也是因为按照人民主权原则,公民作为国家主人,有权利也有义务维护国家利益和公共利益。这具有充分、合理的宪法和法理依据。我国《宪法》第 2 条规定,"中华人民共和国的一切权力属于人民","人民依照法律规定,通过各种途径和形式,管理国家事务,管理经济和文化事业,管理社会事务"。建立公益行政诉讼制度,承认和确立公民对公共事务的行政诉讼权利,是人民主权原则这一宪法或法治原则在行政诉讼领域的具体体现,是贯彻落实宪法的需要,也是对以"保护公民、法人和其他组织的合法权益""监督行政机关依法行使行政职权"为宗旨的行政诉讼制度价值的深化和拓展。赋予公民公益行政诉讼原告资格,"具有以众人耳目及其智慧协助确保行政合法,并扩大人民整体权益的功能"①。基于国家、社会和个人利益根本上的一致性,三者既相互依存,又相互独立,三者之间是整体与部分的关系。侵害国家和公共利益,必然有个体利益受到损害。国家和社会利益无存,私人权利也就失去了存在的根基。因此,维护国家利益、公共利益,实际上也就是维护个体利益。

国外公益诉讼原告资格制度的发展趋势是,从"检察总长""公益代表人"等制度,向不断放宽原告资格标准、允许公民和社会团体直接起诉的制度发展。这主要是鉴于检察官等有时并不对维护公共利益充满热情,甚至有可能对公民请求其履行维护公共利益的职责置若罔闻。作为这种趋势最典型的例子是日本和我国台湾地区构建的民众诉讼制度,它以一种法定的独立诉讼类型,有效克服了公益行政公诉制度的这种缺陷。赋予公民公益行政诉讼原告资格,可以在检察机关怠于主动维护公共利益、甚至在公民申

---

① 李震山:《行政法导论》,台湾三民书局 1999 年版,第 465 页。

请其履行维护公共利益的法定职责时仍拒绝履行的情况下,使公民得以直接以自己的名义请求法院维护公共利益。这也是公民权利对国家机关权力的制约。赋予公民公益行政私诉权,能够激发公民国家主人的意识和维护公共利益的意识,有利于公共利益的维护,符合当今世界公益行政诉讼制度的立法趋势。

在中国公益行政诉讼制度研究中,公民作为公益行政诉讼原告受到怀疑的理由,主要是认为中国公民素质、法制意识均难以适应公益行政诉讼的要求。有的担忧赋予公民个人公益行政诉讼原告资格可能造成滥诉,有的则相反地担忧中国公民尚缺乏足够的维护公益的热情,认为不能指望公民为了公共利益的维护而进行斗争。[①] 笔者认为,这种担忧过于消极。从近年来中国公民试图突破制度束缚、积极为维护公共利益而走向法庭的案例看,中国公民并不缺乏维护公益的热情,而且随着社会政治、经济和文化的发展,这种热情只会越来越高涨;同时,中国公民也极少以诉为乐,不计时间成本和经济成本,不顾随意“得罪”行政机关的后果而滥用诉权。促进依法行政、维护公共利益的收益,远远高于概率并不高的滥诉不利,从投入产出的角度说也完全是值得的。当然,在具体的制度设计中,仍有必要考虑防范公益行政诉讼漫无边界、司法成本过高等问题。

笔者认为,在公共利益较难界定、司法资源有限、公益行政诉讼刚刚起步的阶段,借鉴我国台湾地区,以具体法律规定公民可以提起公益行政诉讼的领域(例如,可以从环境保护、公共资源利用、产品质量安全、公共物品的价格、政府信息公开等法律较为完备、公民关注度高、利益影响面广的领域做起),不失是一种比较好的制度选择。同时规定,检察机关具有依职权和依申请提起公益行政诉讼的权利与义务,以备在公共利益受到行政行为损害而没有特定的公民或团体提起公益行政诉讼的情况下,检察机关承担起维护公共利益的法定职责。为发挥公民行政私诉的积极作用,弥补检察机关对公共利益损害发现力的不足,同时平稳、谨慎地推进公民行政私诉,具体制度可作这样的设计:公民认为行政机关的行为侵害公共利益的,有权申请人民检察院提起公益行政诉讼。人民检察院在接到申请之日起 2 个月内

① 参见章志远:《行政诉讼法前沿问题研究》,山东人民出版社 2008 年版,第 123、129 页。

不提起诉讼的,公民可以以自己的名义提起公益行政诉讼。在紧急情况下,公民提起公益行政诉讼不受上述2个月的限制。检察机关发现行政机关的行为侵害公共利益的,应当依职权提起公益行政诉讼。同时,基于公民或社会团体在行政诉讼中的弱势地位,法律也可以规定检察机关有权参加由公民或社会团体提起的公益行政诉讼,支持公民或社会团体的起诉。

其三,赋予社会团体公益行政私诉权。笔者认为,上述原理乃至具体制度的设计,也可以同样适用社会团体公益行政诉讼。

经过三十多年的改革开放,我国社团组织已经有了很大的发展。随着社会政治经济的发展,其法律地位和社会作用越来越受到关注。其中,随着公民权利意识和公益意识的发展,社会上出现了越来越多的诸如消费者协会、中华环保联合会、残疾人联合会、动物保护组织等代表一定利益群体或以维护公益为宗旨、专门从事公益活动的社会团体。通过这些公益性团体,公众可以更全面、更有效地参与管理公共事务,维护公共利益。由于公益性团体是以推动和保护公共利益为宗旨建立起来的,因此它们对相关公共利益更为关注,因而是公共利益的天然维护者,也是公益行政诉讼的积极推动者。这些公益性团体非常适合承担公益行政诉讼起诉者的角色。针对行政机关违法行为或不作为而使公共利益受损的情形,赋予依法设立的社团为维护公益而提起公益行政诉讼的权利,与当代非政府组织的发展和第三部门的兴起及权利多元化和社会化趋势正相契合,符合现代治理理念和方法。近年来,在检察机关提起公益诉讼逐渐增多的同时,中国社会团体、特别是公益性团体提起公益诉讼的案件也逐渐增多,并且多被法院立案并最后胜诉,取得了良好的社会效果。例如,中华环保联合会等环保组织已经多次提起了旨在保护环境的公益诉讼。尽管这些诉讼也多为公益民事诉讼,但其与检察机关提起公益诉讼的个案开启了检察机关提起公益诉讼这一历史标志性的“大门”类似,在中国开启了社会团体提起公益诉讼这一历史标志性的“大门”,对推动公益行政诉讼的建立和发展具有重要意义。

构建行政诉讼类型是扩大公民行政诉权、实现行政行为可诉性的需要。但我们也不能忽视行政诉讼类型化可能导致的消极作用。这种消极作用主要表现在两个方面:一是诉讼类型法定化可能导致的消极作用。如果严格执行法定化的行政诉讼类型,那就意味法律没有规定的诉讼类型在司法实践中将得不到承认，当公民遇到某种特殊情形而无法适用法定诉讼类型的时候，其寻求司法保护的权利将受到限制。二是诉讼类型复杂化可能导致的消极作用。选择合适的行政诉讼类型是一件专业化程度较高的事，期望公民在起诉时就都能正确选择诉讼类型是不现实的。因而，如果将正确选择诉讼类型的责任全部推给起诉人，对诉讼类型选择不当的起诉不予受理，公民行使诉权将遇到很大障碍。

为了克服上述第一个弊病，对诉讼类型作明确规定的国家都试图避免诉讼类型体系上的封闭性。例如，如上所述，德国《基本法》第 19 条第 4 款和《行政法院法》第 40 条第 1 款具有防止行政诉讼中对诉讼种类实行“数量限制”的效力，而行政法院法官对法定外诉讼类型的类推适用使《行政法院法》关于诉讼类型体系的规定避免了其形式上的封闭性。而日本的法定外抗告诉讼也具有避免行政诉讼类型体系上的封闭性的作用。为了克服上述第二个弊病，德国《行政法院法》第 88 条规定：“法院不得超出诉讼请求的范围（进行裁判），但不受申请表述的限制。”该法第 86 条第 3 款还规定：“审判长应敦促有关各方更正形式错误、解释不明请求、提出与本案有关的请求、补充说明不充分的事实以及进行所有与确认和判断案情有关的重要说明。”这意味着，法院不应仅因当事人未正确选择诉的类型就否定诉的适法性。相反，法院应依照该款，查明原告起诉的真实意图，并以一定方式（例如通过当事人自己的解释）帮助其选择适当类型的诉。弗里德赫尔穆·胡芬教授也提出，公民在起诉时仅需指明其诉讼标的并符合一定的起诉要件即可，而将该请求归结为某一特定类型的诉则是法院的责任。依此，诉的分类才能在实现对诉讼程序进行具体化和规范化的同时，不对原告构成额外负担。[①] 我国现行行政诉讼制度没有规定诉讼类型，诉讼类型不丰富虽然限制了诉权，但原告在起诉时却只需以一定方式表示“不服”，而无须考虑诉讼类型问题，对原告起诉具有方便性。为最大限度地保护公民的行政诉权，我国将来一旦构建起了行政诉讼类型制度，立法时可以借鉴德国和日本的经验，设计避免诉讼类型体系上的封闭性及诉讼类型的多元化对原告起诉带来的障碍的相关制度。对于前者，应以《宪法》关于公民基本权利的规定、

---

① 参见刘飞：《行政诉讼类型制度探析——德国法的视角》，载《法学》2004 年第 3 期，第 44—54 页。

《行政诉讼法》对受案范围的概括规定及其他法律特别规定为依据,允许法院根据原告的诉讼目的参照某种法定诉讼类型的案件进行审理或在法定诉讼类型之外以其他诉讼类型的案件进行审理等形式予以补救。对于后者,可以规定人民法院对选择诉讼类型不当的起诉不应简单不予受理,而应当进行指导和帮助,要求起诉人予以纠正。只有在当事人拒不纠正的情况下,人民法院才可以不予立案或裁决驳回起诉。

三、对滥用自由裁量权审查的拓展

(一)现今中国大陆对滥用自由裁量权的司法审查制度

在中国大陆,对行政自由裁量权的表述虽然并不统一,但学界对其几方面内涵的认识还是比较一致的。综合各种表述,行政自由裁量权可以被定义为:法律赋予行政主体在实施行政行为的过程中,可以在法律允许的范围内,根据立法目的和精神,通过自由判断和选择,作出公正、合理的行政决定的权力。自由裁量权普遍存在于法律的适用,法律的解释,证据的搜集、判断、采信,对事实、情节和后果的认定和定性,程序的选择及至最后决定的形成和作出等方面或环节。

法律之所以要赋予行政主体自由裁量权,是由于现实的需要。现代社会如此复杂,以至于立法者无法预见立法所要调整的社会关系将来发生的各种情况,需要行政主体在具体执法中按照立法的目的和精神灵活处理,因而立法者无法、也不应通过预先面面俱到的立法文字将行政权控制得严严实实。赋予行政主体自由裁量权,既是提高行政效率的需要,也是现代行政的必然要求。

滥用自由裁量权是滥用职权的一种主要情形。在我国《行政诉讼法》第54条第2项中,“滥用职权”是与“主要证据不足”“适用法律、法规错误”“违反法定程序”“超越职权”等并列的一种应当被人民法院判决撤销或者部分撤销,并可以判决被告重新作出具体行政行为的行政违法情形。超越职权属于行政合法性原则规范的范畴,而“滥用职权,是指行政机关具备实施行政行为的权力,并且其行为形式上也合法,然而行政机关行使权力的目的违反法律、法规赋予其该项权力的目的。滥用职权实际上属于权力的不正当行使"①,属于行政合理性原则规范的范畴。

我国《行政诉讼法》第5条规定:"人民法院审理行政案件,对具体行政行为是否合法进行审查。"该条确立了我国行政诉讼以合法性审查为原则,即法院原则上只从合法性的角度审查具体行政行为。对行政主体在自由裁量权范围内作出的具体行政行为的合理性审查,仅局限于《行政诉讼法》第54条第2项第5目规定的"滥用职权"和第54条第4项"行政处罚显失公正"两个方面。尽管如此,读者从中也可看出,即使在我国现行行政诉讼制度的框架下,合理性审查也并非如通说所说的仅限于"行政处罚显失公正"一个方面。但是,由于该法在"总则"部分的第5条确立了合法性审查原则,且对"滥用职权"和"行政处罚显失公正"未作具体界定,加之不少法院本身对行政的监督缺乏动力,尤其是《若干问题的解释》第56条明确规定"被诉具体行政行为合法但存在合理性问题的","人民法院应当判决驳回原告的诉讼请求",致使原告对滥用职权提起的诉讼或被拒于行政诉讼"大门"之外,或得不到法院支持。现实中,多数情形属于前一种。即现实中行政主体滥用职权的行政行为通常被认为是不可诉的。这对充分实现行政行为可诉性形成了一大观念障碍和制度障碍。换言之,拓展对滥用自由裁量权的行政行为的司法审查,是充分实现行政行为可诉性的需要,对充分保障公民、法人和其他组织的合法权益是绝对必要的。

(二)两大法系主要国家和地区对滥用自由裁量权的司法审查制度考

在英国,滥用权力被归纳为四种情况:(1)不符合法定目的;(2)未考虑相关因素或考虑了不相关因素;(3)不合理或不理性;(4)裁量怠慢。英国用"越权无效"和"自然公正"原则对行政机关滥用自由裁量权的行为进行控制。对英国人而言,在法治盛行的地方,决不允许不受羁束的自由裁量权的存在。② 在英国人看来,滥用权力的行为即使看起来好像是在权力范围内,其实质也是越权行为,具有违法性,因为其违反了法律赋予该项权力的

① 应松年主编:《行政诉讼法学》,中国政法大学出版社2007年版,第251页。

② See Sir William Wade & Christopher Forsyth, *Administrative Law*, 8th edition, Oxford University Press (New York), 2000, p. 35.

目的和法律的精神,因此,“越权无效”原则同样可以适用对滥用自由裁量权行为的规范;而“自然公正”原则包含的“任何人不能做自己案件的法官”和“任何人在行使可能使他人受到不利影响的权力时,必须听取对方意见”两项规则,也可以很好地规范行政自由裁量权。就形式审查权即受理权而言,只要案件具有司法性,英国法院对涉及行政机关自由裁量权的案件的管辖权是不存在问题的。经过司法审查,如果行政机关滥用自由裁量权的事实成立,法院有权根据“越权无效”和“自然公正”原则作出裁判;当然,如果被审查的行政行为确属法律赋予行政机关自由裁量权的范围,法院会予以尊重。

在美国,有六种情况被确定为自由裁量权的滥用:(1) 不正当的目的;(2) 错误的或不相干的原因;(3) 错误的法律或事实根据;(4) 遗忘了其他有关事项;(5) 不作为或延迟;(6) 背离了既定的判例或习惯。[①] 美国人认为:“自由裁量权没有任何实际限制的现代政府的力量将变成一头怪物。绝对的裁量就像腐败一样,标志着自由终结的开始。”[②]《联邦行政程序法》规定:“负责审查的法院”对于行政机关“滥用自由裁量权”的,应“判定机关的行为、决定和结论非法并予以撤销”。[③] 美国以“正当程序”原则和《联邦行政程序法》为依据对行政机关滥用自由裁量权的行为进行司法审查。

法国行政法把权力滥用归结为三种现象:(1) 行政主体行使权力的目的不是出于公共利益,而是出于私人利益或所属团体利益;(2) 行政主体的行为虽然符合公共利益但不符合法律授予这种权力的特别目的;(3) 不按法律要求适用程序。该国以“均衡原则”作为控制行政自由裁量权的原则。它是行政法院在行政机关具有自由裁量权或其他特殊情况下,在无法依据法律条文或其他原则对行政行为进行裁决的情况下,根据具体情况判断、审查行政行为是否合理、行政决定是否适度、事实与法律适用是否一致的准则,也是监督、审查、决定是否撤销行政行为的根据。

---

① 胡建淼:《比较行政法——20 国行政法评述》,法律出版社 1998 年版,第 167—168 页。

② New York Times v. United States, 342, U.S. 882, 884(1951), Justice Douglas Dissenting.

③ 参见《美国法典》第五编第 706 条,载应松年主编:《外国行政程序法汇编》,中国法制出版社 2004 年版,第 47—48 页。

德国行政法认为,有下列情形之一的,构成自由裁量权的滥用:(1) 违反合理性原则;(2) 不正确的目的;(3) 不相关的因素;(4) 违反客观性;(5) 违反平等对待。德国用比例原则作为控制自由裁量权的原则,其中又包含适应性原则、必要性原则(最小侵害原则)和比例性原则(狭义的比例原则)三项子原则。所谓适应性原则,是指行政机关所采取的措施,包括普遍措施或个案措施,都要适应于它所追求的法律规定的目的,不得有所偏离;所谓必要性原则,是指如果以行政措施干预公民自由为实现公共利益所不可缺少,那么这种干预必须是最低限度的;所谓比例性原则(狭义的比例原则),是指行政机关采取的措施应当对当事人来说是不过分的,对国家的目标来说又是适当的。①

日本把行政主体根据是否合乎公益自行判断的事,叫"自由裁量行为"。法院虽然不能干涉行政自由裁量行为,但若行政主体超越裁量权和滥用裁量权,应作违法行为看待,属于行政诉讼范围。日本《行政案件诉讼法》第30条规定,关于行政厅的裁量处分,只要存在超越裁量权的范围或者滥用的情况,法院就可以撤销该处分。

在我国台湾地区,"裁量系法律许可行政机关行使职权时,得为之自有判断。但裁量并非完全之放任,行政机关行使裁量权仍须遵守法律优越原则,所作之个别判断,亦应避免违背诚信原则、平等原则、比例原则等一般法的规范,如裁量系基于法律条款之授权时,尤其不得违反授权之目的或超越授权之范围"。其认为,出现如下情形即为裁量瑕疵:(1) 裁量逾越(超出法律授权之范围);(2) 裁量滥用(与法律授权之目的不符,或系出于不相关之动机);(3) 裁量怠惰(故意或过失而消极不行使自由裁量权);(4) 判断瑕疵;(5) 考量瑕疵。② 我国台湾地区"行政诉讼法"第201条规定,"行政机关依裁量权所为之行政处分,以其作为或不作为逾越权限或滥用权力者为限,行政法院得予撤销。"

由上可见,与我国对滥用自由裁量权的监督难以进入行政诉讼的"大

---

① 参见徐静:《行政自由裁量行为的司法审查强度分析》,载北大法律网·法学在线,http://article.chinalawinfo.com/Article_Detail.asp? ArticleId=38206,2012年8月6日访问。

② 参见吴庚:《行政法之理论与实用》(增订八版),中国人民大学出版社2005年版,第79—80页。

门”相比,两大法系主要国家和地区的行政诉讼制度或司法审查制度先进很多,它们都将行政机关滥用自由裁量权的行为纳入了司法审查范围,经过审查,如果法院认为被审查的行政行为确实构成自由裁量权的滥用,或宣告无效,或予以撤销。

笔者认为,我国改革开放以来、尤其是《行政诉讼法》颁布以来的行政法治建设,无论从理论准备看,还是从实践基础看,对于滥用行政自由裁量权的法律监督,我国现今已经具备了与行政法治相对先进的国家和地区接轨的条件,即通过《行政诉讼法》的修改,将过去仅限于对“行政处罚显失公正”进行监督的制度,拓展到能够对所有滥用自由裁量权的行政行为进行全面监督的制度;将对滥用自由裁量权的行政合理性原则的规范,拓展到行政法治原则的规范。

(三)中国大陆行政诉讼对滥用自由裁量权审查的拓展

我国行政法学理论把合理性原则作为与合法性原则并列的行政法的基本原则之一,但行政诉讼制度原则上又不允许对行政行为的合理性进行审查,这本身就是矛盾的。法的原则是需要有法的具体规范和制度保障的。如果没有法的具体规范和制度予以保障,那所谓的法的原则至多只是一种法学理念。

在现代法治国家,任何权力的行使都必须受到制约。行政自由裁量权也不例外。对行政自由裁量权加以法律制约,使其不仅合法,而且合理,都是行政法治的要求。如果说合法是指狭义的合法,即要求行政自由裁量符合法律的明文规定、避免违法裁量的话,那么,合理就是广义的合法,即要求行政自由裁量符合法律的原则、精神和立法的目的、避免滥用裁量。后者是更高意义上的行政合法要求。因此,合法性原则与合理性原则虽然侧重不同,但统一于行政法治,即要求行政行为不仅要符合法律的明文规定,而且要符合法律的原则、精神和立法的目的。

在现代行政中,自由裁量权是不可避免的。但是,行政自由裁量领域出现的问题,往往是虽不违反法律的明文规定,但违反法律原则、精神和立法目的。于是,行政自由裁量权就成了一种迫切需要加以制约的真正的和实质的行政权力,否则,必然导致公共权力的滥用和行政法治的破坏。

对行政自由裁量权的制约方式多种多样，可以通过议会监督、司法监督、行政自身监督、社会监督、舆论监督等进行制约。其中，司法对行政自由裁量权的监督是最直接、最规范、最超然、最程序化的监督方式，也是现代行政法治发展的重点方向。也就是说，法院将从狭义合法的“守护神”向广义合法的“守护神”转变。因此，我国迄今为止把行政机关作出的具体行政行为是否适当的问题，原则上交由行政复议处理，以“人民法院不能代替行政机关作出决定”为由怀疑、否定或排除行政诉讼对行政自由裁量权滥用的监督，这种体制和制度应当尽快改变。从现今两大法系主要国家和地区对行政自由裁量权滥用的司法监督制度看，司法对行政自由裁量权滥用的监督并不主要限于“变更”不合理的行政行为，而且还包括宣告行政机关滥用自由裁量权作出的行政行为违法无效或直接予以撤销。这种司法制度并不受到所谓法院越俎代庖、“代替行政机关作出决定”的责难，相反，不仅没有破坏行政权的相对独立性，而且实现了对行政自由裁量权的有效监督。

那么如何来构建我国行政诉讼对行政自由裁量权的监督制度呢？笔者以为，借鉴两大法系主要国家和地区的经验，关键是要在《行政诉讼法》修改时明确规定以下四项内容：一是确立涵盖合法性和合理性要求的行政法治原则；二是明确肯定人民法院对行政机关滥用行政自由裁量权的监督权力；三是确立判断行政自由裁量权滥用的标准；四是明确人民法院对行政机关滥用行政自由裁量权的判决方式。具体来说——

第一，在《行政诉讼法》总则中明确规定行政法治原则，以内涵更加宽泛的行政法治原则替代狭义的合法性原则，并使其能涵盖过去我们所讲的合法性原则和合理性原则，发挥如同英国的“越权无效”原则既能约束违法的行政行为、又能约束滥用自由裁量权的行政行为的作用。

第二，明确肯定人民法院对行政机关滥用行政自由裁量权的监督权力，取消现今《行政诉讼法》第 5 条“人民法院审理行政案件，对具体行政行为是否合法进行审查”的规定①，改变行政诉讼仅对行政行为合法性审查的定位，在“除法律明确排除的外，其他行政行为都属于人民法院行政诉讼受案范围”的基础上，建立人民法院按照行政法治原则对行政行为全面审查的制

① 当然，必须同时废除《若干问题的解释》第 56 条“被诉具体行政行为合法但存在合理性问题的”，“人民法院应当判决驳回原告的诉讼请求”的规定。

度,并明确"滥用职权的行政行为,以违法论",使行政诉讼既能监督(狭义的)违法行政行为,也能监督形式上仅属于合理性问题、但实质上属于违反行政法治原则(即广义违法)的滥用行政自由裁量权的行政行为。

第三,确立判断行政自由裁量权滥用的标准。各国(地区)滥用行政自由裁量权的行为是具有很多共性的。笔者认为,不妨借鉴域外经验,并结合我国的实际,将滥用行政自由裁量权的主要表现归纳为以下 9 种情形:(1) 不符合法律目的;(2) 对法律作任意解释;(3) 有失公平公正;(4) 不符合比例原则;(5) 不采取正当程序;(6) 故意拖延或不作为;(7) 不遵循先例;(8) 不正当考虑;(9) 不符合社会公德和自然规律。

第四,明确规定人民法院对滥用职权的行政行为可以采取判决无效或判决撤销两种形式,前者适用于明显、重大违反法律原则、精神和立法目的的滥用职权的行政行为,后者适用于一般违反法律原则、精神和立法目的的滥用职权的行政行为。由于法院直接变更行政行为比撤销行政行为、然后责令行政机关重新作出行政行为更有效率,因此,可以保留现今《行政诉讼法》"行政处罚显失公正的,可以判决变更"的规定,但判决变更只限于行政处罚显失公正,以避免司法机关过多替代行政机关作出决定,造成司法权对行政权的过度渗透。并且,此项规定不意味着人民法院在行政诉讼中只能对滥用自由裁量权的行政处罚行为进行监督。

四、可诉权利的扩张

当事人是否存在可诉权利或利益,关系到其起诉资格。如果法律否定某项权利或利益是可诉的,那就意味着即使该项权利或利益受到某行政行为侵害,当事人亦无起诉资格,其效果相当于该行政行为是不可诉的。因此,行政行为可诉性的充分实现,与可诉权利或利益的扩大密切相关。

(一) 现今中国大陆行政诉讼可诉权利之争

对现今中国大陆行政诉讼可诉权利的认识有如下观点:

(1) 认为我国行政诉讼的可诉权利原则上限于人身权、财产权,只有在法律、法规明确规定可以提起诉讼的情况下,对认为侵害人身权、财产权之外权利的具体行政行为才可以提起诉讼。

例如,有法官认为,在目前我国,“原则上,只有被认为侵犯了公民、法人和其他组织的人身权、财产权的具体行政行为才被纳入行政诉讼范围”,“只有两个法律明确规定了对有关人身权、财产权以外的具体行政行为不服可以进行行政诉讼。一个是未成年人保护法,……另一个是妇女权益保护法”,因而才得以凭借“《行政诉讼法》第11条第2款规定人民法院受理法律、法规规定可以提起诉讼的其他行政案件”,进入行政诉讼受案范围。[①]这是一种相对保守的观点,在行政诉讼渠道不畅的中国大陆司法实践中受到法院的普遍接受。正因为如此,中国大陆司法实践中大量涉及人身权、财产权之外的权利的案件,被法院以受理此类案件没有法律依据为由挡在法院的“大门”之外。

(2) 认为除法律、法规明确规定可以提起诉讼的外,根据《行政诉讼法》第11条第8项,行政诉讼也可涉及与人身权、财产权交叉在一起的其他权利和自由。

例如,有学者认为,《行政诉讼法》第11条第1款列举的7项受案范围仅限于人身权、财产权,这“七种案件,都是因行政机关具体行政行为涉及公民等一方人身权、财产权的行政案件”;但第8项“认为行政机关侵犯其他人身权、财产权的”案件,虽然也“主要涉及的是公民、法人或者其他组织的人身权、财产权”,但“也有部分案件还涉及与人身权、财产权交叉在一起的其他权利和自由。如公平竞争权、受物质保障和物质帮助的权利,劳动的权利和其他的一些社会权利和自由等等”。而第11条第2款“除前款规定外,人民法院受理法律、法规规定可以提起诉讼的其他行政案件”,“不限于只涉及公民、法人或者其他组织的人身权、财产权,也可以是各种各样的合法利益,如可以包括公民的政治权利和自由、其他社会权利等”[②]。

(3) 认为虽然《行政诉讼法》将可诉权利主要限于人身权、财产权,但从立法本意考虑,人身权和财产权应从广义理解,还应该包括除政治权利以外的所有权利。

---

① 王振清主编:《行政诉讼前沿实务问题研究》,中国方正出版社2004年版,第19页。
② 参见应松年主编:《行政诉讼法学》,中国政法大学出版社2002年版,第61、62、63页。

例如,江必新大法官认为:"要保护公民、法人和其他组织的合法权益,应当从广义上理解人身权和财产权的概念。……如果从狭义上理解,就使相当一部分的权益得不到救济,比如说受教育权、社会保障权等社会经济方面的权利。……从《行政诉讼法》的立法原意看,制定《行政诉讼法》时唯一考虑需要排除的是政治权利,从立法本意考虑,人身权和财产权应从广义理解。"而《若干问题的解释》正是恢复了《行政诉讼法》的立法原意。①

(4) 认为现今中国大陆行政诉讼法规定的可诉权利具有扩展性解释的空间,除人身权、财产权外,可及包括政治权利、宪法权利在内的一切合法权益。

笔者在《中国行政登记法律制度研究》一书中指出,现行行政诉讼制度其实并未将可诉的权利限于人身权、财产权。《行政诉讼法》第 2 条概括性规定,可诉的权利为"合法权益",并未限于人身权、财产权。第 11 条第 1 款第 8 项"兜底条款"虽然表述为"认为行政机关侵犯其他人身权、财产权的",但该"兜底条款"最多也只是对第 11 条第 1 款进行"兜底",即最保守的理解也只是第 11 条第 1 款均涉及人身权、财产权。何况,从《行政诉讼法》第 11 条的立法意图看,该"兜底条款"只是为弥补前 7 项列举式规定的不足,而不是再次强调行政诉讼的受案范围只能限于人身权、财产权。事实上,该款前 7 项实际上并不一定都限于人身权、财产权。例如,"许可证和执照"就不一定限于人身权、财产权(如,驾驶执照),"违法要求履行义务"之"义务"也不一定限于人身权、财产权方面的义务(如,违法要求取得驾驶执照前须掌握一百句日常会话英语)。而第 11 条第 2 款"除前款规定外,人民法院受理法律、法规规定可以提起诉讼的其他行政案件"的规定,更未将可诉的权利限于人身权、财产权。"为了正确理解和适用《行政诉讼法》",《若干问题的解释》第 1 条对《行政诉讼法》第 2 条和第 11 条受案范围不限于人身权、财产权范围的立法原意作了进一步明确的阐释,即只要不属于《若干问题的解释》第 1 条第 2 款列举规定的六类不属于人民法院行政诉讼受案范围的行为,"公民、法人或者其他组织对具有国家行政职权的机关和组织及其工作人员的行政行为不服,依法提起诉讼的",均"属于人民法院行政诉

---

① 参见见江必新:《是恢复,不是扩大——谈〈若干解释〉对行政诉讼受案范围的规定》,载《法律适用》2000 年第 7 期。

讼的受案范围”,人民法院均有权受理,而不论受到侵害的权利是否超出人身权、财产权的范围。从这个角度看,我国行政诉讼受案范围系统其实是一个“开放”的系统。起诉人只要“认为”具体行政行为侵犯其“合法权益”,就有权向人民法院提起诉讼,行政诉讼制度并没有对“合法权益”的范围加以限制。[①]

笔者在该书中进一步分析了宪法权利和政治权利的可诉性问题,认为我国《行政诉讼法》及《若干问题的解释》并未把宪法权利受侵害排除在行政诉讼受案范围之外。因为,从法理上说,宪法权利是基本权利,具体权利是通过法律、尤其是作为“动态的宪法”的行政法对基本权利的细化和具体化加以落实的。离开宪法权利,具体权利就会成为无源之水、无本之木。由于法律规定的具体权利都是对宪法权利的具体化,如果按照“宪法权利不可诉”的观点,那么任何具体权利就都无法寻求司法救济了。实际上,在司法实践中,通过行政诉讼寻求救济的权利都是经法律已经转化成具体权利的宪法权利。因此,“宪法权利不可诉”的观点显然是错误的,或者是对“当前我国尚无宪法诉讼制度”的曲解,或者是将“涉及宪法权利(实践中这些权利往往已经转化成具体权利)的公法争议”与“宪法性质的公法争议”相混淆,是一个伪命题。所谓“当前我国尚无宪法诉讼制度”,是指在当前我国,还没有专门履行违宪审查职能的宪法法院、宪法委员会或类似的司法机构,普通人民法院一般还不能直接依据宪法,对尚未经法律转化成具体权利的宪法权利侵权之诉作出裁判。而一旦宪法权利经法律转化成了具体权利,则当事人就可依据法律,以具体权利受侵害为由寻求司法救济,法院也就可以依据法律对侵权之诉作出裁判。[②] 所谓“宪法性质的公法上争议”,则往往指那些宪政层面的(通常为国家机关之间发生的法律纠纷)、在许多国家宪法和法律规定应当由宪法法院或宪法委员会之类的机关裁决的争议。由于政治权利也是宪法赋予的一项权利,因此,政治权利业经法律转化成具体权利(例如,取得社团登记的权利、担任国家公务员参与公共事务的权利等),当事人认为此等权利受到行政行为侵害提起行政诉讼的,也应当属于

---

① 参见茅铭晨:《中国行政登记法律制度研究》,上海财经大学出版社 2010 年版,第 126、177、178、180 页。

② 参见同上书,第 178—179 页。

行政诉讼或司法审查的受案范围。事实上,在司法实践中,也不断有认为宪法赋予的政治权利受到行政行为侵害而提起行政诉讼被人民法院受理(有的原告还胜诉)的判例。例如,2003 年"张先著诉芜湖市人事局公务员招考行政录用决定纠纷案"、2005 年"杨世建起诉人事部案"、2005 年"董坚诉卫生部不答复筹备社团申请行政诉讼案"等。"政治权利"被许多人认为是我国行政诉讼受案范围的"禁区",与"政治"在我国是一个敏感问题有密切关系。不过,所谓"政治权利不可诉",既没有法律上的依据,也不符合行政诉讼实践。进一步以结社权为例。无论从行政许可的学理概念看,还是从《行政许可法》界定的行政许可法律概念看,毫无疑问,社团筹备审批和成立登记均属于行政许可。事实上,经行政许可事项的清理,各级民政部门也均将社团筹备审批和成立登记作为民政行政许可的两个种类。结社权这一宪法规定的政治权利,因经《行政许可法》和《社会团体登记管理条例》等法律法规已经转化为具体权利,公民认为自己的结社权受到侵害提起行政诉讼,并不存在具体的法律障碍,相反可以找到明确的法律依据。因为,民政部门颁发的社团筹建、登记的批准文书,既属于《行政诉讼法》第 11 条第 1 款第 4 项规定的可以提起行政诉讼的"许可证和执照",又属于《行政许可法》规定的可以提起行政诉讼的行政许可行为。[①] 因此,即使从目前中国大陆的法律看,涉及宪法权利、政治权利的行政行为的可诉性,也可以得到合理的拓展性解释。[②]

总之,从可诉行为涉及的权利看,我国现行《行政诉讼法》列举的可诉权利虽然确实只提及人身权、财产权,而未提及其他权利。但正如笔者在前面所分析的,即使在现行《行政诉讼法》的制度框架下,行政诉讼可诉权利也可以被拓展性理解成以人身权、财产权为主,但又不限于人身权、财产权。何况,司法实践早已突破了人身权、财产权,一些认为自己的受教育权利、劳动

① 根据我国《行政诉讼法》第 11 条第 2 款"人民法院受理法律、法规规定可以提起诉讼的其他行政案件"之规定,自《行政许可法》生效之日起,由于该法规定,公民、法人或者其他组织对行政机关实施行政许可,有权依法提起行政诉讼,因此,对行政许可行为(包括对涉及政治权利的行政许可行为)提起行政诉讼,不仅早已有了《行政诉讼法》的依据,而且也有了《行政许可法》这部具体法律的依据。

② 参见茅铭晨:《中国行政登记法律制度研究》,上海财经大学出版社 2010 年版,第 178—184 页。

权利、社会权利乃至政治权利受到行政行为的侵害而向人民法院提起行政诉讼的案件，已经被人民法院立案审理。[①]

（二）两大法系主要国家和地区可诉权利或利益考

1．法国

法国行政诉讼的受案范围实际上只是一个划分行政法院与普通法院、宪法法院之间管辖权限的问题，它主要是由行政法院和权限争议法庭通过判例确定的。法国法律并没有规定什么事项属于行政法院的管辖范围，什么事项属于普通法院的管辖范围。除属于判例确定由普通法院、宪法法院管辖或判例排除的外，对行政机关的一切决定，不论其采取何种形式（不论采取口头的还是书面的、明示的或默示的、具体的或抽象的），也不论其侵害了何种权利或利益，均可提起行政诉讼。因此，法国行政法学理论亦无需深究所谓“可诉权利”这个问题。

2．德国

德意志联邦共和国《基本法》第 19 条第 4 款规定：“任何人之权利受官署侵害时，得提起诉讼。如别无其他管辖机关时，得向普通法院起诉，……”[②]因此，在德国，权利受官署侵害时，原则上可以通过行政法院救济。[③] 根据德国《行政法院法》第 40 条第 1 款，行政法院受理的案件为“一切未被联邦法律划归为属其他法院管辖的非宪法性质的公法上争议”[④]，行政诉讼的可诉权利系除应当由宪法法院和普通法院保护的权利之外的权利[⑤]。根据德国《行政法院法》第 42 条第 2 款，“除法律另有规定，原告人只有在其自身权利

---

① 行政法学界也有学者持与笔者观点相类似的观点。例如，胡建淼主编的《行政诉讼法学》就认为，《行政诉讼法》规定的受案范围可以“涉及公民、法人、组织的政治权利和其他未列入人身权、财产权范围的权益”。参见胡建淼主编：《行政诉讼法学》，复旦大学出版社 2003 年版，第 30 页。

② 参见东方法眼：《德意志联邦共和国基本法》，载 http://www.dffy.com/sifashijian/ziliao/200904/20090404181051-2.htm，2011 年 1 月 12 日访问。

③ 即使别无其他管辖机关，也可向普通法院起诉，不会出现“起诉无门”的情况。

④ 转引自〔德〕平特纳：《德国普通行政法》，朱林译，中国政法大学出版社 1999 年版，第 267—268 页。

⑤ 宪法法院为国家机关之间发生的法律纠纷提供法律保护，而不是为公民提供针对国家的法律保护。普通法院为私权利纠纷提供法律保护。

被一个行政行为、拒绝行政行为或不作为侵害时,方可以提起诉讼"[1]。因此,正如德国行政法学者所言,德国法律规定行政诉讼原告的权利主张包括两项要素:一是主张行政机关的行政行为或者行政机关对行政行为的拒绝[2]违法;二是主张被诉行政行为侵害了他的权利,从而请求行政法院救济[3]。从《基本法》和《行政法院法》的规定看,原告需以权利受到侵害为由提起诉讼。而这种权利在法学意义上属于"公权利"(即"人民基于法律行为或者以保障其个人利益为目的而制定的强行性法规,可以援引该法规向国家为某种请求或者为某种行为的法律上的地位"[4])。它属于"法律保护的利益"或"法律上的利益",而不是"反射性利益"(即"个人因公法法规而获得的事实上的利益"[5])。不过,正如有的学者所描述的,总的来讲,德国行政诉讼变化和发展的总趋势是逐步扩大公权利的范围,而同时减少反射性利益在诉讼法上对相对人提起行政诉讼的限制。尽管公权利与反射性利益的区分仍然存在,但是公权利的范围在逐步扩大。主要表现在:第一,不仅法律所保护的权利,而且法律所保护的利益、乃至事实上存在的利益均可以视为公权利。因之而受损的起诉人自然享有诉权。第二,判断公权利来源的依据已经扩展到宪法所规定的基本权利以及一般法原则所衍生的不成文的权利。即权利不再限于成文法的规定了。[6] 换言之,在德国,诉讼利益已经由传统的狭义公权利扩大到了可以包容值得法律保护的利益和事实上的利益这样一种宽泛的公权利,而这种宽泛的公权利已经不限于传统的法律明文规定的狭义公权利,而是包括由宪法所规定的基本权利以及一般法原则所衍生的不成文的权利和利益,甚至包括一些过去被视为事实上的利益和反射性利益的利益。因此,虽然表面看,德国行政诉讼仍然主要在于公权利的

---

① 转引自〔德〕平特纳:《德国普通行政法》,朱林译,中国政法大学出版社1999年版,第268页。

② 我国学者通常把行政机关对行政行为的拒绝分为否定性作为和行政不作为。

③ 参见〔德〕弗里德赫尔穆·胡芬:《行政诉讼法》,莫光华译,法律出版社2003年版,第139页。

④ 黄学贤、陈仪:《行政诉讼若干问题研究》,厦门大学出版社2008年版,第46页。

⑤ 同上。我国行政法教科书常常将"反射性利益"解释成:"当法律完全是为了实现公共利益,而不是以保护特定个人利益为目的时,行政作用依法实施的结果""给私人带来的利益"。参见罗豪才主编:《行政法学》,北京大学出版社2001年版,第70页。

⑥ 参见黄学贤、陈仪:《行政诉讼若干问题研究》,厦门大学出版社2008年版,第47页。

保护，但由于公权利内涵的扩大，行政诉讼的救济范围实际上大大扩大了。因此，与英、美、法等国行政诉讼（司法审查）直接突破权利的限制、扩大救济范围的做法，实际上具有异曲同工之妙。

3. 日本

根据日本《行政案件诉讼法》，日本抗告诉讼规定的可诉权利为“法律上的利益”。根据该法第9条第2款，在撤销处分之诉和撤销裁决之诉中，“法院在判断处分或裁决的相对人以外的其他人有无前款规定的法律上的利益时，并不是根据该处分或裁决所依据的法令规定的文句内容，而应当考虑该法令的宗旨、目的以及作出处分时应当被考虑的利益的内容及性质。此时，在考虑该法令的宗旨及目的时，应当斟酌与该法令有共同性目的的相关法令的宗旨及目的；在考虑该利益的内容及性质时，应当酌量该处分或裁决所依据的法令被违反时受损害的利益及性质，以及受损害的状态及程度”。根据日本《行政案件诉讼法》的其他条文，这一判断法律上的利益有无的标准，也适用于其他抗告诉讼。从日本《行政案件诉讼法》的上述规定看，日本抗告诉讼所要救济的“法律上的利益”，并不限于仅仅考虑法律文句明文规定的利益，同时还应考虑法律的宗旨、目的和作出处分时应当被考虑的利益的内容及性质，以及法律被违反时受损害的利益及性质、受损害的状态及程度等。但何种情况下属于“法律上的利益”，据日本行政法学者介绍，“被委任给学说和判例的发展”[①]。而学说对“法律上的利益”的解释主要有以下两种：一是指法律直接保护的利益；二是指法律上值得保护的利益。显然，后者更加广泛地承认了法律上的利益的范围。但过去的判例基本上采第一种学说的立场。不过，日本行政诉讼的总趋势是，“法律上的利益”的解释逐步向第二种学说的立场发展，对诉的利益的概念进行扩展、缓和。最高法院对竞业者，竞合申请者，因保安林的指定被违法地解除、自己的生活利益受到侵害的一定范围地域中居住的居民，新潟机场周边居民，原子炉“文殊”周边居住的居民，因开发行为被预想到生命、身体等将直接受到损害的地域居民，环境影响对象地域内的居民等，承认了他们系相关行政行为具有法律上的利益者，具有原告资格。[②]

① 参见〔日〕盐野宏：《行政法》，杨建顺译，法律出版社1999年版，第334页。

② 参见〔日〕南博方：《行政法》，杨建顺译，中国人民大学出版社2009年版，第195—196页。

4. 我国台湾地区

我国台湾地区“行政诉讼法”第 1 条规定:“行政诉讼以保障人民权益,确保国家行政权之合法行使,增进司法功能为宗旨。”对于该条规定的“权益”,该法其余相关条文将其分解成“权利”和“法律上利益”。[①] “所谓权利泛指个人在国家法律秩序中之法的地位(Rechtstellung),包括宪法或法律上所保护之利益。所谓利益则指尚未成为权利之各种值得保护之利益(例如,已经完成之发明,尚未取得专利权者)。”[②]可见,我国台湾地区行政诉讼保护的权益,不仅包括宪法或法律上所保护之利益,而且包括尚未成为权利之各种值得保护之利益,范围是比较宽泛的。

5. 英国

英国公法上的救济利益,以 1977 年为界发生了重大变化。以前,当事人只有当直接利益受到公共机构违法的决定侵害时才有资格起诉。由于“利益”的含义大于“权利”,因而,虽然与私法救济的“权利”标准相比,公法救济的“直接利益”标准对起诉资格的限制已经宽泛很多,但仍对公民申请公法救济造成困难。1977 年,最高法院在修改后的第 53 号令第 3 条第 5 款规定的新规则中确定,申请司法审查的资格是当事人必须具有足够的利益。该新规则改变了过去的“直接利益”标准,确立了“足够利益”标准。这一标准被 1981 年《最高法院法》第 31 节第 3 款完全接受,并被“1982 年的内地税案”的判例确认。至此,在英国,当事人不再需要在直接利益受到公共机构违法的决定侵害时才有资格起诉,而只要与公共机构的行为具有足够的利益关系就具有原告资格,标志着英国司法审查的原告资格朝着宽松的方向发展。[③]

6. 美国

美国司法审查原告资格标准经历了从“法定权利侵害”标准、到“法定权利侵害 + 法律利益不利影响或损害”标准、再到“事实上的损害 + 可争辩利益”标准(“两层结构”标准)的演变过程。

1940 年以前,美国要求当事人需在法定权利(legal right)受到侵害的情

---

① 参见黄荣坚等编纂:《月旦简明六法》,台湾元照出版有限公司 2010 年版,第贰—46 至 70 页。
② 吴庚:《行政法之理论与实用》(增订八版),中国人民大学出版社 2005 年版,第 386 页。
③ 参见王名扬:《英国行政法》,中国政法大学出版社 1987 年版,第 200—203 页。

况下才具有申请司法审查的资格。也就是说,当事人想要申请司法审查,必须表明行政行为侵害了其本人受实定法(宪法或法律)保护的权利。

这个与私人相互间诉讼的起诉资格类似的标准在20世纪40年代受到了挑战。一方面,由于近代行政国家的兴起,如果把行政法上的起诉资格限制在传统普通法所保护的利益,势必导致大量近代行政活动不受法院控制。另一方面,由于政府管制常常出现政府被被管制者“俘获”的现象,于是,政府的管制行为对管制相对方有利,即对管制相对方的权利没有损害,但却可能导致公众、包括竞争者利益受损害。在这种情况下,管制相对方不会申请司法审查;而按照“法定权利侵害”标准,公众却被认为其法定权利并未受到政府管制行为的侵害,因而不具有申请司法审查的资格。于是出现了有起诉资格的不起诉、无起诉资格的不能求助于法院的监督以维护自身利益的尴尬。这说明,“法定权利侵害”这种与传统私法原告资格标准本质上无异的行政法原告资格标准,越来越不适应当代行政法治的需要。因此,美国法院在“竞争者、消费者、环境利益者、旅客、电视观众诉请法院保护自身利益的案件”的判例中,逐步突破了“法定权利侵害”标准,提出了新的“法律利益不利影响或损害”标准。根据这个标准,只要有具体法律的规定,当事人在法定权利之外的其他利益受到行政行为侵害时也可取得原告资格。在“1940年桑德斯兄弟无线电广播站诉联邦电讯委员会对另一无线电广播站颁发新的营业执照的案件”中,桑德斯兄弟无线电广播站声称,在同一个区域的广告收入无法维持两个广播站,相互竞争会导致彼此破产,从而损害当地居民享受无线电广播服务的利益。最高法院认为,尽管联邦电讯委员会的决定没有侵害桑德斯兄弟无线电广播站的任何合法权利,桑德斯兄弟无线电广播站作为一个竞争者,它的利益实际上受到颁发新的营业执照的不利影响;鉴于联邦电讯法关于“公共方便和需要”是决定颁发营业执照的标准的规定,以及申请执照人或“由于电讯委员会给予或拒绝给予执照而受到损害或不利影响的任何其他人”可以申请司法审查的规定,桑德斯兄弟无线电广播站作为由于电讯委员会颁发执照而受到不利影响的人,认为电讯委员会颁发执照不仅将使自己受到不利影响,而且将损害联邦电讯法所称的“公共方便和需要”,仍然有资格请求法院审查联邦电讯委员会的决定。这个判例在1943年上诉法院受理纽约州工业联合会(煤炭消费者)诉伊克斯

(工业部长和煤炭局长)案中得到了进一步应用和发挥。上诉法院利用"私人检察长理论"来阐明受行政行为不利影响或损害的公众的原告资格。它在判决书中写道:国会为了保护公共利益,可以授权检察总长对行政机关的行为申请司法审查,国会也有权以法律指定其他当事人作为私人检察总长,主张公共利益。由于这样的规定就产生了一个案件或争端,因而符合《宪法》第3条规定的"案件"或"争端"的要求。

1946年之前,除宪法关于司法权的规定外,美国司法审查的起诉资格没有其他普遍适用的法律加以规定,而由法院的判例确定和个别的成文法规定。1946年美国《联邦行政程序法》对司法审查的起诉资格作出普遍性规定。该法在"司法审查"一章中规定:"因机关行为而使其法定权利受到侵害的人,或者受到有关法律规定范围之内的机关行为的不利影响或损害的人,均有权要求司法审查。"①所谓"受到有关法律规定范围之内的机关行为的不利影响或损害",是指法定权利之外的其他利益受到(有关法律规定范围之内的)行政行为的不利影响或损害。这种受到不利影响或损害的法定权利之外的其他利益既然可以请求司法保护,因此属于"法律利益"。该法将过去的"法定权利侵害"标准与20世纪40年代司法判例发展起来的"法律利益不利影响或损害"标准结合了起来,明确了当事人无论法定权利受到行政行为侵害,还是法律利益受到行政行为不利影响或损害,均具有原告资格,从而肯定了进入20世纪40年代以来的司法判例,大大拓展了司法救济的范围。

在具体案件中《联邦行政程序法》该如何适用,其解释权属于法院。20世纪70年代起的联邦法院判例表明,法院对美国《联邦行政程序法》关于司法审查起诉资格的普遍性规定的解释不再停留在上述理解上,而是呈越来越宽泛的趋势。其中,最典型的案件是"1970年资料处理服务组织联合会诉坎普(货币总监)案"。最高法院对美国《联邦行政程序法》关于司法审查的起诉资格作了新的扩展性解释,提出了起诉资格的"两层结构"标准,从而使司法审查起诉资格的适用范围达到了极广的程度。"两层结构"由宪法要求的标准和法律要求的标准构成。最高法院宣称,司法审查起诉资格首先

① 《美国法典》第五编第702条。参见应松年主编:《外国行政程序法汇编》,中国法制出版社2004年版,第46页。

必须符合《宪法》第3条关于案件或争端的要求。只要原告主张被攻击的行政行为对他产生了事实上的损害,不论经济的或其他的损害,即形成了《宪法》第3条所指的案件或争端,其申请司法审查的事项就出现了适宜由法院解决的对抗情况,案件或争端的要求即已满足。宪法的标准以当事人事实上是否受到损害为依据,可以被称为"事实上的损害"标准。关于法律要求的标准,最高法院抛弃了过去将"法定权利"或"法律利益"与起诉资格挂钩的认识。它认为,法律利益标准所涉及的是案件的实质是否有理由。[①] 而起诉资格与此不同,它只要求起诉人要求保护的利益是可争辩地属于法律或宪法所保护的或调整的利益范围以内,"不要求法律以申诉人[②]作为对象而特别规定"[③]。所谓可争辩地属于法律或宪法所保护的或调整的利益范围以内,只要求可能性地属于法律或宪法保护或调整的利益范围之内,而不要求实际上存在于法律或宪法保护或调整的利益范围之内。这被称为"利益范围标准"(zone of interests test)[④]。"可能性地属于法律或宪法保护或调整的利益范围之内"的利益,也就是法院在受理时不能确定的"可争辩利益"。因此,我们可以把"两层结构"标准概括为"事实上的损害+可争辩利益"标准。根据"两层结构"标准,当事人只要因行政行为受到事实上的损害,且受损害的利益只需是"可争辩利益"(该利益是否确属法律或宪法保护或调整的利益范围,在受理时不能确定),而无须一定要是法定权利,即符合美国《联邦行政程序法》规定的司法审查起诉资格。至于该受损害的利益是否是法律利益或法定权利,即是否实际上存在于法律或宪法保护或调整的利益(权利)范围之内,则属于案件的实体问题,应当在案件受理后的实体审查中判断,而不应该作为案件受理的条件。由是,法院在考虑起诉资格时,不应着眼于法律明确规定的权利,而应着眼于法律所想要调整的利益的一般性范围,即当事人请求保护的利益是否有可能处在有关法律或宪法保护或调整的利益范围之内。这就使得法院在受理

---

① 即是否应当受到法律保护。

② 即起诉人。

③ 也就是说,法院受理司法审查申请时,不必考虑该利益是否属于具体法律明确规定予以保护的利益。

④ 参见王名扬:《美国行政法》,中国法制出版社2005年版,第614—621页。

案件时可以“揣摩”法律的精神(可能性地属于法律或宪法保护或调整的利益范围之内),将过去严格限制的法定权利突破到了可争辩利益,从更宽泛的角度对公民的权益进行救济。

(三)中国大陆行政诉讼可诉权利的立法突破

从上述国家和地区的介绍中可以看出:第一,能够被行政诉讼或对行政行为的司法审查救济的权利或利益,有的国家规定,只要不属于法律规定应当由行政法院之外的其他法院管辖的,就属于行政诉讼的救济范围,除此之外没有限制,并不深究属于何种权利或利益;有的国家不再要求当事人像过去那样需要在直接利益受到公共机构违法的决定侵害时才有资格起诉,而允许当事人只要与公共机构的行为具有足够的利益关系即具有原告资格;更多的国家和地区的行政诉讼或司法审查救济的权利和利益则已经由传统的狭义权利即法律所保护的“法定权利”或法律明确规定的权利,扩大到了“值得法律保护的利益”或“可争辩利益”(可能性地属于法律或宪法保护或调整的利益范围之内,或法律所想要调整的利益)——其来源不以具体的成文法规为依据,还及于宪法规定的基本权利和一般法宗旨、原则、目的所衍生的不成文利益,以及作出行政行为时应当被考虑的事实上的利益。第二,尽管过去有的国家曾经要求,法院受理请求保护法定权利之外的其他权利的案件必须要有具体法律的规定,但至今,上述所有国家和地区受理此类案件均已不以有具体法律的规定为依据。

在立法上,我国《行政诉讼法》其他条文对其第2条提出的关于行政诉讼救济的“合法权益”[①]的展开表述,确实存在含糊不清、多重理解、甚至往往容易被狭义理解(仅限于人身权、财产权)的缺陷。由于存在先天性立法缺陷,因此,仅靠文义的和学理的扩展性解释不足以突破坚硬的诉讼壁垒,需要通过修改法律,为可诉权利的突破提供明确的法律依据。对照上述两大法系主要国家和地区可诉权利或利益的范围,作为正在向建设社会主义法治国家迈进的我国,只有取得行政诉讼可诉权利的立法突破,才能跟上世

---

① 我国《行政诉讼法》第2条:“公民、法人或者其他组织认为行政机关和行政机关工作人员的具体行政行为侵犯其合法权益,有权依照本法向人民法院提起诉讼。”

界法治发展的步伐。

1. 突破人身权、财产权的限制

由上可见，现今两大法系主要国家和地区中，没有一个国家和地区将可诉权利或利益限于人身权、财产权。由于它们只界分不同法院对解决不同权利纠纷的分工，即行政诉讼的可诉权利或利益系除应当由宪法法院和普通法院保护的权利或利益之外的权利或利益，而并不分是人身权、财产权，还是人身权、财产权之外的权利，因此，在这些国家和地区，人民在权利或利益受到侵害的情况下，原则上不会出现诉讼“无门”的状态，最多只是从哪个“门”(哪种性质的诉讼制度)获得救济的问题。如果我国行政诉讼只保护人身权、财产权，那么当公民人身权、财产权之外的权利(如平等权，政治权利和自由，宗教信仰自由，对国家机关及工作人员的批评、建议、申诉、控告、检举权，教育、科学、文化权利和自由，社会经济权利等)受到公权力侵害、而又不属于民事诉讼救济范围时，就会陷入诉讼“无门”的地步。这显然不符合有权利必有救济的法治原则，也不符合法治国家的要求。

从法理角度看，如果宪法和法律规定的某些权利不能得到法律救济，在法律逻辑上也是荒唐的。“法以权利和义务为机制调整人的行为和社会关系，权利和义务贯穿于法律现象逻辑联系的各个环节、法的一切部门和法律运行的全部过程。”权利是包括宪法在内的各部门法的法律规范授予的，它是“规定或隐含在法律规范中、实现于法律关系中、主体以相对自由的作为或不作为的方式获得利益的一种手段”，是“法律所承认和保障的利益”。[①]既然权利是法律所承认和保障的利益，缘何又会出现所谓“不可诉的权利”或不能得到法律救济的权利呢？对法治国家来说，公民、法人和其他组织在人身权、财产权之外的权利受到行政行为侵害时，应当可以直接依据《行政诉讼法》毫无争议地“敲开”行政诉讼救济的“大门”，而不应在特定的法律、法规明确规定可以提起诉讼的情况下才具有原告资格。因此，突破人身权、财产权的限制，应当属于行政诉讼法本身应当“一揽子”解决的问题，而不应当由特定的法律、法规一一突破、专门规定。

令人欣慰的是，不仅司法实践中已经有了越来越多地涉及受教育的权

---

① 参见张文显主编:《法理学》，法律出版社 2007 年版，第 159—162 页。

利、被录取为公务员的平等权利、结社的权利的行政案件被法院受理,而且包括最高人民法院在内的高层及学界也越来越多地认识到,我国行政诉讼权利救济的范围应当突破人身权、财产权的限制。这为将来《行政诉讼法》修改时突破人身权、财产权的限制奠定了司法实践的基础和认识上的基础。2009年11月,最高人民法院《关于依法保护行政诉讼当事人诉权的意见》要求各级法院"不仅要保护公民、法人和其他组织的人身权和财产权,也要顺应权利保障的需要,依法保护法律、法规规定可以提起诉讼的与人身权、财产权密切相关的其他经济、社会权利"。虽然,从最高人民法院在"与人身权、财产权密切相关的其他经济、社会权利"前加有"法律、法规规定可以提起诉讼的"这一定语,其背后仍然隐含最高人民法院认为《行政诉讼法》第11条第1款规定的权利限于人身权、财产权,但毕竟"顺应权利保障的需要"和"与人身权、财产权密切相关的其他经济、社会权利"的表述,体现出我国最高审判机关不仅肯定了我国行政诉讼保护的权利应当是一个开放的、并且是可以与时俱进的权利系统,而且肯定了我国行政诉讼保护的权利应当突破人身权、财产权的限制。从这个意义上说,最高人民法院的这一要求,虽然只是为在现有制度下突破人身权、财产权的限制提供了方向,但也在一定程度上为将来我国《行政诉讼法》的修改完全突破人身权、财产权的限制,清除了根深蒂固地存在于我国理论界、尤其是实务界的思想障碍,因而具有重要意义。

2. 将可诉"权利"真正扩展到"合法权益"

从上面的介绍可知,现今两大法系主要国家和地区都已经将行政诉讼或司法审查救济的权益,规定为不再限于具体的成文法明确规定的法定权利,而是拓展到了"值得法律保护的利益"或"可争辩利益",甚至包括事实上的利益。也就是说,法院在考虑原告资格时已经不再仅以其具体的成文法规定的权利受侵害为依据,而且还考虑其宪法规定的基本权利和一般法宗旨、原则、目的所衍生的不成文利益、甚至是可争辩利益,以及作出行政行为时应当被考虑的事实上的利益是否受到侵害。

我国《行政诉讼法》第1条规定的立法目的之一是"保护公民、法人和其他组织的合法权益",第2条规定"公民、法人或者其他组织认为行政机关和行政机关工作人员的具体行政行为侵犯其合法权益，有权依照本法向人民法院提起诉讼”，第 41 条第 1 项关于原告资格的规定是“原告是认为具体行政行为侵犯其合法权益的公民、法人或者其他组织”。由于“权益”包括权利和利益，因而，应该说，这几个法条的规定是正确的。它们表明，行政诉讼制度保护的是“合法权益”，并不限于宪法和法律明确规定的“法定权利”，还包括合法利益。我们可以把合法利益理解成包括由法律宗旨、原则、目的所衍生的不成文利益，以及其他应当受到法律救济的正当利益。但遗憾的是，该法其他条文却把“合法权益”缩小到了“权”或“权利”。《若干问题的解释》尽管在第 15、59、94、95 条等也采用“合法权益”的表述，但其第 1 条第 2 款第 6 项却明文规定，“对公民、法人或者其他组织权利义务不产生实际影响的行为”“不属于人民法院行政诉讼的受案范围”。这就相当于作为最高人民法院对审判工作中具体应用法律的问题所作的具有法律效力的司法解释明确将“合法权益”解释成仅限于公民、法人或者其他组织的法定权利，因而对司法实践中的法律适用和人们的认识产生了直接的、保守色彩的影响。尽管，客观地讲，在制定《行政诉讼法》和出台《若干问题的解释》时，甚至至今，无论是立法者、司法解释者还是学界，大多对“合法权益”与“权利”这两个表面上只是存在微妙差别、实际上却有重大区别的概念缺乏认识，但实际效果是导致我国行政诉讼救济的权益只限于权利（在司法实践中，往往被限制为人身权、财产权），而不及于法律明确规定的权利之外的其他利益。原告资格的狭窄，导致司法实践中行政行为可诉性受到极大限制。

将可诉“权利”真正扩展到“合法权益”，就是要将行政诉讼救济的权益从法定权利拓展到包括法定权利和其他合法利益。在法学理论上，法定权利之外的其他合法利益具有如下特征：第一，合法性。其虽然没有具体法律的规定，也没有具体的判断标准，但却是按照法治国家的要求应当予以法律保护的利益。第二，合理性。其虽然没有成文法的明确规定，但却是按照法的宗旨、原则、目的应当予以法律保护的利益。第三，正当性。其虽然无法一一列举，但却是按照公平正义的正当性要求应当予以法律保护的利益。

法定权利之外的其他合法利益范围非常广泛,仅排除非法利益[①]和反射性利益。例如环境利益、休闲利益、审美利益、娱乐利益、安静利益等。这些利益既不属于人身权、财产权这两个法定权利,在超出相毗邻的不动产所有人和使用人对各自所有或占用的不动产行使权利而合理延伸的范围的情况下,也不属于相邻权这样一个法定权利。在施建辉、顾大松诉南京市规划局规划行政许可撤销案中,南京市中级法院受理此案,不仅存在"公益诉讼"方面的障碍,而且存在不属于"法定权利"方面的障碍。因为,按照传统的理解,南京市规划局批准在南京紫金山最高峰的头陀岭上建造观景台建筑这样一个行政许可行为,虽然具有违法性并给公益造成损害,但却并未因此给并不与观景台相邻的两原告的法定权利(例如相邻权)造成损害,也未增加其法定义务负担或妨碍其行使法定权利及履行法定义务,即属于《若干问题的解释》第1条第2款第6项规定的"对公民、法人或者其他组织权利义务不产生实际影响的行为"。但被诉行政行为事实上影响了两原告的环境利益和审美利益。这些利益虽然不是法定权利,但应当被视为按照法治国家的要求,按照法的宗旨、原则、目的,按照法律正义的正当性要求,应当予以法律保护的利益。如果行政诉讼制度对这种利益不予救济,那就意味着公民面对这些利益受到侵害,只能强咽苦果,而法律对此却无所作为,这显然不符合法的宗旨、原则、目的,不符合法治国家的要求,不符合法律正义的正当性。因此,仅从"受理"的角度评价,南京市中级法院受理此案也是有积极意义的。

将可诉"权利"真正扩展到"合法权益",最关键的是必须在《行政诉讼法》修改时明确界分"权利"和"合法权益"这两个概念,把"合法权益"解释成包括法定权利和法定权利之外的其他合法利益,把"合法权益"作为行政诉讼救济的利益标准,舍弃"权利"标准,避免《行政诉讼法》及相关司法解释将"合法权益"缩限成"法定权利"或"权利"。

由于法定权利之外的其他合法利益没有成文法的直接依据,因此难以把握。为此,笔者认为,在具体案件的操作层面上,可以借鉴美国的"可争辩

---

① 非法利益在法律上不可争辩。无论从宪法和法律的明文规定看,还是从法的宗旨、原则、目的推断看,其绝不属于有可能处在有关法律或宪法保护或调整的利益范围之内的利益。如在我国,赌博利益。

利益”概念，将法定权利之外的其他合法利益理解成法律上可争辩的利益。对于法定权利之外的其他合法利益，法院在考虑起诉资格时，不着眼于法律明确规定的权利，而应着眼于根据法律的精神有可能应当予以法律保护的利益，即按照法治国家的要求，按照法的宗旨、原则、目的，按照公平正义的正当性要求，有可能应当予以法律保护的利益。这样，只要起诉人要求保护的利益可争辩地属于法律或宪法所保护的或调整的利益范围以内的利益，人民法院就应当受理。至于原告主张的这种利益最终是否实际上存在于法律或宪法所想要保护或调整的利益范围之内，是否需要给予法律救济，则待案件实体审理后判断。如是，就可以避免法院在受理案件时对原告资格把握的困难，放宽对原告资格的限制。

结　　语

现今中国大陆行政行为概念狭窄，一般仅将行政行为作为行政法律行为的简称，在此基础上把行政行为分为具体行政行为与抽象行政行为、外部行政行为与内部行政行为、单方行政行为与双方行政行为等类型。由于《行政诉讼法》把抽象行政行为和行政机关对其工作人员的奖惩、任免等内部行政行为排除在受案范围之外，且学理上对作为双方行政行为的行政合同之争议的处理规则认识不统一、制度上缺乏明确性，导致行政诉讼仅受理针对外部的、具体的、(原则上)单方的行政行为的起诉。不仅如此，仅涉及合理性而不涉及合法性的行政自由裁量行政行为原则上不属于人民法院行政诉讼受案范围，有关公共利益的行政行为被排除在行政诉讼受案范围之外，涉及人身权和财产权之外权益的行政行为一般也被排除在行政诉讼受案范围之外，涉及民事法律关系的行政纠纷则往往被民事案件立案和行政案件立案相互推诿，使得行政诉讼对行政行为监督不足。行政行为不仅概念狭窄，而且存在大量不可诉的行政行为。这就出现了法律逻辑上的一个悖论：中国大陆行政诉讼的“通道”是由行政行为打开的，但实践中大量因行政行为引起的行政纠纷却被挡在法院“大门”之外，由行政行为打开的行政诉讼“通道”并不能接受全部行政行为。因此，在中国大陆特有的行政行为理论和行政诉讼制度下，产生了所谓行政行为可诉性“问题”。

与此同时，由于准行政法律行为、行政事实行为被通说排除在行政行为概念之外，一些新型行政机关的管理行为（如行政规划和行政计划等）的法律性质缺乏界定，且缺乏相应的行政诉讼类型予以诉讼接纳，大量行政主体作出的能够对公民、法人和其他组织的合法权益产生实际影响的行为（“‘行政’行为”，或“行政之行为”）因不属于“行政行为”或是否属于“行政行为”不明，导致行政诉讼对行政监督和对权利救济的功能明显不足。

上述问题与当下中国大陆行政行为理论缺陷、行政诉讼制度缺陷密切相关。面对民众对推进行政法治的巨大需求和建设社会主义法治国家的内在要求，界清和拓展行政行为的概念和范畴、解决行政行为的可诉性问题，已经成为中国大陆法治建设进程中亟待解决的一项重大课题。

所谓事物的“性”，乃事物的内在性质及其外部表现。因此，所谓“行政行为可诉性”，也就是按照行政法治的要求，行政行为必须具备的内在可诉性质以及它在行政诉讼实践中的体现。这也是行政行为之所以是一个“功能性概念”的原因之所在。按照行政法治的要求，行政行为应当是可诉的，或者说，可诉性是行政行为的法治属性。这在法治相对发达的国家和地区已经不是问题。但是，行政行为的可诉性需要科学的行政行为理论与科学的行政诉讼制度的对接才能实现。

本书通过将中国大陆与两大法系主要国家和地区的行政行为概念、行政行为理论、行政行为的制度功能、行政行为可诉性的研究和制度设计的比较，借文本分析、规范分析、实证分析和比较分析，挖掘了行政法治相对发达的国家和地区实现行政行为可诉性的先进理论和先进制度，分析了导致中国大陆造成行政行为可诉性“问题”的理论、制度和司法环境的原因。在此基础上，从全球化行政法治的共性要求出发，针对中国大陆行政行为传统理论、行政诉讼制度和司法环境的缺陷，着重从理论重构和制度重构两个方面，提出了通过理论重构与制度重构的对接，实现中国大陆行政行为可诉性的系统化理论构思和具有操作性的修法建议。

本书认为，在我国以行政行为为诉讼“通道”的行政诉讼制度下，任何与行政诉讼受案范围相关的问题都与对“行政行为”的学理认识相关。因为，如果不是行政行为引起的争议，那就根本不属于行政诉讼的对象。“行政行为”的内涵和外延越小，行政诉讼受案范围自然也就越小；“行政行为”概念界定不清,行政诉讼受案范围自然也就不清;"行政行为"概念不确定,行政诉讼受案范围自然也就缺乏确定性。因此,即使将来通过《行政诉讼法》的修改进一步"强调"和"明晰"了较宽的行政诉讼受案范围,但如果没有成熟、完善的行政行为理论支撑,就仍然难以摆脱一直以来中国大陆行政诉讼受案范围混乱,以及人为缩小行政诉讼受案范围的困境。所以,中国大陆要扩大对公民权益的司法救济、充分实现行政行为可诉性,必须依靠行政行为理论重构与行政诉讼制度重构的对接。

弗里德赫尔穆·胡芬教授和翁岳生教授所言极是:"如果说当今的现代行政法院早已不像以前那样局限于行政行为,那么只需对这个定义的部分因素稍加补充并适用于现在的具体情况,就可以显示出其对于行政诉讼的根本性意义。"[①]行政处分(行政行为)"系一'学术性创作',也是一种为法治国之建构而提出之'目的性创设'(Zweckschoepfung),吾人于掌握行政处分之概念时,必须追本溯源以人民权利在个案中是否受到侵害及是否有保护之必要加以决定,而不得降级以文义作解释之唯一依据。"[②]行政行为体系不是一成不变的,它可以并且应该随着法治发展和人民权益救济的需要而调整。在行政行为理论重构方面,本书主张,为体现一切合法权益的损害都应该能够得到司法救济、一切行政行为都应该具有可诉性的法治原则,应当通过行政行为概念的重构和行政诉讼制度的重构,一方面,把行政机关作出的一切应当可诉的行为纳入行政行为范畴;另一方面,把行政机关作出的不可诉行为排除出行政行为范畴。为此,应当界清和调整行政行为的内涵和外延,使行政行为概念既不失规范性和学理价值,又与行政诉讼制度的建构挂钩,以适应界清和拓展行政诉讼受案范围的需要。

由于我国缺乏行政诉讼类型制度,过去我们在理解行政行为可诉性时往往把它理解成对行政行为可以提起各种诉讼请求、特别是可以提起请求解除公定力的撤销之诉,因而只承认行政法律行为才是行政行为。这种对行政行为的把握,实际上是不全面的,限制了行政行为的可诉性。事实上,现今包括德国本身在内的多数国家的"行政行为",已经跳出了作为撤销(公定力)之诉主要对象的传统的"行政处分"范畴,可诉行政行为的范围已

---

① 〔德〕弗里德赫尔穆·胡芬:《行政诉讼法》,莫光华译,法律出版社2003年版,第13页。

② 翁岳生编:《行政法》(上册),中国法制出版社2009年版,第53页。

大大扩大。笔者认为,行政行为的可诉性,并不要求行政行为具备可以提起所有各种行政诉讼之诉的属性。有的行政行为可以适用各种行政诉讼之诉,有的行政行为只能适用部分行政诉讼之诉;有的行政行为可以适用请求解除法律效力的撤销之诉①,有的行政行为可以适用请求排除违法状态的撤销之诉,还有的行政行为虽不能适用撤销之诉、但可以在制度上为其设计出可以适用某些特殊的诉讼类型②。无论何种情形,都是行政行为可诉性的体现。以这样的视野来把握行政行为范畴,那么,行政行为就可以包括除宪法和法律特别规定外的一切可以通过行政诉讼审理的行政主体的公权力行为,它包括行政主体基于行政职权通过主观表示作出的直接或间接影响公民、法人和其他组织合法权益的行为,也包括客观上具有此等影响的公法行为。这一对行政行为的界定,不仅界清和拓展了行政行为范畴,扩大了权益救济范围,而且使行政行为与行政诉讼受案范围得以对接,实现了行政行为的制度功能。于是,在采取"概括式肯定+列举式否定"的立法模式下,除法律明确规定的"不可诉行为"外,对相对方针对行政行为提起的行政诉讼,就不能再以该行政行为不具有可诉性为由不予受理。③ 这对于界清和拓展可诉行政行为范围、解决司法实践中行政案件受理范围的狭隘和混乱具有重要意义。

基于上述对行政行为的重新界定,本书按照职权标准、主观标准、客观标准和效力标准重构了一个能够体现可诉性的行政行为体系。这个行政行为体系大大突破了仅仅是行政法律行为简称的现今行政行为范畴。在这个行政行为体系中,包括普通行政行为和特殊行政行为,但排除了行政机关的私法行为、行政机关的内部管理行为("行政机关的内部管理行为"不同于现今的"内部行政行为"。其仅限于行政机关对其公务员的奖惩、任免、考核、调动及工作中的命令、指示等,而将行政机关对其公务员作出的、影响公务员作为普通公民应该享有或承担的法律上的权利义务的行为视为一般行政行为)、行政机关制定行政法规和行政规章的行政立法行为(除此之外,行

---

① 例如行政法律行为。

② 例如,由于行政事实行为不存在行政主体的主观表示,因而不存在通过行政诉讼解除公定力的问题,其在过去一直无法进入中国大陆行政行为的范畴。

③ 余下的只是当事人选择的"诉"是否合适和法院是否予以支持的问题,从而可以大大界清和拓展我国行政诉讼受案范围。

政机关制定其他规范性文件的行为作为“行政规定”纳入特殊行政行为范畴)。其中,普通行政行为包括行政法律行为和准行政法律行为(含行政指导),特殊行政行为包括行政事实行为、行政合同、行政规定、行政规划和行政计划。普通行政行为可以适用以前的诉讼形式、诉讼规则和判决。[①] 将准行政法律行为与行政法律行为一并作为普通行政行为,是由于将准行政法律行为纳入行政诉讼受案范围是行政法治建设和发展的客观需要和必然趋势,且准行政法律行为完全可以适用与行政法律行为相同的诉讼类型;而构建特殊行政行为的概念是鉴于行政事实行为、行政合同、行政规定、行政规划和行政计划客观上均可能影响公民、法人和其他组织的合法权益,将其纳入一定类型的行政诉讼监督之下,是保护公民、法人和其他组织合法权益的需要,也是行政法治的要求。在具体的司法处理方式上,对行政事实行为、行政合同、行政规定、行政规划和行政计划可以分别构建一些针对其特点的特殊诉讼类型。行政行为体系的重构,从行政行为理论的角度有效解决了行政行为可诉性问题,拓展了行政诉讼监督和权益救济的范围。

在行政诉讼制度重构方面,本书从受案范围立法模式的改革、行政诉讼类型的构建、对滥用行政自由裁量权行为审查的拓展、可诉权利的扩张等四个方面展开研究,并提出了具体方案。

关于受案范围立法模式的改革。本书认为,基于法律体系、法律传统、法治发展水平和行政诉讼的历史基础,我国仍应坚持采取法定式的方式确定行政诉讼受案范围。同时,在确定行政诉讼受案范围的具体立法模式上,宜采取德国、日本和我国台湾地区所采取的“概括式肯定+列举式否定”的模式,这有利于强化概括式肯定的执行力,实现除法律明确列举排除的外,其他行政行为均属于行政诉讼受案范围的立法目的。这是我国行政诉讼受案范围立法模式改革的必然取向。笔者相信,一旦这种立法模式得以确立,同时通过行政行为理论重构确立内涵和外延大大拓展的行政行为概念、最大限度地压缩列举式否定的空间,以及诉讼类型的细化等,就可以实现界清和拓展我国行政诉讼受案范围的目标。

关于行政诉讼类型的构建。长期以来,中国大陆在研究扩大公民行政

---

① 在建立起完整的行政诉讼类型之后,还可以适当增加针对普通行政行为的诉讼类型。

诉讼救济权的问题上,基本上直接着眼于拓展行政诉讼受案范围,对构建较为丰富多样的行政诉讼类型对于扩大公民行政诉讼救济权的意义较少有人认识。本书认为,影响公民针对行政权力的救济权之制度因素,不仅包括行政诉讼受案范围和行政审判权限,而且还包括行政诉讼类型。这是因为,行政诉讼类型的本质,是为对不同的行政活动方式(即诉的标的)提供适当的法律救济方法。如果诉讼方法受到限制,那么公民的权利救济和法院司法监督权的行使也就会受到限制。因而,行政诉讼类型的扩大,有利于诉的标的的增加,从而使行政诉讼受案范围随之扩大。本书基于对我国的法律文化和法制基础、构建行政诉讼类型的目标及与我国行政诉讼现实基础的衔接和稳妥过渡、域外构建行政诉讼类型的经验的考量,从以下两个维度提出了构建我国行政诉讼类型的构想:一是从以"诉讼标的结合原告的诉讼目的"为主标准的维度,构建了普通行政行为、行政事实行为、行政合同、行政规定、行政规划和行政计划的诉讼类型;二是从以诉讼性质为辅标准的维度,构建了涉民之诉、公益之诉两种诉讼类型。[①]

关于对滥用行政自由裁量权行为审查的拓展。本书认为,我国现今行政诉讼只将合理性审查作为"例外"(仅审查显失公正的行政处罚行为),对滥用自由裁量权的行政行为的监督难以进入行政诉讼的"大门",从而导致形式上合法,但实际上不符合法律目的、原则和精神的行政行为不可诉,形成对充分实现行政行为可诉性的一大障碍。换言之,拓展对滥用自由裁量权的行政行为的司法审查,是充分实现行政行为可诉性的必然要求。在充分论证了通过《行政诉讼法》的修改,将过去仅限于对"行政处罚显失公正"进行监督的制度,拓展到能够对所有滥用自由裁量权的行政行为进行全面监督的制度的必要性,并考察了两大法系主要国家和地区对滥用自由裁量权的司法审查制度的基础上,本书从确立涵盖合法性和合理性要求的行政法治原则、明确肯定人民法院对行政机关滥用行政自由裁量权的监督权力、确立判断行政自由裁量权滥用的标准、明确人民法院对行政机关滥用行政自由裁量权的判决方式等四个方面,就《行政诉讼法》的修改提出了具体建议。

---

① 涉民之诉的混乱和公益之诉的缺失,是造成行政行为可诉性"问题"的又一重要原因。

关于可诉权利的突破。本书认为,是否存在可诉权利或利益,关系到起诉资格。如果法律否定某项权利或利益是可诉的,那就意味着即使该项权利或利益受到某行政行为侵害,当事人亦无起诉资格,其效果相当于该行政行为是不可诉的。因此,行政行为可诉性的充分实现,与可诉权利或利益的扩大密切相关。基于对两大法系主要国家行政诉讼起诉资格的考察,本著作从突破人身权和财产权的限制、将可诉"权利"真正扩展到"合法权益"两个方面,提出了通过修改《行政诉讼法》、突破现今狭窄的可诉权利限制的建议,主张将我国行政诉讼救济的范围扩大到法定权利和法定权利之外的其他合法利益。为此,本书刻画了其他合法利益的三个特征:合法性、合理性和正当性,认为其他合法利益包括由法律宗旨、原则、目的所衍生的不成文利益,以及其他应当受到法律救济的正当利益。它虽然不是法定权利,但应当被视为按照法治国家的要求,按照法的宗旨、原则、目的,按照法律正义的正当性要求,应当予以法律保护的利益。本书主张,可以借鉴美国的"可争辩利益"概念,将法定权利之外的其他合法利益理解成法律上可争辩的利益。在具体案件的操作层面上,对于法定权利之外的其他合法利益,法院在考虑起诉资格时,不着眼于法律明确规定的权利,而着眼于根据法律的精神有可能应当予以法律保护的利益。这样,只要起诉人要求保护的利益可争辩地属于法律或宪法所保护的或调整的利益范围以内的利益,人民法院就应当受理。至于原告主张的这种利益最终是否实际上存在于法律或宪法所想要保护或调整的利益范围之内,是否需要给予法律救济,则待案件实体审理后判断。如是,就可以避免法院在受理案件时对原告资格把握的困难,放宽对原告资格的限制。

上述行政行为理论重构和行政诉讼制度重构,是建立在通过两者的有效对接、系统解决影响行政行为可诉性实现的内在因素和外在因素、实现行政行为可诉性这一基本思路的基础上的。具体来说,一方面,由于行政行为概念与行政诉讼受案范围存在密切关系,本书通过行政行为理论的重构,总体上界清和拓展了行政行为概念,这为通过受案范围立法模式的改革,即采取"概括式肯定+列举式否定"的立法模式、实现扩大行政诉讼受案范围的目的奠定了必要的理论基础;而立法模式的改革,又为充分实现行政行为的可诉性提供了制度保障。另一方面,由于行政行为可诉性的实现,与行政诉讼类型的丰富、对行政行为合理性的司法审查权力以及可诉权利的扩张存在密切关系(如果没有丰富的诉讼类型,或者对行政行为合理性的司法审查权力和可诉权利受限,行政行为可诉性也会受到制度的限制),因此,行政行为理论的重构还应当考虑与行政诉讼类型的构建、对滥用行政自由裁量权行为审查的拓展以及可诉权利的扩张这些行政诉讼制度的重构相对接。本书通过构建普通行政行为和特殊行政行为,为构建各种行政诉讼类型提供了相应的诉讼标的;而丰富的行政诉讼类型的构建,使行政法律行为、准行政法律行为(含行政指导)、行政事实行为、行政合同、行政规定、行政规划和行政计划均得以凭借其归属于重构的行政行为体系,有了相应的诉讼类型,更大限度地实现了行政行为的可诉性,并且实现了涉及民事法律关系和公共利益的行政行为的可诉性。此外,对滥用行政自由裁量权的行政行为审查的拓展,以及可诉权利的扩张这些制度性安排,又为解决当下滥用行政自由裁量权的行政行为原则上不能进入行政诉讼受案范围,涉及人身权、财产权之外的其他权益的行政行为难以被法院立案突破了制度性障碍,从而为解决当下这些情形下行政行为可诉性无法或难以实现创造了制度条件。

通过行政行为理论重构和行政诉讼制度重构的对接,能够使我国《行政诉讼法》的修改更能体现行政行为可诉性的法治属性,更加适应行政法治发展和人民权益保护的需要。但是,正如亚里士多德所言,法治应该包含两重含义:已制定的法律获得普遍服从,而大家所服从的法律又应该本身是制定得良好的法律。[①] 法治不仅需要有好的法律,而且要求已制定的法律获得普遍服从。司法机关模范服从已经制定的法律,对全社会普遍自觉服从已经制定的法律至关重要。因此,行政行为可诉性的实现,不仅需要科学的行政行为理论与科学的行政诉讼制度对接,而且需要良好的行政诉讼司法环境保障。虽然,司法环境并非是行政行为可诉"性"本身的问题,但对行政行为可诉性的实现具有外部影响,是实现行政行为可诉性的外在保障性条件。因此,本书在第五章从司法体制、机制、理念及行政法学与行政诉讼法学理论缺陷等几个方面分析了行政诉讼法在执行上存在的问题、原因和危害。本书认为,解决行政诉讼司法环境问题,得从司法体制、机制、理念的改革及

① 〔古希腊〕亚里士多德:《政治学》,吴寿彭译,商务印书馆 1965 年版,第 199 页。

行政法学与行政诉讼法学理论的发展和完善等多头入手、齐头并进。例如，可以参照法国等国的权限争议法庭制度，在高级人民法院和最高人民法院建立权限争议法庭，对于案件在行政诉讼管辖和民事诉讼管辖之间被推诿的情况，由权限争议法庭作出管辖裁决，避免公民“起诉无门”、权利得不到救济。对人民法院来说，如何运用法律赋予自己对行政行为的司法监督权，依法监督行政机关行使职权、切实保护公民合法权益，是摆在自己面前迫切需要解决的问题。要通过改革司法体制、完善工作机制、改进工作作风、加强对行政案件受理工作的监督、营造行政案件立案受理的良好外部环境等途径，努力建设行政诉讼公民诉权保护的良好法治环境。

参 考 文 献

A. W. Bradley and K. D. Ewing, *Constitutional and Administrative Law*, 13th edition, Longman (an imprint of Pearson Education), 2003.

Ernest Gellhorn and Ronald M. Levin, *Administrative Law and Process*, 4th edition, West Academic Publishing, 1997.

Guenter Puettner, Allgemeines Verwaltungsrecht, Ein Studienbuch, 6, Aufl., Duesseldorf, 1983.

L. Neville Brown, and John S. Bell, with assistance of Jean-Michel Galabert, *French Administrative Law*, 5th edition, Oxford University Press (New York), 1998.

Sir William Wade and Christopher Forsyth, *Administrative Law*, 8th edition, Oxford University Press (New York), 2000.

〔德〕弗里德赫尔穆·胡芬:《行政诉讼法》,莫光华译,法律出版社2003年版。

〔德〕哈特穆特·毛雷尔:《德国行政法总论》,高家伟译,法律出版社2000年版。

〔德〕平特纳:《德国普通行政法》,朱林译,中国政法大学出版社1999年版。

〔法〕古斯塔夫·佩泽尔:《法国行政法》,廖坤明、周洁译,国家行政学院出版社2002年版。

〔美〕理查德·B.斯图尔特:《美国行政法的重构》,沈岿译,商务印书馆2002年版。

〔美〕欧内斯特·盖尔霍恩、罗纳德·M.利文:《行政法和行政程序概要》,黄列译,中国社会科学出版社1996年版。

〔美〕伯纳德·施瓦茨:《行政法》,徐炳译,群众出版社1986年版。

〔日〕南博方:《行政法》,杨建顺译,中国人民大学出版社2009年版。

〔日〕盐野宏:《行政法》,杨建顺译,法律出版社1999年版。

〔英〕威廉·韦德:《行政法》,徐炳等译,中国大百科全书出版社1997年版。

陈新民:《行政法学总论》,台湾三民书局1997年修订六版。

陈新民:《中国行政法学原理》,中国政法大学出版社2002年版。

陈咏梅、孙丽峰:《试论抽象行政行为的可诉性》,载《人大研究》2005 年第 10 期。

甘文:《行政诉讼法司法解释之评论——理论、观点与问题》,中国法制出版社 2000 年版。

龚祥瑞:《比较宪法与行政法》,法律出版社 2003 年版。

郝明金:《行政行为的可诉性研究》,中国人民公安大学出版社 2005 年版。

何勤华:《德国法律发达史》,法律出版社 2000 年版。

胡建淼:《行政法学》,法律出版社 2010 年版。

胡建淼:《比较行政法——20 国行政法评述》,法律出版社 1998 年版。

胡建淼主编:《行政诉讼法学》,高等教育出版社 2003 年版。

胡建淼主编:《行政诉讼法学》,复旦大学出版社 2003 年版。

胡建淼主编:《行政行为基本范畴研究》,浙江大学出版社 2005 年版。

胡建淼主编,茅铭晨、侯宇副主编:《世界宪法法院制度研究》,浙江大学出版社 2007 年版。

胡建淼、王银江:《现代行政视野中的事实行为——行政环境、蕴含与诉讼》,载《行政法学研究》2003 年第 1 期。

黄学贤、陈仪:《行政诉讼若干问题研究》,厦门大学出版社 2008 年版。

姬亚平主编:《外国行政法新论》,中国政法大学出版社 2003 年版。

江必新:《是恢复,不是扩大——谈〈若干解释〉对行政诉讼受案范围的规定》,载《法律适用》2000 年第 7 期。

江必新、李春燕:《统一行政行为概念的必要性及其路径选择》,载《法律适用》2006 年第 1、2 期。

江必新主编:《中国行政诉讼制度的完善》,法律出版社 2005 年版。

江必新:《论行政诉讼十大关系——兼议行政诉讼法的修改》,载《行政执法与行政审判》2006 年第 3 集。

江利红:《日本行政法学基础理论》,知识产权出版社 2008 年版。

姜明安:《行政法与行政诉讼法》,北京大学出版社 1999 年版。

孔祥俊:《行政行为可诉性、原告资格与司法审查》,人民法院出版社 2005 年版。

孔繁华:《准行政行为》,载《郧阳师范高等专科学校学报》2000 年第 2 期。

李红枫:《行政诉讼类型论纲》,载《研究生法学》2003 年第 1 期。

李孝猛:《中国行政诉讼制度现代化研究》,上海交通大学出版社 2007 年版。

林纪东:《行政法》,台湾三民书局 1990 年版。

林锡尧:《行政法要义》,台湾三民书局 1998 年版。

刘东亮:《行政诉讼类型法定化及其消极作用的克服》,载樊崇义主编:《诉讼法学研究》(第 8 卷),中国检察出版社 2005 年版。

刘飞:《行政诉讼类型制度探析——德国法的视角》,载《法学》2004 年第 3 期。

鲁鹏宇:《论行政法学的阿基米德支点——以德国行政法律关系论为核心的考察》,载《当代法学》2009 年第 5 期。

罗豪才主编:《行政法学》,北京大学出版社 2001 年重排版。

罗文燕主编,吴建依、袁明圣、茅铭晨副主编:《行政法与行政诉讼法》,浙江大学出版社 2008 年版。

马怀德:《准行政行为及其可诉性研究》,载 http://www.china-review.com/sao.asp? id=3719.

马怀德主编:《行政诉讼原理》,法律出版社 2003 年版。

马怀德、吴华:《对我国行政诉讼类型的反思与重构》,载《政法论坛》2001 年第 5 期。

马怀德、张红:《试论行政诉讼的种类》,载《天津行政学院学报》2002 年第 1 期。

茅铭晨:《中国行政登记法律制度研究》,上海财经大学出版社 2010 年版。

茅铭晨:《行政文明——对行政法理论基础的再认识》,载《中国法学》2004 年第 2 期。

茅铭晨:《论宪法申诉权的落实与发展》,载《现代法学》2002 年第 6 期。

皮宗泰、王彦:《准行政行为研究》,载《行政法学研究》2004 年第 1 期。

沈开举、王红建:《论行政事实行为》,载《中国法学》2002 年郑州大学专刊。

宋雅芳:《具体行政行为概念的再梳理》,载《河南省政法管理干部学院学报》2006 年第 4 期。

王岷灿主编:《行政法概要》,法律出版社 1983 年版。

王名扬:《法国行政法》,中国政法大学出版社 1988 年版。

王名扬:《美国行政法》,中国法制出版社 2005 年版。

王名扬:《英国行政法》,中国政法大学出版社 1987 年版。

王振清主编:《行政诉讼前沿实务问题研究》,中国方正出版社 2004 年版。

翁岳生编:《行政法》(上、下册),中国法制出版社 2009 年版。

翁岳生:《行政法与现代法治国家》,台湾祥新印刷公司 1979 年版。

吴庚:《行政法之理论与实用(增订八版)》,中国人民大学出版社 2005 年版。

许崇德、皮纯协主编:《新中国行政法学研究综述》,法律出版社 1991 年版。

薛刚凌:《行政诉权研究》,华文出版社 1999 年版。

叶必丰:《行政行为的分类:概念重构抑或正本清源》,载《政法论坛》2005 年第 5 期。

应松年主编:《行政诉讼法学》,中国政法大学出版社 2002 年版。

应松年主编:《行政诉讼法学》,中国政法大学出版社 2007 年版。

应松年主编:《外国行政程序法汇编》,中国法制出版社 2004 年版。

余军:《行政法律行为理论的梳理与界别》,载《求索》2004 年第 9 期。

余军:《对作为行政诉讼"通道"的功能性概念的再思考》,载《政法论坛》2005 年第 1 期。

余军:《行政处分概念与具体行政行为概念的比较分析》,载《公法研究》2005 年 1 期。

张娟:《窘境与化解:行政行为概念之重构》,载《安徽农业大学学报(社会科学版)》2007 年第 1 期。

张文显主编:《法理学》,法律出版社 2007 年版。

张越编著:《英国行政法》,中国政法大学出版社 2004 年版。

章志远:《重构我国行政诉讼类型之设想》,载《河南省政法管理干部学院学报》2004 年第 6 期。

章志远:《行政诉讼类型化模式比较与选择》,载《比较法研究》2006 年第 5 期。

章志远:《行政诉讼法前沿问题研究》,山东人民出版社 2008 年版。

章志远:《行政行为概念之科学界定》,载《浙江社会科学》2003 年第 1 期。

章志远:《行政诉讼类型构造研究》,法律出版社 2007 年版。

朱新力、高春燕:《行政行为的重新定位》,载《浙江大学学报(社会科学版)》2003 年第 6 期。

张尚鷟编著:《行政法基本知识讲话》,群众出版社 1986 年版。

张尚鷟主编:《走出低谷的中国行政法学》,中国政法大学出版社 1991 年版。

后　记

本著作是国家社会科学基金项目（批准号：10BFX032）、上海市教育委员会科研创新重点项目（项目编号：11ZS63）和中国行为法学会部级法学研究课题［（2010）学研 041］的研究成果。感谢全国哲学社会科学规划办公室、上海市教育委员会和中国行为法学会对本研究的资助和支持，感谢浙江省哲学社会科学规划办公室及有关专家对本研究的关心和提出的宝贵建设性意见，也感谢浙江工商大学法学院副院长陈党教授、浙江省高级人民法院行政庭蒋中东庭长、杭州市中级人民法院行政庭易飞庭长、浙江大学光华法学院余军教授、北方民族大学法学院范文舟副教授、杭州市中级人民法院行政庭王银江法官等在课题研究中提供的大力支持和帮助！

行政行为可诉性问题，关乎行政法治建设，关乎人民利益保护，关乎国家政治制度和司法制度，是中国走向社会主义法治国家进程中亟待破解的一个重大理论问题和亟待解决的一个重要实际问题。行政行为可诉性问题的研究，由于涉及精深的行政法学和行政诉讼法学理论、复杂的行政诉讼制度和实践，是一个复杂、艰巨、富有挑战性的课题。在两大法系主要国家和地区，由于原则上行政行为都是可诉的，行政行为可诉性本身并不是一个问题，因此，并不存在专门研究行政行为可诉性问题的研究成果。本课题研究能够比较借鉴的只是这些国家和地区的行政行为、行政诉讼制度及行政法治的基本原理等局部性的研究成果。国内虽然有一些研究也涉及行政行为可诉性问题,但绝大多数研究者仅就某一类行政行为(例如内部行政行为、抽象行政行为、准行政行为、行政事实行为、双方行政行为、行政不作为)的可诉性展开研究,系统性研究很少;虽有几位研究者试图对行政行为的可诉性问题作系统性研究,但基本上只是对现有理论和制度进行教科书式的介绍和解释,并未对行政行为可诉性"问题"作深入、系统的研究,更未提出系统性的理论革新和制度改革方案。因此,总的说来,我国行政行为可诉性研究还非常单薄,尚未从整体上重视我国当下行政行为理论的缺陷和行政诉讼制度的缺陷,也未能从理论重构、制度重构和行政诉讼司法环境的完善等几个方面对接的角度,打开整体性解决问题的思路。因而,本课题研究能够参考借鉴的国内相关研究成果也只是一些碎片性的研究成果。

经过立项后四年的艰苦努力,全书的写作终于完成了。写作的艰辛只有同样经过辛勤笔耕的研究者才能体会,只有陪伴在旁的家人才会知晓。支撑这种努力的是作者对研究的强烈兴趣和对国家法治建设的强烈责任心。作者愿意将写作完成后的快乐与家人和所有支持、关心本书写作的同仁、朋友分享!

本书试图从研究的系统性(而非仅就某一类行政行为的可诉性进行孤立研究)、研究的革新性(而非从对现有理论和制度进行解释的角度进行研究)、方案的整体性(而非仅就行政行为可诉性的某一个方面提出解决问题的方案)以及理论重构与制度重构的对接(而非单一地从理论重构或制度重构的思路)实现行政行为可诉性等几个方面,突破现有研究的局限,尝试研究方法、研究路径和研究结论的创新,并能够解决实现我国行政行为可诉性的一系列理论和制度问题。但由于水平有限,这种尝试在多大程度上获得了成功,只有等待读者评判了。

在本书写作即将搁笔之际,我释然地眺望着寓所外的夏日余晖,发现与正午时分的日光相比,它还是那么灿烂,那么充满能量,甚至更加绚丽;它毫不吝啬地把一抹浓浓金色洒向古老的钱塘江江面和对岸现代的建筑物上,粼粼江波吸纳并承载着金色向远方激荡、延伸而去……

茅铭晨

2014 年 6 月

于钱塘江畔寓所